先住民族社会の形成と存続

ニュージーランド南島ナイ・タフ族の伝統と社会

原田敏治

日本経済評論社

まえがき

　正式にはマオリ名を並記してアオテアロア・ニュージーランドと呼ばれるこの国と筆者のかかわり，とりわけ南島とのかかわりはすでに四半世紀余りになる．さほど大きくはない南北二島と周辺の島嶼よりなる島国であり，火山や温泉，地震，多様な気候環境など，わが国ときわめて似かよった自然環境のこの国に対する筆者の当初の関心は，専門領域であった農業地理の視点から農牧業，特に南島東海岸のカンタベリー平野の灌漑農牧業にあった．それまで日本の「耕して天に至る」水田や，精緻な仕組みの水田灌漑を見慣れた筆者の目には，島国とはいえ主産業が農牧業という「農業大国」ニュージーランドの広大な農場，牧場に見られるセンター・ピボット灌漑やボーダー・ストリップ灌漑は，新大陸の大規模な農場や灌漑システムにも劣らない壮大なスケールに映った．それと同時に夏でも頂に雪を残す南島のサザン・アルプス山脈の峰々と，そこから流れ下る河川の雄大な河谷，さらにそれらの河川が作り出したカンタベリー平野をはじめとする茫漠と広い平野のたたずまいを見るにつけ，この島の自然環境の豊かさとともに，その大地に働きかけて生きてきた人々の逞しさを思わずにはいられなかった．

　パケハと呼ばれるヨーロッパからやってきた移住者が対蹠地のこの土地を祖国とするようになってまだ200年に満たない．今は無人となり朽ちかけた開拓期の農場の住居，農場の片隅に打ち捨てられたままの荷車，牧場の牧柵代わりに植えられていたハリエニシダの満開の黄色い花が農村の道路を縁取る風景など，多くの移住者が農民，牧畜民としてこの国の自然環境に対して果敢に挑んでいった跡を今日でも見ることができる．

　しかしながらパケハ入植以前のニュージーランドの自然の全てが決して手つかずの自然であったわけではない．総称してニュージーランド・マオリと呼ばれる先住者がポリネシアの一角からカヌー船団によって波状的にこの土

地に移り住んできたのは今から6, 7世紀前のことだといわれている．彼らは多くの部族に分かれて南北二島と周辺の島々に根を下ろした．熱帯的な園芸農耕と狩猟採集を特徴とした彼らの生活様式は，この国の気候的な多様性を反映して地域的な差をともなったが，彼らもまたこの新しい大地の自然に対して知恵と力をつくして働きかけ独自の文化を作り上げていったのである．

　異なる文化をもったマオリとヨーロッパ人がこの大地で遭遇したのは18世紀半ばのことであった．自然環境に対するそれぞれの価値観の違いはそれ以来，長くあい交わることはなかった．そして一つの大地をめぐる両者のその後の対立は苦渋に満ちたものであった．しかしながら今日の環境問題の深刻化と環境保護的な思想の拡大は，先住者マオリとヨーロッパ系国民の間にこの国の自然環境やその利用についての今までにない真剣な対話の場を生み出し，生物多様性の維持や環境保全に関する協働的な関係を作り上げつつある．先住民族問題と環境保全問題が密接不可分に結びついているこの国の近年の試行錯誤は，この2つの問題に対する先進的な解決の方向性を示唆しているものと筆者は考えている．

　筆者の調査や資料収集に，また遅々として進まない研究に対して，常に惜しみない助言と協力をくださったカンタベリー大学地理学教室のガース・カント先生はじめ教室のスタッフの皆様，カンタベリー大学図書館および付属マクミラン・ブラウン図書館の職員の皆様，ビクトリア大学ウェリントンのエドウィナ・パーマー先生，インタビューに応じ，貴重な資料を提供してくださったテ・ルナガ・オ・ナイ・タフをはじめナイ・タフ族の皆様，カンタベリー平野の農家の皆様に心からお礼を申し上げたい．また筆者のニュージーランド滞在中に，専門を異にする立場からユーモアを交え心温まる言葉をくださった植物学のヘンリー・オコーナー博士にも感謝の言葉を述べたい．そして，筆者のたびたびのニュージーランド滞在を認めてくださった東海大学に感謝申し上げる．

2015年　秋

目　次

まえがき　iii

序　章　ニュージーランドにおける二文化主義の背景 …………… 1
はじめに　1

第 1 節　マオリ社会とパケハの植民　3
　　1.　接触とマオリ社会　3
　　2.　「マオリ民族」の登場と汎部族主義　7

第 2 節　ワイタンギ条約の意味と役割　10
　　1.　条約の締結　10
　　2.　英語条文とマオリ語条文　12
　　3.　イギリス国王の土地先買権　15

第 3 節　ニュージーランド国家とマオリ民族　16
　　1.　ワイタンギ審判所──復権と補償　16
　　2.　二民族一国家のゆらぎ　19

おわりに　多民族化の中の二文化主義　20

第 1 篇　先住民族と植民地化

第 1 章　ニュージーランドにおける先住民族の土地権と植民地の形成 ……………………………………………… 27
はじめに　27

第 1 節　伝統的マオリ社会と土地　28
　　1.　アイデンティティの基礎としての土地　28
　　2.　土地・資源保有の重層性　29

3. 接触以前の土地と社会　31
　第2節　部族的土地保有　31
        1. 部族的土地保有と個人的利用　31
        2. 首長の地位と譲渡権　32
　第3節　接触と土地売買　34
        1. 1840年以前の土地取引　34
        2. パケハからみた部族的土地保有　36
　第4節　部族的土地保有と土地の私有化　37
        1. 土地戦争　37
        2. 先住民土地法　38
        3. 先住民土地裁判所　40
　第5節　植民地化・土地収奪に対するマオリの抵抗　42
　おわりに　44

第2章　ニュージーランド南島の植民地化とナイ・タフ族の
　　　　土地喪失 …………………………………………………49
　はじめに　49
　第1節　ナイ・タフ族とヨーロッパ人の接触　50
        1. ナイ・タフ族の伝統的食料資源とヨーロッパの農業　50
        2. 条約調印と南島先住民族　52
　第2節　Crownの土地買収によるナイ・タフ族の土地喪失　53
        1. Crownによる南島の土地買収の背景　53
        2. オタゴ地域の買収　55
        3. ケンプの買収（カンタベリー地域の買収）　57
        4. バンクス半島の買収　58
        5. アラフラ地域の買収　61
        6. その他の土地買収　62
　第3節　土地買収の影響　66

おわりに　68

第2篇　復権要求と権利の回復

第3章　ナイ・タフ族の復権要求と回復された権利……75
はじめに　75
第1節　初期の復権要求と交渉の経緯　77
1. 初期の復権要求　77
2. Ngai Tahu Maori Trust Board の補償交渉　79

第2節　ワイタンギ審判所の設立とその役割　80
1. ワイタンギ審判所とその役割　80
2. ナイ・タフ族とワイタンギ審判所　81

第3節　ナイ・タフ族の社会と組織　83
1. ナイ・タフ族の伝統的社会　83
2. 現代のナイ・タフ族の社会と組織　84
3. テ・ルナガ・オ・ナイ・タフの組織と役割　86

第4節　テ・ルナガ・オ・ナイ・タフと Crown の包括補償交渉　87
1. 交渉の第一段階　87
2. 再開後の包括的補償交渉　88

第5節　Crown の補償提案　90
1. Crown による謝罪　90
2. アオラキの返還　91
3. 経済的補償　92
4. 文化的補償　95

第6節　包括補償がナイ・タフ族にもたらしたもの　100
おわりに　101

第4章　南島におけるマオリ地名の復原問題……107
はじめに　107

第1節　ニュージーランドの地名　108
　　　　1.　ヨーロッパ人の植民とパケハ地名　108
　　　　2.　マオリ地名がもつ意味　109
　　第2節　ニュージーランド地理委員会と地名の復原　111
　　　　1.　ニュージーランド地理委員会の役割　111
　　　　2.　ニュージーランド地理委員会による地名復原の提案　113
　　第3節　ナイ・タフ族と地名復原　115
　　　　1.　オタゴ地域における地名復原をめぐる論争　115
　　　　2.　ナイ・タフ族の地名復原要求　117
　　おわりに　119

第5章　ナイ・タフ族と先住民族観光　……………121
　はじめに　121
　第1節　ニュージーランドにおける先住民族観光の諸問題　122
　第2節　マオリ観光の現在　124
　　　　1.　マオリ観光の定義　124
　　　　2.　多様なマオリ観光　126
　　　　3.　マオリにとってのマオリ観光　127
　　　　4.　経済的機会としての先住民族観光　129
　　　　5.　マオリが先住民族観光に期待するもの　130
　第3節　「伝統的文化」の商品化　132
　　　　1.　問われる「真正性」　132
　　　　2.　伝統的文化の保全と先住民族観光　134
　第4節　ナイ・タフ族と観光産業　135
　　　　1.　南島の自然環境　135
　　　　2.　ナイ・タフ・ツーリズムの役割　136
　　　　3.　ナイ・タフ族の文化と観光　141
　おわりに　142

第3篇　先住民族と自然環境

第6章　ナイ・タフ族の伝統的資源利用と植民地化によるその影響 …………………………………………………………151

はじめに　151

第1節　ナイ・タフ族の伝統的な資源利用　155
   1.　マオリの移住とニュージーランドの自然環境　155
   2.　南島の自然環境と狩猟採集資源　157

第2節　マオリの持続的資源管理と社会　162
   1.　マヒンガ・カイの解釈とその範囲　162
   2.　カイチャキタンガの意味　164
   3.　資源利用の社会秩序　167
   4.　食料資源の継続的占有　170

第3節　パケハの植民・開拓とそのマオリ社会への影響　171
   1.　パケハの入植と環境変化　171
   2.　ワイタンギ条約と土地・資源の権利　173

おわりに　175

第7章　ナイ・タフ族によるテ・ワイホラの利用と管理 …………179

はじめに　179

第1節　ナイ・タフ族の伝統的生活と資源利用　181
   1.　南島の自然環境と食料資源　181
   2.　マヒンガ・カイとナイ・タフ族の社会　182
   3.　沿岸海域と内水面のマヒンガ・カイ　185
   4.　タプとラフイがマヒンガ・カイにもたらす制限　186

第2節　ヨーロッパ人の入植・開拓にともなう環境改変とマヒンガ・カイへの影響　188
   1.　南島におけるヨーロッパ人の入植・開拓　188

2. 環境改変とマヒンガ・カイ　189
　第3節　ワイタンギ条約とマヒンガ・カイ　190
　　　1. ワイタンギ条約が保障したタオンガとは　190
　　　2. ワイタンギ審判所とマヒンガ・カイ　191
　第4節　テ・ワイホラの自然環境とナイ・タフ族　192
　　　1. テ・ワイホラの自然環境　192
　　　2. テ・ワイホラの資源とマヒンガ・カイ　194
　　　3. ヨーロッパ人の入植と湖の環境変化　196
　第5節　テ・ワイホラの返還と共同管理　199
　　　1. テ・ワイホラをめぐる利害関係　199
　　　2. ワイタンギ審判所の裁定と湖の返還　201
　　　3. ナイ・タフ族とCrownの共同管理　202
おわりに　204

第8章　ナイ・タフ族による持続的資源利用と環境政策　209
はじめに　209
　第1節　環境運動とResource Management Law Reform　211
　　　1. 環境運動の台頭　211
　　　2. Resource Management Law Reform　213
　　　3. Resource Management Act 1991　214
　第2節　環境管理をめぐる対立と協調　217
　　　1. マオリの立場とパケハの立場　217
　　　2. ワイタンギ条約の原則と環境保護　218
　第3節　ワイタンギ審判所と環境問題　220
　　　1. ワイタンギ審判所とwai 262　220
　　　2. ナイ・タフ族とwai 27　221
　第4節　ナイ・タフ族と環境・資源管理　223
　　　1. ナイ・タフ族の環境政策　223

2. ナイ・タフ族と淡水資源　226
    3. カンタベリー地域におけるナイ・タフ族の環境計画　228
    4. カイコウラ地域の環境計画　231
    5. タイアプリによる水産資源の管理　233
  おわりに　236

 あとがき……………………………………………………………………241

  索　引　245

≪略語一覧≫

DSP：Deferred Selection Process
IMP：Iwi Management Plan
LINZ：Land Information New Zealand
PCE：Parliamentary Commissioner for the Environment
QMS：quota management system
RFR：Right of First Refusal
RMA：Resource Management Act 1991
RMLR：Resource Management Law Reform

※1エーカーは0.404686ヘクタールに換算される．

序章　ニュージーランドにおける二文化主義の背景

はじめに

　1994年12月に始まった「世界の先住民族の国際10年」や，2007年9月の「先住民族の権利に関する国際連合宣言」の採択などを契機として，先住民族の権利の回復に関するさまざまな問題が，これまでになく広く議論されるようになった．先住民族が失った土地や資源をはじめとする権利の多くは，かつてヨーロッパ諸国による植民地活動の結果形成された入植植民地国家において，必ずしも公正，公平ではない手段で先住民族の手から奪われたものであった．これらの先住民族はここで取り上げるニュージーランドのマオリ民族をはじめ，入植植民地国家としての歴史を有するオーストラリア，南北アメリカ諸国，南アフリカ共和国などの多民族国家の中で，今日でもなお社会的・政治的・経済的に周辺化された状態にとどめられている場合が少なくない．

　ニュージーランドの先住民族マオリは，18世後半のヨーロッパ人との接触以来，その社会的・文化的・経済的な性格を変化させ今日に至っている．オーストラリア連邦や南アフリカ共和国あるいは南北アメリカ諸国のような，ヨーロッパ人入植者と先住民族が形成した，入植植民地としての歴史をもつその他の国々と同様に，ニュージーランドにおいても，先住民族マオリとヨーロッパ系国民との間には接触当初から今日に至るまで，さまざまな局面で社会的・政治的な摩擦や対立・緊張関係が続いてきた．しかしながらその中でニュージーランドは，先住民族とヨーロッパ人入植者によって形成された

他の多民族国家にくらべると，より安定した共存的な社会を形作っていると これまで多くのパケハ，すなわちヨーロッパ系のニュージーランド国民が考 え，また他からもそのようにみなされてきた．このことはとりわけ，同じオ セアニアに位置し，イギリスの植民地から，イギリス連邦内の入植植民地国 家となった共通の歴史を有する隣国のオーストラリア連邦における，先住民 族アボリジニーの社会的地位の問題と対比されるとき，特に第二次世界大戦 後，福祉先進国と呼ばれた時代のニュージーランドにおける先住民族マオリ とパケハとの関係は，より望ましい二民族関係として肯定的な見方をされて きた．事実，今日のニュージーランドの先住民族マオリにとって，不公正な 手段で奪われた土地の権利の回復，狩猟採集や漁業の権利の回復，マオリ語 教育やマオリ地名表記の普及や復原，あるいはパケハによるマオリ文化の尊 重，そしてそれらに関する法制度の整備や一定の社会的コンセンサスの形成 は，19世紀前半以降の植民地化の過程で失われた先住民族の固有の文化を 回復するための確かなプロセスと考えることができる．ニュージーランドで はなおさまざまな克服すべき問題が残されているとはいえ，望ましい調和的 な二民族関係の実現に向けて，他の入植植民地国家では例をみないほど，マ オリとパケハ双方の努力がこれまで積み重ねられてきたことは否定できない．

　先住民族とヨーロッパ人入植者によって作られた二民族国家としてのこの ような先進性の根底には，1840年に北島北部ベイ・オブ・アイランズ（Bay of Islands）に面したワイタンギ（Waitangi）において，イギリス国王代理と マオリの首長たちの間で締結されたワイタンギ条約（Treaty of Waitangi）[1] の存在がある．前文と3条よりなるこの条約の，特に第2条と第3条で先住 民族マオリに保証された権利は，締結後のヨーロッパ人の入植，それにとも なうマオリからの土地取得，ヨーロッパ系国民による漁業や水資源利用など の拡大の過程でしばしば反故にされてきた．条約締結後からこの条約にもと づいた先住民族の権利の回復と擁護がマオリ側から繰り返し求められ，過去 に不公正な，あるいは不適切な方法で奪われた土地や漁場や資源などをめぐ る議論が裁判などの場で重ねられてきた．1975年に設立された先住民族の

権利の回復の申し立てを裁定するワイタンギ審判所 (Waitangi Tribunal) は，そのような二民族間の対立から共存への道の模索の一つとみることができよう．他方，このような二民族の「調和的な」関係の構築に向けた努力を「ショーウィンドウ」にすぎないと懐疑的にみる人々[2]が，マオリのみならずヨーロッパ系国民にもみられる．また，過去にニュージーランドでは，イギリスをはじめとするヨーロッパ市場と結びついた農牧業の生産力と輸出力を背景に，世界の福祉先進国とみなされるほどの高い福祉水準の実現によって，二民族間の「調和的な」関係の背後に内在する問題性が覆い隠されてきたとの主張も聞かれる[3]．しかし，1973年のイギリスのEC加盟を契機とした農畜産物を中心とした輸出商品のヨーロッパにおける最大の顧客の喪失，さらには1980年代半ばに始まる世界に先駆けた市場原理指向の構造改革のプロセスは，それまでの福祉先進国としての安定した国民経済の継続を許さなくなってきた．その結果，二民族間の雇用や所得や社会的地位における格差が顕在化し，これまでになく先住民族としてのマオリの社会的不平等感が強まっているのが現状である．

以下，そのような状況にある今日のニュージーランドにおける二文化主義の特徴とその背景について，二民族による国家形成の社会的・政治的な経緯を通じて考察する．

第1節　マオリ社会とパケハの植民

1. 接触とマオリ社会

「マオリ」[4]という呼称は，ヨーロッパ人との接触以前には実体として存在する統合された一民族を指す言葉ではなかった．この呼称は，先住民族がアオテアロア (Aotearoa) と呼んだこの土地を植民地とすることを望んだイギリス国王の統治の対象となる先住の諸部族の総称として使用され始めたものであった．つまり，それまでアオテアロアの各地に数十のイウィ (iwi：部族)[5]として分散，居住していた「マオリ」の集団は，言語，その他の文化

的な共通性はあったにせよ，また部族間の対立・抗争の歴史の中で，一部の部族間に部族連合が一時的に成立したにせよ，それらをもってヨーロッパ人との接触時点で，国家としてのイギリスと対置される，全ての部族を統合する恒久的な集合体があったと判断することはできないのである．ワイタンギ条約に調印した首長たちも，各地に分散して居住していたイウィ，ハプの首長の全てではなく，条約の調印に参加しなかったイウィ，ハプが存在したことも周知の事実である．この点で，イギリス国王とマオリの首長たちの間で締結されたワイタンギ条約そのものの，条約としての実効性に疑義が呈されたこともあった．また，イウィやハプとヨーロッパ人との接触の時期や状況も必ずしも一様なものではなかった．そしてイギリス人を中心としたヨーロッパ人入植者の増加とともに高まる土地需要を背景として，入植者とマオリとの関係もさまざまであった．保有していた土地をヨーロッパ人や植民地政府に譲渡したイウィや，土地の譲渡に強く抵抗し，イギリス植民地軍と熾烈な戦争[6]を繰り広げたイウィ，あるいはイウィの領域が入植者の土地需要が集中した北島の西部・北部や南島東海岸のような地域から地理的に離れた場所にあり，初期のヨーロッパ人との接触の主要な場面から隔たっていたために，当初は部族社会の存続にヨーロッパ人との接触の影響をさほど受けなかったイウィも存在した．

1840年代から70年代はじめにかけて，イギリス植民地政府とマオリの間で土地をめぐる紛争が，タラナキ（Taranaki）地域やワイカト（Waikato）地域を中心として，北島各地で繰り返された．土地戦争（Land Wars）と呼ばれ，あるいはマオリはテ・リリ・パケハ（te riri Pakeha）すなわちパケハ戦争と呼び，ヨーロッパ人はマオリ戦争（Maori Wars）とも呼んだこの一連の戦争が植民地政府の勝利に終わったのち，植民地政府によって，北島の主にタラナキ地域，ワイカト地域，ベイ・オブ・プレンティ（Bay of Plenty）地域などでおよそ300万エーカーの肥沃な土地がマオリから没収された．

植民地政府すなわちCrown[7]はマオリから容易に土地を買収し，土地を

求める多くの入植者に分け与えるために,マオリの共同的土地保有を解体する必要があった.マオリの共同的土地保有を解体して私有化し,ワイタンギ条約の第2条に定められた Crown の土地先買権(preemption)により買収して入植者に分売することは,植民地建設にとって必要不可欠なことであった.しかしながら,1862年には先住民土地法(Native Land Act)が制定され,Crown の先買権が廃止されるとともに先住民土地裁判所(Native Land Court)が設立された.先住民土地裁判所はマオリの共同的土地保有を解体し,個人の土地所有を確立させることで,マオリからの土地の買収を容易にした.先住民土地裁判所や土地登記制度は,マオリの土地や資源の共同的な利用に大きな影響を与えたばかりではなく,イウィやハプが社会的・精神的なよりどころとして先祖から継承してきた共同的土地保有を解体することにもなったのである[8].このことはマオリの共同社会における土地保有の性格をヨーロッパ的な土地所有制度の下に移行させ,ハプなどの集団の内部で土地譲渡の権利[9]の帰属をめぐる問題を引き起こすこととなった.特にマオリの伝統的な社会においては,首長の地位は土地の処分に関して絶対的なものではなく,ヨーロッパ人がマオリから土地を購入しようとする場合,ハプなどの集団に属した土地の譲渡権のありかたは重要な意味を有していた[10].また,近代的な土地所有制度の確立は,土地を売りたいマオリと,土地の買収に抵抗するマオリとの間に対立的な関係を生み出した.

　植民地政府や1838年に設立されたニュージーランド会社(New Zealand Company)による土地買収の対象となったイウィやハプが保有する土地は,集落周辺の農耕地として利用されていた土地ばかりではなかった.イウィやハプが支配する領域の中での狩猟採集活動によって得られる食物も,マオリの伝統的な食物として重要な位置を占めていた.そして,鳥類を捕獲するための森林,澱粉質の源となったアルヘ(aruhe:シダの根)を採集する原野,あるいはウナギの簗や筌をしかける川や湿地などの農耕地以外の土地も買収の対象に含まれていたのである.広大な森林や原野や湿地はヨーロッパ人とっては「未開地」であり,それを買収することがただちにマオリの生活を脅

かすことはないと理解されていた．しかしマオリにとっては，彼らの領域の中の森林，原野，湿地などは湖水や河川や沿岸海域の漁場とともに食料資源をもたらす場所として価値を有し，同時にマオリの自然観の中では彼ら自身とこれらの自然環境を構成する諸要素は不可分に結びついた総体として考えられ，それは彼らの集団の歴史や伝説の舞台として重要な意味をもっていた．したがって，農耕地以外の森林や原野も，彼らにとっては決して無価値な「未開地」どころではなかったのである．

ヨーロッパ人との接触後のマオリは，ヨーロッパ人が経営する農場，牧場，あるいは羊の毛刈り，道路工事などに労働力を提供したが，牧畜業が本格的に拡大し，ヨーロッパ系人口が増加して以降は，農牧業を根幹とした植民地経済の拡大にとって，マオリの労働力は必ずしも不可欠のものではなくなっていった．そのため，特に農村の部族的な環境の中で暮らすマオリは，ヨーロッパ人との摩擦や対立も少なく，日常的な接触の機会も少なかった[11]．

ヨーロッパ人入植農民の増大は，広大な土地やその他の資源をマオリの手から奪い去ったばかりではなかった．ヨーロッパ人がニュージーランドにもたらしたものは，マオリのそれまでの社会や生活に多大な影響を及ぼした．その中でもマスケット銃は，土地戦争をはじめとする植民地政府軍や武装した入植者との戦闘でマオリにとって脅威となったばかりか，マオリ自身が手にしたマスケット銃は，19世紀前半の部族間の紛争においても破壊的な力を発揮し[12]，接触後のマオリ人口の減少の大きな要因となった．またヨーロッパ人との接触によってもたらされたインフルエンザや麻疹，しょう紅熱，結核などの感染症や性病も，マオリの人口再生産力に悪影響を及ぼした．特に感染症は，抵抗力のないマオリが，それまでの亜麻などを素材とした伝統的な衣類に替えて，白人から譲り受けたウイルスや細菌に汚染された衣類や毛布を使用したことや，通気性が悪く狭いマオリの居住環境が災いして，急速に広まったといわれている．またヨーロッパ人がもたらした小麦・ジャガイモは，それまでクマラ（kumara：サツマイモ）やシダの根の澱粉を主食としていたマオリの肥満化による不妊傾向を招き，人口の増加に抑制的な影響

を与えたといわれる[13]．ヨーロッパ人との接触は，それまでの自給的なマオリの農業に，ヨーロッパ人向けのジャガイモや豚などの商品生産の機会を与えたが，ニュージーランド原産で湿地性のハラケケ（harakeke：ニュージーランド亜麻，あるいはニューサイラン）の商品化と生産の拡大は，それまで比較的高燥な土地にあったマオリの居住地を低地へ向かわせる契機となり，居住環境の一層の劣悪化の要因となった[14]．

19世紀前半のマオリ人口の推移については正確な統計が残されていないが，ヨーロッパ人との接触前後で10～15万と推計される人口が，接触後減少を続け，1896年には推計約4万人となった．マオリの人口が接触前後の規模に回復したのはやっと1950年代になってからのことであった[15]．

2. 「マオリ民族」の登場と汎部族主義

今日，ニュージーランドの国民の一部を構成しているマオリが「一民族」として表向き捉えられている（例えば人口統計など，部族ごとの人口は示されず，あるいは示すことができず，一括して表されるように）事実は，マオリ自身によっていつからどのように認知されてきたのか，あるいは都市化の進む現代でもなお「マオリ」は擬制であり，各々が帰属するイウィもしくはハプこそが，個々のマオリがアイデンティティの対象としているものなのか，これらの点について，これまでどのような議論があったのであろうか．

ヨーロッパ人との接触以前のニュージーランドの先住者たちは，南北の2つの島と周辺の島嶼に約50のイウィに分かれ，それぞれの領域に居住していた．その時代には「マオリ」(maori)の語は，「普通の」を意味する形容詞であり，「民族」を表すMaoriの語は存在しなかったといわれている．ヨーロッパ人との接触後，彼ら先住者の総称としてマオリ（Maori）が使用されるようになったのである．つまりマオリの語は，ヨーロッパ人の総称としての「パケハ」(Pakeha)[16]に対置して使用されるようになった語であり，本来この語が民族としての総称の意味を有していたわけではなかった．

ヨーロッパ人による土地の買収，入植地の拡大は，それぞれの領域の中で

暮らしていたイウィやハプ，あるいはファナウ（whanau：拡大家族）の社会的・経済的な存立の基盤であった土地や資源を脅かした．土地登記制度やヨーロッパ人による土地買収は，イウィやハプの集団的な土地保有を根底から覆しかねないものであった．マオリはこの脅威に対して各々のイウィやハプの領域で，マナ・フェヌア（mana whenua，通常，trusteeship of land と英訳され，マナは威信，高潔さ，フェヌアは土地，胎盤などを意味する），すなわち領域の中の土地に対する部族的な権限と統制を強めていった．マナ・フェヌアは特定の地域に対する特定のイウィやハプ，あるいはファナウの結びつきを象徴するものであり，世代を超えて継承された．マナ・フェヌアは，土地をめぐる Crown や入植者との激しい対立の中で，集団の土地に対する帰属を維持・強化しようとする主張となった[17]．しかし，このマナ・フェヌアも，引き続く土地買収と土地没収の結果，次第に不確かなものとなっていった．

　ヨーロッパ人との接触当時のマオリ人口の大半は，クマラなどの栽培に比較的適した，温暖な北島に居住していた．1870年代半ばのマオリの推計人口約4万5,000人のうち，北島にその95％が居住し，南島にはわずか5％が居住しているにすぎなかった．

　マオリの経済は，暖地性の作物を栽培する集約的な園芸農業と狩猟採集のいずれに主として依存するか，各々の集団が領域とする土地の環境条件による地域差があった[18]．しかし伝統的な主作物のクマラやヤム（yam），採集されたシダの根の澱粉を主食としていたマオリは，ヨーロッパ人が持ち込んだジャガイモや豚を彼らの既存の食料生産の中に取り入れ，それまでのマオリには馴染みのなかったそれらの新しい作物や家畜を彼らの農業生産に加えるとともに，経済的な余剰を生み出すようになった．このことはイウィやハプの中の社会的・政治的な組織の緊密化をもたらすとともに，これまでにない部族間の経済的な交流と，相互的な結びつきのもととなった．新しい農産物の一部，特にジャガイモは初期にはヨーロッパ人入植地に供給されることもあり，また一時的にはまだ十分な農業生産力の発達をみていなかったオーストラリアのニューサウスウェールズ（New South Wales）植民地へも供給

された．このマオリの農畜産物の商品化へのすみやかな適応は，過去にこの民族が伝説の故国ハワイキ（Hawaiki）から，歴史的な事実としてはおそらくニューヘブリディーズ諸島（New Hebrides Islands）あるいはクック諸島（Cook Islands）からニュージーランド南北両島に移住してきた際に，彼らのかつての居住環境よりもより冷涼なこの移住地で，暖地性のクマラなどを主作物として，農耕社会を確立した適応力とならんで，マオリの新しい環境条件への優れた適応能力を物語るものとして指摘されている．

さらにヨーロッパ人が形成した植民地の商品経済や交通・通信手段への参加は，マオリの集団間の交流を推し進め，遠距離間のイウィやハプの結びつきを促した[19]．ヨーロッパ人との接触を契機としたこのような部族間関係の拡大は，植民地政府やニュージーランド会社による土地買収に対する抵抗と結びついて，汎部族的な運動を生み出す背景ともなった．政治的な運動の主体としての組織的な部族間の結びつきによって，1850年代のコタヒタンガ（Kotahitanga, kotahitanga は unity, すなわち統一を意味する）＝マオリ統一運動が始まり，1858年には初代のマオリ王にワイカトの首長ポータタウ・テ・フェロフェロ（Potatau Te Wherowhero）が選ばれた．その後，歴代のマオリ王を中心としたキンギタンガ（Kingitanga），すなわちキング・ムーブメント（King Movement）は，イギリスによる土地買収に対する抵抗や，失われたマオリの土地をはじめとする権利の回復をめぐる政府との交渉[20]に際し，政治的・社会的な運動の核としての役割を果たすことになった．特に1860年代は，テ・ウア Te Ua などのカリスマ的な指導者が登場し，汎部族主義的な気運が高まった時代であった[21]．

部族を超えた結びつきは，物的な権利を擁護，回復する運動ばかりではなかった．マオリは植民地化の過程で，固有の社会組織や文化の喪失の危機にさらされた．そのような危機は1860年代頃からマオリの中に新たないくつかの宗教的運動を生み出すことになった．その多くは，至上神を中心としたマオリの民族宗教とキリスト教の信仰が結びついたもので[22]，ヨーロッパ人の排斥，土地不売などを標榜し，ある者は武装闘争を，ある者は非暴力の抵

抗運動を展開した[23]。このような宗教的な運動を母体とした抵抗運動は，部族を超えた強い支持を受け，伝統的な首長の権威や，個々の部族的な集団の結びつきに破壊的な作用を及ぼすこともあった[24]。

1890年代になると，マオリの青年の教育のために英国国教会（Anglican Church）の宣教師サムエル・ウィリアムズ（Samuel Williams）によって北島東海岸に設立されたテ・アウテ・カレッジ（Te Aute College）に学んだアーピラナ・ナタ（Apirana Ngata），マーウリ・ポーマレ（Maui Pomare），テ・ランギ・ヒロア（Te Rangi Hiroa）などの汎部族主義に目覚めたマオリの青年たちを中心として青年マオリ党（Young Maori Party）が組織された。彼らは部族を超えて，保健や福祉などマオリの生活の改善に力をつくすとともに，マオリの文化とアイデンティティに対するヨーロッパ社会の負の影響を排除し，脱部族化を目指して，マオリ文化の汎部族的な再構築に力を注いだ。彼らの求めた汎部族的なアイデンティティの表現としてマオリタンガ（Maoritanga：マオリらしさ）という語が創られ，その後の汎部族主義的な運動の核となる概念となった[25]。

第2節　ワイタンギ条約の意味と役割

1. 条約の締結

ワイタンギ条約は1840年2月6日に，北島北部ベイ・オブ・アイランズのワイタンギにおいて，イギリス国王，実際上はニュージーランド総督代理のウィリアム・ホブソン（William Hobson）と43名のマオリの首長たちの間で締結された。3条よりなるこの条約では前述のごとく，イギリス国王への主権の譲渡，イギリス国王によるマオリの土地や資源に関する権利の保証と国王の土地先買権，そしてマオリにイギリス国民と同じ権利と恩恵を与えることが定められた。条約に調印したのはナプヒ（Ngapuhi）部族など，主に北島北部の部族の首長たちで，全ての首長ではなかった。一部の首長は条約に調印しなかったし，また調印した首長も全てがワイタンギにおいて調印し

たわけではなかった．条約は写しが作成され，2月6日以降，8か月間に北島，南島を巡回し，各地のイウィやハプに対して条約への調印が求められた．

　前文とわずか3条よりなるワイタンギ条約が，1840年以降の入植植民地の形成にとって重要な意味をもったばかりではなく，今日においても，過去にマオリが不公正な方法で奪われた権利の回復に関する提訴を審理するワイタンギ審判所などで大きな争点の一つをなしているのにはいくつかの理由がある．条約が結ばれた当時，世界の各地で植民地の形成と支配を展開していたイギリスが，先住民族との間にこのような，共存的ともいえる関係を謳った条約を締結した例は他にない．ここにはすでに二民族一国家を暗示するような，ヨーロッパ人入植者と先住民族マオリとの協調的な関係が記されていたと理解することも可能である．ワイタンギにおいてホブソンは「われわれは一つの国民である」と宣言し，そのことは1844年の先住民信託条例（Native Trust Ordinance）の中で「先住民の慣習やしきたりを可能な限りすみやかにヨーロッパ人のそれに同化させることによって実現される」と敷衍された[26]．

　この条約が結ばれたイギリス側の事情については，いくつかの理解がこれまでに示されてきた．1つは，当時ニュージーランドの各地に進出の足がかりを着々と築き始めていたフランスをはじめとする他のヨーロッパ諸国に先んじて，イギリスが領有権を確立するために，先住民族との関係を安定的なものとすることを急いだという理解である．他の1つは，マオリと接触したイギリス人にとって，彼らは他の地域の先住民族とは異なり，「高貴な野蛮」（noble savage），あるいは whitening savage の言葉に象徴されるように，イギリスが植民地支配した多くの他の地域の民族とは異なり，条約締結の相手となりうる存在と理解されていたというものである．あるいはまた，世界各地で植民地を拡大し続けていたイギリスにとっては，さして大きくはない南北二島と周辺の島々よりなるニュージーランドは重要度の低い土地でしかなかったことが，この共存的な条約締結の背景であったとの考えもある．

　ワイタンギ条約第2条に定められたマオリの財産の保障に対して否定的な

ヨーロッパ系国民の一部からは，イギリス国王と，全てではないマオリの首長たちの間で結ばれた条約そのものに，国家間で取り交わされた条約としての有効性に疑問があり，そもそもニュージーランドは1769年のジェームズ・クック（James Cook）の発見による権利でイギリスが領有したものであったとの声が上がった．あるいはクマラなどの作物栽培や狩猟採集で成り立っていたマオリの経済にとっては，直接的な生産活動の対象となっていた土地は限られており，ニュージーランド南北両島の大部分は「未開地」で，先住者にとっては無価値なものであり，条約によって保障されるべき財産ではなかったとの主張もなされた．だが一方では，先住者としてのマオリがCrown，今日においては実質的にはニュージーランド政府に対して，過去に不公平な，あるいは適正ではない方法で奪われた権利や利益の復権や補償を求める法的な根拠とするのも，まずもってワイタンギ条約なのである．この条約の解釈とそれにもとづくさまざまな選択が，二民族国家であるニュージーランドの社会や政治，あるいは文化のありかたをこれまで左右してきたし，今後も左右するものと考えられる．それ故に，マオリとパケハの間ではもちろんのこと，パケハの内部でもこの条約の解釈をめぐる論争が繰り返されているのである．

2. 英語条文とマオリ語条文

条約にはいくつかの英語版と1つのマオリ語版が存在する．英語版は本国イギリスの植民省（Colonial Office）によって提示された指示書をもとに，条約締結当時のニュージーランド総督代理ウィリアム・ホブソンとジェームズ・バスビー（James Busby）によって作成され，それをもとに締結のためのマオリとの交渉がなされた．マオリ語版は英国国教会の宣教師のヘンリー・ウィリアムズ（Henry Williams）が翻訳したとされている．そして両版に使用されている用語のいくつかには重大な齟齬があることが，これまでにもたびたび指摘されてきた．

第1条に記された「主権」は，英語版ではsovereigntyであるが，マオリ

語版ではカワナタンガ（kawanatanga）が使用されている．governorを表したカワナ（kawana）とshipに相当する接尾辞の - tangaよりなるkawanatangaは本来マオリ語には存在しなかった．このカワナタンガはヨーロッパ人との接触後の造語で，聖書をマオリ語に翻訳する際の統治（governance）や長官（governorship），政府（government）の訳語としても使用され[27]，sovereigntyよりも広い意味，もしくは曖昧な意味で使用されていた．第1条の英語版は，連合した，もしくは個々の首長が行使，保有する主権（sovereignty）の，全ての権利（rights）と支配（power）をイギリス女王に無条件に譲ることを定めている．ここで英文ではcedeと表現されている「譲る」は，マオリ語版ではより互恵的な責務の意味を含む贈与を意味するツク（tuku）の語で表現された[28]．

　英語版の第2条では，イギリス女王は土地，森林，漁場，その他の先住者の所有物を確認し，部族，首長，全ての人々に対して，それらの所有を許可すると定めている．これに対してマオリ語版では部族，首長，全ての人々にそれらに対するティノ・ラガツィラタンガ（tino ragatirataga）を認めると定めている．ティノはここではabsolute（排他的）を意味し，ラガツィラタンガはchieftainship, sovereignty, principality, kingdomなど，その語意の幅は広い．また第2条の英語版では土地，森林，漁場などが個別に列記されている．これに対してマオリ語版では，フェヌア（whenua），カインガ（kainga），タオンガ（taonga）と表されている．フェヌアは土地あるいは大地，カインガは住む場所・集落，タオンガは有形・無形の大事なものを意味する．総じて英語版が示す個別的・具体的な所有物とは異なり，これらのマオリ語はより総体的・抽象的な概念であると考えられる．マオリにとっての土地は生産手段としてのみならず，世界の多くの先住民族にとってそうであったように「聖なる預かりもの，全体としての人々の財産」であった[29]．タオンガはイウィ，ハプの集団にとって，単に物質的な価値を有するものばかりではなく，精神的な価値を有するものも含み，言語や文化や無形の精神的なものも含む概念である．土地もそのような意味でのタオンガの一つなので

ある．このようにワイタンギ条約の英語版とマオリ語版の間には，締結後の解釈や理解に食い違いをきたす要因が伏在していたと考えることができる．

　最も大きな問題は第1条でマオリがイギリス女王に譲渡したカワナタンガと，第2条で保障されたラガツィラタンガの違いについて，マオリとパケハが共通の理解をすることに大きな困難があったことである．1840年にある首長が「土地の影は女王のところへ行ってしまった．しかし，実質はわれわれの手もとにある」と述べ，1年後に同じ首長が「土地の実質がヨーロッパ人に手渡され，マオリにはその影が残った」と嘆いたと伝えられている[30]．

　この大きな困難の根底にあったのは，単にgovernorshipとカワナタンガ，chieftainshipとラガツィラタンガの語意をめぐる理解の食い違いばかりではなかったであろう．ヨーロッパ人との接触後に新たにマオリ語化したカワナタンガはそれまでのマオリ社会には実体として存在しないもので，抽象的な「影」であり，彼らが失ってはならないものは「実質」としての土地や村のラガツィラタンガ，しかもマオリ語版にはtino（absolute）と強調されたラガツィラタンガであったのである．第2条で保障されたこのラガツィラタンガは，マオリが自分たちの土地や財産を自由に処分する権利をも意味していたのであるが，1860年代からのCrownの政策，つまり先住民土地法やその下での先住民土地裁判所の活動は，イウィやハプが保有してきた土地を，彼らの所有地として保持し続けることを困難にしたのである[31]．

　マオリにとって，条約でイギリス国王に譲り渡したのはカワナタンガ，いわば「行政権」だけであり，マオリの世界観の中で，人間，森林，自然界の食物，海・魚，風・嵐が総体として包含される，各部族が支配する領域そのものに対するラガツィラタンガが譲り渡されたわけではないのである．言い換えれば，ヨーロッパ人が必要とした生産手段として処分可能な土地は，マオリの土地や資源の保有形態の中に分節化した形で存在していたのではなかったのである[32]．

3. イギリス国王の土地先買権

　条約の第2条には,イギリス国王の土地先買権が定められている.条約締結以前から,Crownすなわち植民地政府によるマオリの土地の購入は,私的な土地取引の調査やマオリとの不公正な取引によって私有地となった土地のCrownの所有地への編入とともに,植民地政府の土地政策の重要な側面をなしていた.この国王の先買権はマオリからの無法な私的土地購入を防ぐとともに,政府が低価格で土地を独占的に購入し,相対的に高価格で入植者に販売することを可能にした.そしてそれによって生じる差益は,私的な大規模土地所有の買収・細分化のための資金,あるいはマオリからの新たな土地購入のための資金に当てられた[33].

　1862年の国王の先買権廃止の結果,先住民土地裁判所が当該のマオリの土地の所有者を確定すれば,その所有者は私的な購入者に自由に土地を売却することが可能となった.しかし,土地の売買を自由取引に委ねると,20年以内にマオリの全ての土地を土地投資家が手にするところとなるという危機感にもとづいて,1894年にCrownの先買権が再度取り入れられた.新しい先買権の下で,不当な私的土地買収からマオリを守り,適正な価格をマオリに支払うために,マオリからの土地譲渡[34]はCrownに対してのみ,あるいは政府が任命した土地委員会を通じてのみ行われ,そして,債券としてマオリに支払われる売却代金の半分を公的な信託機関に預けさせるというものであった.しかしながら1900年には,マオリの土地所有者によって自発的に,土地委員会の管理の下に置かれた全ての土地の譲渡を管理するマオリ土地委員会(Maori Land Council,のちのMaori Land Board)が創設された.このことは,もしマオリが自ら土地をマオリ土地委員会の管理下に置かなければ,その土地は1894年に修正された先住民土地裁判所法による譲渡制限の対象であり続けることを意味した[35].

　Crownの先買権は,投機的土地所有や大規模土地所有を排除し,土地政策の根幹であった自作農民の自由保有を確立する手段としての役割を果たし,その後,植民のための土地政策は,先住民土地法と先住民土地裁判所による

マオリの土地所有の個人化で一段と積極的な土地買収へと変化していった．

第3節　ニュージーランド国家とマオリ民族

1. ワイタンギ審判所——復権と補償

　ワイタンギ審判所は1975年に制定されたワイタンギ条約法（Treaty of Waitangi Act）によって設立された．審判所は1840年に結ばれたワイタンギ条約にもとづいて提訴されるマオリの要求を審理するものである．当初は同法が制定された1975年以降に生じた条約違反に関する提訴を審理対象としたが，1985年に同法が修正されてからは，条約が締結された1840年まで遡ってワイタンギ条約に反する政策や法律，あるいは慣行によるマオリの権利の侵害に関する原告からの案件を受けて審理することとなった．これまでに審判所で取り扱われてきた案件は，土地問題のみならず，漁業権，石炭や地熱などのエネルギー資源，その他の天然資源，あるいは言語[36]やラジオ周波数など多岐にわたる．また，案件には，マオリに保障されるべき土地や資源などの物的な侵害ばかりではなく，精神的な価値をもつタオンガとしての海域や河川に関する問題なども含まれている．すなわち，ワイタンギ審判所への提訴は，土地，資源，文化などの有形・無形の権利の広範な回復要求である．

　1840年に締結されたワイタンギ条約にてらして，先住民族マオリの財産の復権や文化の復原の要求を広く議論の俎上に載せようとする試みは，すでに第二次世界大戦前にもみられた．その背景には第一次世界大戦におけるマオリ兵士の犠牲や，1932年にニュージーランド総督ブレディスロー Bledisloe が条約が調印されたワイタンギ・ハウス（Waitangi House）（写真1）を購入し，政府に寄贈したことなどを契機とする，ニュージーランド社会においてそれまで著しく周辺化されていたマオリの地位向上に対する関心の高まりがあった．復権・復原要求を一段と促進したのは，同じ1932年にマオリの宗教ラタナ教（Ratana Church）の政治的活動の担い手であるラタナ党

序章　ニュージーランドにおける二文化主義の背景　　　17

写真1　ワイタンギ・ハウス

北島北部の Treaty Ground の中に保存されているワイタンギ・ハウス．1840年にマオリの首長たちと総督代理ウィリアム・ホブソンはこの建物でワイタンギ条約に調印した（筆者撮影）．

(Ratana Party) と同盟した労働党が，1935年の選挙ではじめて政権を獲得し，ヨーロッパ系国民だけではなく，マオリにも恩恵のある社会福祉政策や雇用政策を打ち出したことであった[37]．

　ワイタンギ審判所の委員は，設立当初の1975年から1985年までは，マオリ土地裁判所 (Maori Land Court) の主席判事と，司法長官およびマオリ担当大臣によって任命された2名の委員の，計3名により構成されていた．1985年のワイタンギ条約修正法施行以降は，審判所の委員はマオリ土地裁判所の主席判事を含む7名となり，うち4名はマオリであることが定められた．さらに現在は，審判所を構成するメンバーは議長を含め23名の委員よりなり，各案件に関して3名から7名の委員によって委員会が構成され，各委員会の委員の少なくとも1名はマオリでなければならない．委員にはマオ

リ土地裁判所の主席判事をはじめ，マオリの長老や，歴史家，マオリ学の研究者など，各分野の専門家，あるいは弁護士などが任命されている[38]．

審判所の各委員会は担当の案件に関して調査，研究やヒアリングを行う．ヒアリングは可能な限り，当該のイウィの領域の中で行われ，イウィやハプなどの集会の場であるマラエ（marae）と呼ばれる場所が使用される．提訴された要求が正当と認められた場合，審判所は政府に対して改善や対処を勧告する．この勧告には法的な拘束力はないが，政府がこれを等閑視することは少なく，多くの場合，関連する政府の政策決定などに何らかの形で，また何らかの程度，勧告の内容が反映されることが多い．

ワイタンギ審判所の設立は，これまで長年にわたる先住民族に対する不公正を正し，マオリの不満を解消するための政府の施策を前進させる役割を果してきた．しかしながら，政府が行う補償は「部族組織」のみを対象としており，そこに新たに重大な問題が生じている．1930年代半ばにはマオリ人口の80％余が農村で暮らしていたが，1960年代はじめになると60％余が都市で暮らすようになり，今日ではマオリ人口の約80％は，それぞれのイウィやハプが領域とする農村地域を離れ，都市的環境で暮らしている．人類学者のサー・ヒュー・カーファル（Sir Hugh Kawharu）は，今日においては血縁的な共同体と何らかのつながりの中で生活しているマオリは，全体の25％以下であり，イウィ，ハプのメンバーの広範な社会への拡散が進み，しかも先祖伝来の土地で生計を立てているマオリはもっと少なく，部族的な土地基盤の崩壊が起こってきたと指摘している[39]．

政府との補償交渉の主体としてのイウィを離れたこれらの「都市マオリ」あるいは「ジェネラル・マオリ」[40]は，本来，彼らが帰属していた集団が明らかであろうとなかろうと，補償の受益者としての地位が危ぶまれる状況にある．また，政府は「部族組織」，もしくは「部族同盟」（waka：ワカ）を補償交渉の対象と定めたが，その結果，部族の下位集団で実質的なマオリの伝統的共同体の単位であり，生産活動の単位であったハプ自体は，補償に関して何ら法的な権利を持たないこととなった[41]．

2. 二民族一国家のゆらぎ

　ニュージーランドが農牧業の高い生産力と，ヨーロッパ市場，とりわけイギリス市場との強い結びつきを背景として経済的に成功した時代，そしてその経済の繁栄を土台にして世界の福祉先進国とみなされた時代に，物質的な豊かさや保健，衛生環境の改善が，一時は2万人を下まわるまでに減少していたマオリの人口を増加に転じさせた．特に1950年代，60年代は高い生活水準が実現し，完全雇用すら期待される繁栄の時代であった．このような時代には，マオリの間でヨーロッパ的な社会制度や文化への融合が疑問視されることは少なく，マオリ大衆はヨーロッパ的な生活様式，生活水準に馴染み，「調和ある」二民族関係にあからさまな疑問が呈されることも少なかった．

　しかしながら1960年代後半からの農畜産物の国際的な交易条件の悪化，1970年代の二度のオイルショックの影響，さらに1973年のイギリスのＥＣ加盟にともなうイギリスへの輸出依存度の低落が，それまでの安定した国民経済や高度な社会福祉にかげりを与え始め[42]，それとともに所得や雇用におけるマオリとパケハの間の格差が顕在化していった．加えて1980年代半ばからの構造改革路線は，規制緩和や民営化による効率化などの成果を収める一方で，従来のような高度福祉国家としての水準の維持を困難にし，このことも二民族間の経済的・社会的格差がより一段と強く意識される事態を招くに至った．

　こうした状況下にある今日のニュージーランドでは，マオリとパケハによって構成される二民族国家として，かつてのような経済的繁栄に支えられた時代と同じように，安定した「調和ある」二民族関係を保つことは容易ではないと言わざるをえない．しかしながらこの国が，ワイタンギ審判所などへ提訴されるさまざまな案件についての広範な議論を経つつ，先住民族マオリの権利の回復や文化の復原の実現を図りつつあることは，二文化主義がこれまでの経済的な豊かさを土台とした「調和」から，二民族間の過去のわだかまりの清算に関する厳しい対立と忍耐強い議論にもとづいた，新しい二民族の「共存」の実現を模索していることを示すものと考えられる．

おわりに――多民族化の中の二文化主義

　ニュージーランド最大の都市である北島のオークランドは，都市マオリとポリネシア島嶼国からの移住者によって，今や世界最大のポリネシア系人口を擁する都市となった．古くはニュージーランドがゴールドラッシュに沸きかえった19世紀後半には，鉱山労働者として多くの中国系移住者がニュージーランドに到着した．しかしそのことを除けば，第二次世界大戦まではニュージーランドが迎え入れた移住者の多くは，本国を含むイギリス連邦からの移住者であり，その他もオランダやドイツなどの西ヨーロッパ諸国，スウェーデン，デンマークなどの北ヨーロッパ諸国に限られていた．第二次世界大戦後になるとこの事態は一変する．サモアやフィジーやトンガをはじめとするポリネシア島嶼国からのパシフィック・アイランダー（Pacific Islander）と呼ばれる出稼ぎ者や移住者が増大するとともに，近年ではマレーシアや韓国など東南アジア，東アジアからの移住者も目立っている．このようなニューカマーの増加は，マオリの雇用問題などに新たな影を投げかけている．近年，マオリの間では，ニュージーランドが二民族国家から「多民族国家」へ変貌をとげつつあることが，自らが多民族の中の一少数民族になってしまいかねないという危機感で捉えられている．

　1974年にはマオリの家系の人間は全てマオリとすることが法的に宣言されたが，さらに今日では，マオリと非マオリの混血化が一段と進み，今やマオリ人口の80％が混血であるとさえいわれている．このことが「誰がマオリなのか」「誰が補償を受けるのか」が繰り返し問われ続けなければならない状況を生み出しており，先に述べた都市マオリ，ジェネラル・マオリの増大とともに，二民族国家の一方のアイデンティティの問題として注目されなければならない．

　2004年に結党されたマオリ独自の政党，マオリ党（Maori Party）の活発な活動は，ニュージーランドの多民族化や，今や純粋なマオリはマオリ人口

の20%足らずという混血化の中でのマオリ・アイデンティティの再確認と強化を指向する現れの一つと考えることができよう．また先住民族に対するさまざまな保護的政策，例えば住宅取得に対する公的な補助や大学への優先入学などが，一部のパケハにとっては両民族間の不平等と映り，不満の種となっていることも見逃せない．

注
1) ワイタンギ条約は前文と3条よりなる．第1条はイギリス国王への主権の譲渡，第2条はイギリス国王による先住民族が持つ土地，森林，漁場，その他の財産の権利の保証，および先住民族が土地を売る場合のイギリス国王の先買権，第3条は先住民族に対するイギリス国民と同じ権利と恩恵の付与を定めている．
2) 二文化主義に対する先住民族マオリの懐疑的な見解の表明は，19世紀半ば以降の植民地化の過程で失われた先住民族の土地をはじめとする財産，あるいは言語などの文化に関する復権・回復が，ワイタンギ審判所の設立など，国の政策として進められるにしたがって，先住民族マオリが彼らの不満を主張する公の場を獲得したことによって強められたともいえる．加えて第二次世界大戦後の，マオリの「向都離村」傾向にともない，従来，農村的環境でハプ，ファナウ（注5参照）を単位として集団的に暮らしていたマオリが，ヨーロッパ系国民と近接した環境の中で暮らすことにより，居住や職業，教育などにおける両者の間の不平等がより可視的になったことがこのような懐疑論に拍車をかけたと考えることもできる．
3) Pawson, Eric (1992): Two New Zealand: Maori and European, In *Inventing Places, Studies in Cultural Geography*, edited by Kay Anderson and Fay Gale, Longman Cheshire, p. 15.
4) マオリ（Maori）の語は，元来，マオリ語でmaori「普通の」を意味していた．今日のようにニュージーランド先住民族の総称としての意味をもつようになったのは，1840年のワイタンギ条約締結前後からにすぎず，19世紀半ば以降に増大するヨーロッパ人入植者と対置して「われわれ」の意味で用いられた．
5) ニュージーランド先住民族のマオリは，ヨーロッパ人と接触した時代に約50のイウィに分かれていたといわれている．イウィは複数のハプ（hapu：準部族）よりなり，ハプはいくつかのファナウによって構成されていた．ハプは常にイウィの下位の集団というわけではなく，ハプが拡大発展してイウィと同等の存在となることがあった．一定の領域を占有する社会的・経済的組織はハプであり，日常的な共同社会はファナウを単位として構成された．また各イウィは，マオリのニュージーランド南北両島への移住にまつわるカヌー伝説に登場する複数のワカ（waka：カヌー）のいずれかに属している．

6) 各部族と入植者や植民地軍との衝突は，接触初期から各地で繰り返された．1860年に始まった「土地戦争」は北島の西海岸のタラナキ地域から中央部のワイカト地域，さらには東海岸が戦場となった．この土地戦争に参加したマオリは植民地政府によって「反乱民」とされ，広大な土地を没収されるとともにワイタンギ条約で保証された権利を失うことになった．

7) Crown は当時のイギリス植民地政府を指し，今日においてもさまざまな先住民族問題に関する議論の中で現政府を Crown と呼ぶことが多い．例えば，かつて植民地政府が買収し，牧畜業者に貸し与えた土地が現在も継続して使用され，それらは今日でもクラウン・リース・ホールド Crown leasehold と呼ばれている．

8) 土地登記制度や先住民土地裁判所のマオリの土地保有や利用に対する破壊的な影響について，デビッド・ウィリアムズは land-taking Court「土地取得裁判所」と形容した．Williams, David V. (1999): *Te Kooti Tango Whenua-The Native Land Court 1864-1909-*, Huia Publishers, p. 52.

9) マオリの部族社会における土地譲渡権に関しては，Layton, Brent (1984): Alienation Rights in Traditional Maori Society, *The Journal of the Polynesian Society*, Vol. 93, No. 4, pp. 423-440. に詳しい．

10) ここで譲渡権の所在をハプにあるとするのは，マオリがヨーロッパ人に任意に土地を売却する場合であり，1865年に設立された土地裁判所もそのような見解をとった．しかし，ヨーロッパ人との接触以前のマオリの伝統的な社会では，土地の所有や利用の権利の譲渡は，常にハプによってなされるとは限らなかった．上掲 pp. 427-433.

11) Sinclair, Keith (1971): Why are Race Relations in New Zealand Better than South Africa, South Australia or South Dakota? *The New Zealand Journal of History*, Vol. 5, p. 123.

12) マスケット銃を用いた致死率の高い部族間紛争をマスケット戦争と呼ぶ．マスケット銃が広まった後の部族間の闘争の詳細はロン・クロスビーの研究を参照．Crosby, Ron (1999): *Musket Wars-a history of inter-iwi conflict 1806-45*, Reed.

13) Stenhouse, John (1996): A disappearing race before we came here, *The New Zealand Journal of History*, Vol. 30, pp. 125-126.

14) Cunningham, J.K. (1956): Maori-Pakeha Conflict 1858-1885: A Background to Political Geography, *New Zealand Geographer*, Vol. 12, No. 1, p. 23.

15) Bloomfield, Gerald T. (1984): *New Zealand: A Handbook of Historical Statistics*, G.K. Hall, p. 81.

16) マオリはヨーロッパ人を概念的に一まとめにし，パケハ（Pakeha）という総称的な名称をつけた．パケハは「亡霊」「妖精」を意味する pakepakeha に由来するといわれる．パケハの語は主にイギリス人を指したが，のちにはヨーロッパ系国民全体の呼称となり，特にマオリと対決した北島では，パケハには「われわ

れ」という意識が込められ,同時にパケハ内部の出身国や民族的な相違の意識を減らす働きをした.今日でもパケハはヨーロッパ系の白人の呼称として使われる.Belich, James (1997): Myth, Race and Identity in New Zealand, *The New Zealand Journal of History*, Vol. 31, p. 12.
17) Keenan, Danny (2002): Maori Retention and Assertion of Land and Identity, In *Environmental Histories of New Zealand*, edited by Eric Pawson and Tom Brooking, Oxford University Press, pp. 246-260.
18) Lian, Kwen Fee (1991): Tribe, Class, Colonization: The Political Organization of Maori Society, *The Journal of the Polynesian Society*, Vol. 100, p. 390.
19) Belich (1997), p. 15.
20) 植民にともない不公正な方法で失われたマオリの土地や資源に対する補償は,土地戦争の結果,植民地政府によって没収されたワイカト地域の土地に対して19世紀半ばすぎから行われた.
21) Cleave, Peter (1983): Tribal and State-like Political Formations in New Zealand Maori Society 1750-1900, *The Journal of the Polynesian Society*, Vol. 92, No. 1, p. 71.
22) 石森秀三 (1974):「ニュージーランド・マオリとキリスト教――民族宗教の衰微とキリスト教の土着化」『人文学報』(京都大学人文科学研究所),第38号,pp. 41-61.
23) 鈴木二郎 (1987):「ニュージーランド・マオリの光と影」岡正雄・江上波夫・井上幸治監修,石川栄吉編著『オセアニア世界の伝統と変貌』(民族の世界史14),山川出版社,pp. 362-380.
24) Belich (1997), pp. 15-16.
25) Meijl, Toon van (1996): Historicising Maoritanga-Colonial Ethnography and the Reification of Maori Traditions-, *The Journal of the Polynesian Society*, Vol. 105, No. 3, pp. 312-313.
26) Pawson, Eric (1987): Order and Freedom: A Cultural Geography of New Zealand, In *Southern Approaches: Geography in New Zealand*, edited by P.G. Holland and W.B. Johnston, New Zealand Geographical Society, p. 310.
27) Stokes, Evelyn (1992): The Treaty of Waitangi and the Waitangi Tribunal: Maori claims in New Zealand, *Applied Geography*, Vol. 12, p. 177.
28) 上掲, p. 177.
29) Pawson (1992), p. 19.
30) 上掲, p. 20.
31) Williams (1999), p. 83.
32) Stokes (1992), p. 178.
33) Brooking, Tom (1992): 'Busting Up' The Greatest Estate of All-Liberal Maori Land Policy, 1891-1911, *The New Zealand Journal of History*, Vol. 26,

No. 1, pp. 78-98.
34) ここでの土地譲渡は土地の売却だけではなく，貸付や抵当権，伐採権，採鉱権などの譲渡を含んでいた．
35) Williams, David V. (1999): *'Te Kooti Tango Whenua'-The Native Land Court 1864-1909-*, HUIA Publishers, appendix 9.
36) マオリ語は今日では英語とともにニュージーランドの公用語となっているが，過去の同化政策や，マオリの都市移住傾向が強まった結果，そのネイティブ・スピーカーは減少していった．近年，マオリ語教育の推進，学校教育でのマオリ文化に関する知識の普及が図られている．
37) Levine, Hall and Manuka Henare (1994): Mana Maori Motuhake: Maori Self-determination, *Pacific View Point*, Vol. 35, No. 2, pp. 193-209.
38) Cant, Garth (1995): Reclaiming land, reclaiming guardianship: the role of the Treaty of Waitangi Tribunal in Aotearoa, New Zealand, *Aboriginal History*, No. 19, pp. 79-108.
39) Kawharu, Hugh (1984): Maori Sociology: A Commentary, *The Journal of the Polynesian Society*, Vol. 93, No. 3, pp. 232-233.
40) 元来，各地の部族の領域の中で暮らしていたマオリは，第一次世界大戦後，国内主要都市における産業化の進展とともに，都市労働者として都市に移住し始めた．伝統的な部族社会を離れて都市に居住するマオリは，ジェネラル・マオリ（general Maori）あるいは都市マオリ（urban Maori）と呼ばれる．近年，これらのマオリの組織化が進み，補償をめぐり，伝統的な領域で暮らすマオリとの利害の不一致が顕在化しつつある．都市マオリについては，内藤暁子（1999）：「都市のマオリ——その歴史と現状」，青柳清孝・松山利夫編『先住民と都市——人類学の新しい地平』青木書店，pp. 41-58. や同（2000）:「マオリとして都市に生きる」，熊谷圭知・塩田光喜編『都市の誕生——太平洋島嶼諸国の都市化と社会変容』(研究双書No. 511) 日本貿易振興機構アジア経済研究所，pp. 292-318. が参考になる．
41) Meijl, Toon van (2003): Conflicts of Redistribution in Contemporary Maori Society: Leadership and the Tainui Settlement, *The Journal of the Polynesian Society*, Vol. 112, No. 3, p. 260.
42) James, Colin (1986): *The Quiet Revolution-Turbulence and Transition in Contemporary New Zealand-*, Allen & Unwin / Port Nicholson Press, p. 57. コーリン・ジェームズ著，唯是康彦・四郎丸文枝共訳（1991）：『静かなる革命——動乱と変遷の現代ニュージーランド』（ニュージーランド調査委員会叢書No. 3），p. 87.

第1篇　先住民族と植民地化

第1章
ニュージーランドにおける先住民族の土地権と植民地の形成

はじめに

マオリの伝統的な土地の保有や利用，ヨーロッパ人との接触以後のマオリによる入植者への土地譲渡と，それにともなうマオリ社会における土地や資源とのかかわりの変化については，人類学や歴史学を中心に多くの研究が積み重ねられてきた．しかし，これまでいくつかの条件がそれらの本質を十分に明らかにすることを難しくしてきた．

第一にマオリが無文字であったことである．彼ら自身によって残された文字資料は，ヨーロッパ人との接触以後のものであり，土地や資源に関する彼らの固有の秩序や慣習は，ヨーロッパ人が文字で表されたマオリ語を介して理解するそれと必ずしも正確に一致するとは限らなかったのである．その最も重大な不一致は，序章で述べたように，1840年にイギリス国王とマオリの首長たちの間で締結されたワイタンギ条約の条文にみることができる．条文の英語版とマオリ語版の用語の意味や解釈の不一致は，今日でもなおマオリとパケハの間の土地や資源をめぐる問題，ひいてはこの国の二文化主義の行方に大きな影響を与えているのである．

第二に，接触後ヨーロッパ人がもたらした技術や制度の吸収により農産物の商品生産や加工技術が発展し，ヨーロッパ人との交易などがマオリの伝統的な社会に急速かつ広範な影響を及ぼした結果，接触前に存在した社会や経

済の姿がわかりにくくなったことである．このことは接触初期にマオリ社会を観察，記録したヨーロッパ人にとって，元来存在したものと，接触後に変化したものの区別を混乱させる要因となった．例えばイウィやハプで共同的に保有され，ファナウや家族によって排他的に利用されていた土地の譲渡権の性格や帰属が，今日に至るまで広く議論されているのは，この混乱とかかわる部分があると考えられる．

　第1章では，ヨーロッパ人と先住民族マオリとの接触，特に入植地の形成過程における土地をめぐる両者の対立の背景と推移を概観する．「競合的文化と共同的文化との遭遇」[1]，言い換えれば近代的な社会と伝統的な社会の接触において，伝統的な慣習の下に保有されていた土地が，ヨーロッパ人による土地買収や入植とともに，その諸制度の下に編成されてゆく過程を明らかにする．このことは今日の二民族国家ニュージーランドにおいて，先住民族の失われた権利と固有の文化を回復するためのマオリ自身とパケハの努力と，その努力を阻む障害を理解する上で欠かすことのできない前提であるからである．

第1節　伝統的マオリ社会と土地

1.　アイデンティティの基礎としての土地

　ヨーロッパ人との接触以前のマオリにとって，土地は経済的な有用物を得る場所であるのみならず，先祖伝来の精神のよりどころであり，強い愛着の対象であった．土地は資源としての肥沃さで価値が左右されるだけではなく，あるいはそれ以上にイウィやハプの口承伝説や先祖が繰り広げてきた歴史の舞台として，また先祖の埋葬地が存在する場所として，唯一無二の大きな価値を有していたのである．マオリが土地に対してもつ愛着の表現の一例をみると，北島中央部のタウポ（Taupo）の人々は，土地と彼らのマナを代表する首長を「Tongariro は山であり，Taupo は湖であり，Te Heuheu は首長である」[2]という言葉で表している．彼らの土地にある山や湖などの自然と，

集団の指導者とは並列的な関係なのである．このようなマオリの土地に対する愛着は，地名[3]や諺[4]の中にも数多く認めることが可能である．

マオリと彼らの土地との不可分の関係，聖なる預かりものとしての土地と人々との関係は，マナ・フェヌア（mana whenua）の言葉で表される．マナ・フェヌアは長年にわたって世代を超えて継承されてきた，特定の土地に対する特定のイウィあるいはハプの強いつながりを示すもので，外的な強迫や争いといった状況下で一段と強まった[5]．ヨーロッパ人との接触を契機としたマナ・フェヌアの高まりは，1840年以降，Crownによる入植者のための組織的な土地獲得が本格化するにつれて著しさを増した．また，マナ・フェヌアは時として血縁的な同族関係よりも，イウィやハプの人々の地縁的な結びつきの重要な基礎をなしていた．

2. 土地・資源保有の重層性

マオリは，14世紀半ばにニューヘブリディーズ諸島あるいはクック諸島からカヌー船団で今日のニュージーランド北島に移住してきたと考えられている．彼らはクマラ（サツマイモ），タロ（taro：サトイモ），ウフィ（uwhi：ヤマイモ），フエ（hue：ヒョウタン）などの暖地性の作物や，狩猟や食用に供されたクリ（kuri：犬）を携さえて移住してきた．人口の増加とともに集約的な作物栽培が発展したが，ニュージーランドの多様な気候環境の下では，地域によってはこれらの作物の栽培によって十分な食料を安定して得ることは困難であった．その結果，作物栽培に多くを期待できない地域では，北島や南島の西海岸に広く分布するシダの根から得られるデンプンや，鳥類や魚介類が主要な食料となった．集約的作物栽培と狩猟採集のいずれに主として依存したかは，イウィやハプが暮らす地域の自然環境，特に気候環境に左右された[6]．また主要な家畜としての犬は食用として利用されるばかりではなく，皮はマントの材料に使用され，また固有種の鳥類や飛来するカモの狩猟にも役立てられた．

クマラなどの作物を栽培する耕作地は集落に比較的近接した場所にあった

が，狩猟採集の対象となったシダ，ウナギ，ラット，鳥類，あるいは魚介類などの食料資源は，イウィやハプの領域の中に広く散在した．これらの食料資源はイウィやハプによって保有され，ファナウや家族によって利用されたが，ある地域の中に存在する狩猟採集の場，例えばラットの罠場や鳥の罠をかける樹木，漁場，シダの根の採集地，樹木の伐採地など全てが，常に同じハプやファナウの排他的な保有や利用権の下にあるとは限らず，対象によってその権利は錯綜して分布していた[7]．そして大きな漁場や，ウナギの築場のような重要な権利は，イウィやハプなどの集団の共有とされることがあった．このような空間的に錯綜した権利関係は，集団の領域内の個々の食料資源だけにみられるものではなかった．例えば，北島東部のウレウェラ（Urewera）地域においては，タウランガ（Tauranga）川の水の権利と両岸の土地の権利を，異なるハプが持っていた例が報告されている[8]．このような特定の範囲内にあるさまざまな資源や土地や水の権利を複数のイウィやハプが錯綜して保有する状態は，他のイウィによる侵略後の土地や資源の再分配や，イウィやハプの集団間の通婚，父母両系の相続によって一層複雑なものとなっていた．

　資源の散在とその保有権の錯綜は，イウィやハプの領域の境界のありかたに反映されていた．領域の境界は線的なものばかりではなかった．川や尾根のような特定の自然物はしばしば線的な境界となったが，彼らの保有するさまざまな資源の範囲を意味する多くの他の境界は，線的境界よりも，むしろ集団の主たる居住地を中心として，保有の及ぶ範囲が岩や独立樹木などの点的なトフ（tohu：印，象徴）で示された[9]．

　このようなマオリ社会の伝統的な土地保有や資源利用の慣習，あるいはそれらの境界のありかたは，ヨーロッパ人による土地獲得にともなう土地所有権の個人化，土地測量や境界画定に際して，マオリ相互の間で，あるいはマオリとヨーロッパ人との間で著しい混乱と対抗関係を生み出す要因となった．

3. 接触以前の土地と社会

イウィやハプの保有する土地の中で，ファナウや家族が耕作地などとして利用する土地は明確に割り当てられていた．割り当てられた土地は，たとえ首長でもその土地を利用するファナウや家族の許可なく占有したり耕作したりすることはできなかった．首長は彼が統率する集団の成員や土地に対して強い影響力を行使したが，そこから得られる物質的な利益を独占することはなかった．影響力は成員全体の利益の保護者の立場から行使され，首長は必ずしも突出した所有者ではなく[10]，もとより絶対的な権力者でもなかった．

イウィやハプの成員に割り当てられた土地の利用権は，その家族たちによって相続されたが，両親が異なるイウィやハプに属する場合，その子供たちは父母双方のイウィやハプの領域の中に，何らかの利用権を相続した．

イウィやハプの間の紛争の結果，一方が他方を征服した場合，征服され土地を追われた先住者たちは次第に以前の彼らの領域に戻り，征服者と婚姻関係を結ぶことで，失った権利を徐々に回復した．同時に征服者は新しい領域の知識を獲得して，緩やかにその地域に吸収されていった．結局，征服は，多くの地域で必ずしもそこに住む人々の生活や社会を根本的に変えるものではなかったのである[11]．

このようにヨーロッパ人との接触以前のマオリの社会は，血縁的な結びつきとは別に，土地を媒体として成員が結びつき，マナ・フェヌアを再生・強化して継続される共同体であったと考えることができる．その中で，首長自身のマナもそのような共同体の土地や成員を守ることによって高められた．

第2節 部族的土地保有

1. 部族的土地保有と個人的利用

イウィの領域の中で各々のハプは排他的な土地保有を維持し，その中の土地をはじめとする資源の利用に関して，ファナウ，家族，個人に属するさまざまな権利があった．しかしながら，それらの諸権利はイウィやハプなどの

集団全体の幸福に優先するものではなく，詳細な仕組みにもとづいて成員に権利が配分された[12]。

マオリの慣習では，土地や資源はいかなる場合にも個人が所有することはなかった。ハプが保有する土地の利用権がファナウや家族に分け与えられ，その権利はファナウや家族の中で相続された。婚姻などによって他のイウィの成員が土地や資源の権利を持つ場合も，利用の権利を持つことはあっても所有の権利を持つことはなかった[13]。

土地に対するいかなる権利も，イウィあるいはハプの全員の考えに一致しない限り，誰もそれを処分することはできなかった。通常，イウィは複数のハプによって成り立っていたが，実際にはハプの地位や規模によっては，事実上，ハプがイウィにならぶほど有力な場合や，小規模なハプの場合は少数の家族よりなる場合もあり，イウィとハプの規模による明確な区別は存在しなかった。したがって，イウィとハプの間の諸権利の帰属関係も一律に捉えられるものではなかった[14]。しかしながら，マオリの伝統的社会においては，土地や資源に関する上位の集団の利害が，下位の集団や個人の利害に優先するのが原則であった。

このようなマオリの土地や資源と集団の伝統的な関係は，ヨーロッパ人との接触と植民地化によって，19世紀はじめから全く異なった私的所有という新しい制度へと，他律的に変えられていったのである。

2. 首長の地位と譲渡権

マオリの伝統的社会の首長は絶対的な権力を持った人間ではなかった。首長は集団の成員に何かを強制し，行動を統制することはなかった。首長は集団の意志を定める場合に，マラエでの集団の合議を統率し決定に導いた。それ故に，首長は知識や指導力に優れた人物であったが，絶対的な権限を持った超越的な存在ではなかった。首長のもつマナは彼自身のもつ能力であり，彼の家族や集団によって獲得されたマナが大きいほど，首長のマナも高められた[15]。

首長は自身の影響力を保つためには，集団の成員に対して自らのマナを示し，集団のマナの強化に努めなければならなかった．彼が統率する集団の領域の資源が広範で豊かなほど彼のマナも大きかったが，首長が自分自身や彼の家族のために富や資源を独占し蓄えることは不可能であった[16]．

ヨーロッパ人との接触以前のマオリの習慣では，他の地域へ移住するか自ら放棄しない限り，彼らが住んでいる領域の土地を他に譲渡することはなかった[17]．イウィやハプの間で何らかの権利の譲渡が行われることはあったが，それはある資源の使用権の譲渡であったと考えられている[18]．実際に土地や資源を使用するのはファナウや家族であったが，譲渡を行うのは首長だけであり，それには彼が統率する集団の同意を必要とした．時々，首長は人々に諮ることなく，彼自身の責任で権利を他に譲渡することがあったが，そのような譲渡も，首長が忖度した人々の意見や利益にもとづいた行動として集団の人々によって認められた[19]．

ヨーロッパ人との接触とその後の入植者の土地に対する要求の増大は，マオリに広範な土地売却の機会を与えた．土地を譲渡する権限を持つ首長にとって，ヨーロッパ人への土地売却は彼のマナが集団の内外に認められる機会と考えられた．マオリと入植者の間で土地の取引が行われ始めた当初は，ヨーロッパ人が求める土地の「売却」が，排他的・永続的な権利の譲渡を意味することがマオリに十分に理解されなかった．そのような時期には，マオリは土地の譲渡，つまり土地の「売却」を彼らの土地に対する権利を正当化する機会と考え，首長に対する土地の対価の支払いは，首長の土地譲渡の権利の外部による承認であり，彼のマナを集団の内外に示すまたとない機会と考えた．このような状況の下では，植民地政府や入植者による強い政治的・経済的な圧力なしに，マオリは彼らの土地譲渡の観念に従って，彼らが支配する領域の土地を自発的に売り渡した可能性があるとアンジェラ・バラーラ（Angela Ballara）は述べている[20]．

マオリの慣習になかった土地の「売却」が，その土地にかかわる排他的・永続的な全ての権利の譲渡を意味することをマオリが知るには一定の時間が

必要であった．すなわち，現実に進められるCrownあるいは入植者への「売却」の結果と，マオリの伝統的な土地保有や土地利用の慣習とが相容れないことが認識されることで，マオリが「売却」の意味を理解するのには時間を要したのであった．ヨーロッパ人が意図する永続性に関する認識は，土地買収の進行とともに獲得されていったが，とりわけ排他性に関する認識は緩やかであったといわれている[21]．その結果，ヨーロッパ人に売却された土地に，新しい所有者の同意なくそれまでと同じように移動や食料資源の狩猟採集のためにマオリが立ち入り，ヨーロッパ人と衝突する事態が生じたのである．

第3節　接触と土地売買

1. 1840年以前の土地取引

　1840年にベイ・オブ・アイランズのワイタンギにおいて，イギリス政府を代表するニュージーランド総督代理ウィリアム・ホブソンと，北島の一部の首長たちの間でワイタンギ条約が締結された．この条約によって，先住民族マオリとイギリス国王あるいは植民地政府との間の主権や財産の帰属にかかわる原則が定められた．条約とその後の土地の譲渡や買収の関係については第4節以降で述べることとする．その前に本節では，条約締結以前に行われたマオリとヨーロッパ人の土地取引について概観しよう．

　入植が開始される前の，マオリとヨーロッパ人の土地取引は，主として捕鯨やアザラシ猟の拠点，宣教師の布教活動の拠点，あるいはニュージーランド原産のハラケケや，ヨーロッパ人が持ち込んでマオリの主要な交易品目となったジャガイモ，あるいは木材などの取引を目的とした商人の交易拠点のためのものであった．条約締結以前の土地取引では，時としてきわめて安価な代償でマオリからヨーロッパ人に土地が譲渡されたために，のちにCrownの干渉を招くこととなった．しかし，マオリたちは，これらの取引は土地を利用する権利の譲渡にすぎず，その土地から得られる全ての利益を

失うこととは考えていなかった．マオリの慣習に従えば，そのような土地の利用権の譲渡は，部族間紛争によって貧困になった集団の成員や親族に対する相互扶助の行為と同様に当たり前のことであった．また，先に述べたように，のちのヨーロッパ人入植者たちが，買収した土地へのマオリの立ち入りを拒否しがちであったのに対して，接触当初のヨーロッパ人，特に宣教師の拠点では，マオリが漁労や樹木の伐採などのために，売り渡された土地に立ち入り，引き続きその資源を利用することに対して理解を示した[22]．このことも，ヨーロッパ人とマオリの間の土地売却の意味をめぐる理解の食い違いの一因となったと考えられる．

　1830年代になると，入植農民の増加に加えて，オーストラリアのニューサウスウェールズ（New South Wales）の投資家による投機的な土地投資によって土地購入ラッシュとなった．この時代の土地売買証書に示された，ヨーロッパ人がマオリから購入したと主張する面積6,600万エーカーは，ニュージーランドの実際の全面積6,597万エーカーに匹敵したといわれる．これに対して「売却」，つまり「排他的」所有の喪失に対するマオリの理解はなお不十分であった．

　入植者による土地に対するこうした要求の高まりと，土地取引の秩序の混乱に対して，Crownは1840年1月14日にシドニー（Sydney）に調査委員会を設け，Crownの許可を得ない限り，買い手である入植者や土地投資家の土地所有権は有効ではないこと，そして将来の無許可の私的な土地購入も無効にすることを布告した．Crownはそれまでの土地取引を調査・審査し，「誠実」「公平」でない取引の結果生じた土地所有権を停止した．しかし「誠実」「公平」の基準には，全く無法でない限りはマオリに支払われた代金の多寡は含まれず，売り手であるマオリの土地譲渡に関する「慣習」や「全ての住民の同意」も綿密に調査されることはなかった[23]．

　Crownは，1840年以前の私的な土地取引に対する介入によって，正規の土地購入を1人2,560エーカーまで認め，それ以外の土地をクラウン・ランド（Crown Land）[24]に編入するとともに，正規に売買された土地に関しては，

マオリがそれまで持っていた全ての慣習的な権利は消滅したと宣言した[25]。クラウン・ランドに編入された土地は，第4節第2項で述べるワイタンギ条約に定められたCrownの先買権によって新たに取得された土地とともに，新規の入植者に提供された．クラウン・ランドの入植者への売却によって生じる差益は，1840年以前に私的に購入された大規模な土地の買収・細分化のための資金や，マオリからの新規の土地買収の資金となった．

　ヨーロッパ人によるマオリとの私的な土地取引に代わるCrownの先買権による土地取引は，入植者や土地投資家による強引な土地買収からマオリの利益を守ることになったが，一方ではマオリが有利な条件で土地を手放す機会を制限することになり，マオリの諸部族を経済的に周辺化する働きがあったとアラン・ワード（Alan Ward）は述べている[26]．

2. パケハからみた部族的土地保有

　マオリの伝統的社会における部族的な土地保有は，植民地政府の官吏やパケハの入植者からどのように認識されていたのであろうか．接触当初のパケハの入植者たちは，先住人口の少なさ，農耕地としての利用密度の低さ故に，広大な未利用地は「役に立たない」「無駄で非生産的な」「荒地」とみなし，そればかりか雑草がはびこり，害鳥を繁殖させると非難した[27]．パケハの目には，マオリのイウィやハプが支配する領域に存在する狩猟採集の対象である資源は重要なものとは映らなかったであろうし，領域の多くの自然物がイウィやハプに語り伝えられる歴史や伝説の不可欠の舞台であることを，パケハが理解し尊重するはずもなかった．パケハの入植農民と自作農主義に立つ植民地政府は，広大な未利用地を含む大農場の所有者や土地の投機的な売買を非難するとともに，このマオリの「不耕作地」も非難の対象とした．植民地政府は，そのような「利用」に供されない土地を有効に利用する能力をもったパケハの入植農民の手に渡すことを，土地政策の最大の課題と考えたのである．

　入植農民と植民地政府の非難の矛先は部族的土地保有にも向けられた．多

くのパケハの役人や議員が，マオリは「共産主義的な方法」で土地を所有し，「共産主義的な状態」で暮らしているとみた．共同的な土地保有は，パケハへの円滑な土地譲渡を妨げる大きな障害とみたのである．マオリは共産主義的と非難されると同時に，封建的で階級的だと批判された．そして彼らは，勤勉なパケハの入植者に土地を貸し，法外な小作料を取る怠惰なマオリの地主の出現を許してはならないと考えたのである[28]．

第4節　部族的土地保有と土地の私有化

第4章第2項で述べる先住民土地法や先住民土地裁判所によって土地の私有化が進められる前の1840年代，50年代のマオリからの土地譲渡は，そののちの時代とくらべて大きな違いがあった．入植者の土地要求に対して譲渡の可能性のある土地はまだ残っており，土地譲渡を主として制約するのは，Crown の先買権による買収価格の低さだけであった[29]．しかしながら，ヨーロッパ人との接触により新たに持ち込まれた麻疹や結核などの感染症やマスケット戦争[30]などにより減少を続けるマオリ人口にくらべ，その後ヨーロッパ人移民は絶え間なく増加し，19世紀半ば以降になると入植者の土地要求はそれまでになく高まっていった．

1. 土地戦争

ヨーロッパ人入植者の増大とともに，牧畜，とりわけ牧羊業が重要性を増すにつれて，入植地に対する需要は年々高まっていった．植民地政府は，入植者の土地要求を背景としてマオリの保有する土地の買収を進めたが，それは質量ともに，また地域的にも必ずしも満足のいくものではなかった．特に，北島東部の広大な平野に広がる肥沃なタラナキ地域とワイカト地域においては，多くの土地を確保することができなかった．このような背景の下に引き起こされた土地戦争は，土地売買を阻止しようとする部族が，実質的に反土地売却同盟としての性格をもったマオリ王擁立運動と結びついて，イギリス

軍・植民地政府軍と戦ったものであった．土地売買をめぐる武力紛争は1845年頃から散発的に繰り返されたが，政府がタラナキ地域のワイタラ（Waitara）地区において，地位の低い首長から地区の土地の一部を買収しようとしたことを契機として，1860年，ワイタラで土地買収に抵抗するマオリの部族同盟軍とイギリス軍および植民地政府軍の間で激しい戦闘が勃発し，北島の広い範囲に戦火が拡大した[31]．そして土地戦争は，土地売買に対する抵抗にとどまらず，植民地政府の主権そのものに対するマオリの抵抗運動へと発展していった．イギリス軍が段階的に本国に撤退したのちも，土地戦争は植民地政府軍，武装入植農民およびそれに同調するマオリと，マオリ同盟軍の間でさらに十数年にわたって継続し，四半世紀に及んだ土地戦争が最終的に土地買収に抵抗するマオリの敗北で終結したのは1872年のことであった．

　土地戦争のさなかの1863年，植民地政府は植民地政府軍やイギリス軍との戦争に参加している部族を反乱鎮圧法により「反乱民」とし，ワイタンギ条約でマオリに保障された権利を剥奪するとともに，ワイカト地域をはじめ北島全体で約300万エーカーの土地を没収した[32]．

　没収されたワイカト地域とタラナキ地域などの土地は入植者に売却され，それによって得られた資金は「反乱軍」鎮圧や武装入植地の建設のための費用に当てられた．ワイカト地域やタラナキ地域に設けられた武装入植地は，なお潜在的に対立するマオリとパケハの緩衝地帯を形成した[33]．土地戦争におけるマオリの敗北は，安い価格でも土地を売り渡すことをいとわない，敗北主義的な姿勢をもたらし，タラナキ地域だけでわずか2年間に38万エーカーの土地が売り渡された[34]．北島における植民地政府によるマオリからの土地買収は，1890年代には300万エーカーを超え，ピークに達した．

2．先住民土地法

　部族的土地保有とファナウや家族による土地利用というマオリの伝統的な慣習は，個人の自由な土地取引を制約し，植民地政府や入植農民による農

地・牧場の拡大のための土地買収にとって最大の障害であった．そして，Crown の先買権はマオリからの土地取得を植民地政府の下に一元化し，無秩序な土地取引，投機的な土地売買，あるいは大規模土地所有の出現を防ぐものであったが，一方では入植者の旺盛な土地需要に十分に応えるものではなかった．

　1862 年に制定された先住民土地法は，ワイタンギ条約第 2 条に定められたイギリス国王の先買権を廃止した．先住民土地法はその後もたびたび改定されながら，部族的土地保有を解体し，土地の私有化を進め，入植地の形成に大きな役割を果たした．その主たる意図は，入植者によるマオリ個人からの直接的な土地購入を容易にするために，イギリス法の範囲内にマオリの土地の権利を制度化することにあった．それはマオリの側からみれば，伝統的な土地の保有と利用の秩序を破壊されることに他ならず，マオリの共同社会の存続を脅かすものであった．

　国王の先買権を廃止した 1862 年の先住民土地法の制定と，先住民土地裁判所の設立を定めた 1865 年の同法の改定が議論された際，植民地政府の法務長官であったヘンリー・シュウェル（Henry Sewell）は，先住民土地法の目的を，先住民の手中にある広大な土地を獲得することと，先住民を文明化することにあるとし，先住民の文明化のためには，植民地政府が彼らをパケハと同じ社会的・政治的なシステムに同化させる障壁となる「共産主義の原理」を破壊することが必要であると主張した[35]．

　先住民土地裁判所によるマオリ個人の土地所有権の決定に先立って，土地調査が実施された．1873 年の先住民土地法の改定では，マオリは調査官のいかなる土地調査にも同意しなければならないこと，測量など調査のための全ての費用は，金銭か土地のいずれかでマオリが負担することが定められた．金銭で支払う用意のないマオリは，土地を売る権利のために土地を手放したのである[36]．また 1873 年の同法の改定では，売却に「不同意」のマオリの持分面積を分割・除外して，売却に「同意」するマオリがその持分面積の土地を売ることが認められた．さらに，1878 年には「利害のある」全ての人

間に持分による土地取引が可能となった．このことはパケハの土地購入希望者が，マオリの共同的な保有者の中の売却の同意を得た人数の割合だけ，分割して購入することが可能になったことを意味していた[37]．

先住民土地法による土地政策は，土地の私有化を契機として，単にマオリの共同社会の物的基盤としての土地の買収を促進するばかりでなく，イウィやハプのアイデンティティのよりどころとしての土地の共同保有を解体することでマオリ社会の「脱部族化」を進め，マオリをパケハ社会に同化させる重要な方法の一つであったと考えられる[38]．換言すれば，19世紀のマオリ社会が変化した最大の要因として，先住民土地法を中心とした土地制度の導入と，次に述べる先住民裁判所の決定にもとづく，パケハへの売却ないし貸付による土地譲渡があった[39]．

3. 先住民土地裁判所

1862年制定の先住民土地法にもとづいて，1865年に先住民土地裁判所が設立された．1866年から活動を開始した先住民土地裁判所は，マオリの部族としての慣習的な共同的土地保有権を解体し，土地を私有化することを目的とした．先住民土地裁判所はそのために部族の保有する土地の調査・測量を行い，土地に対する個人の慣習的な権利の存在が確認されるとその土地はその個人の自由保有地と認められたが，設立された当初は，個々人が売却可能な自由保有の権利を持つことはイウィやハプの長老たちによって妨げられた[40]．しかし，先住民土地裁判所の「活動の最初の50年間で，部族の自治と自己決定を維持しようとするマオリのリーダーシップの持続的な努力にもかかわらず，土地の個人所有へのパラダイムシフトが全て達成された」[41]のである．特に1880年代以降，マオリの手元に残った「入植可能地」が減少する一方，入植者の土地要求が強まるにつれて，先住民土地裁判所の役割が大きくなっていった．

先住民土地裁判所が土地調査をする場合，居住と耕作を証明することができる原告が優先され，狩猟採集活動は権利の証拠として重視されなかった[42]．

このような先住民土地裁判所における証拠や証言の採否は，イウィやハプの領域の中に存在する資源の重層的な保有関係を無視し，伝統的な資源の権利関係やそれにもとづいた生活を脅かすものであった．また，先住民土地裁判所の活動は，部族的な土地保有に対する首長の権限を弱めるとともに，土地を売りたいマオリとそうではないマオリの対立を生み出し[43]，イウィやハプの結束の中心的役割を果たした首長の権威を突き崩す働きをした．

先住民土地裁判所による土地調査，土地の私有化は，入植者やCrownによる土地買収を促進し，入植植民地の形成に不可欠の働きをした．しかし，先住民土地裁判所が手がけた調査の総面積は，対象とする土地の規準や指標がたびたび変更されたために今日ではそれを正確に知ることはできない．一説では1865年から1909年の間にマオリの集団的な支配下にあった1,800万エーカーの土地が私有化されたといわれている[44]．

特に，パケハとの交易などの収入源のないマオリは，しばしば土地を抵当に入れ，売却代金が支払われる前にパケハの商人からアルコール類を含む物品を購入することで，土地の代金を失った．また，土地売却にはそれに先立つ先住民土地裁判所の調査・測量による土地境界や区画の決定が条件であったために，その費用は売却代金から差し引かれた．調査・測量の費用は地形などの土地条件によって異なり，時として費用が土地売却代金を上回ることすらあったという[45]．

大量の「入植可能地」，つまりヨーロッパ人による農耕や牧畜に適した土地の買収は，マオリの伝統的な農耕と狩猟採集活動を脅かし，マオリを経済的にも空間的にも周辺化していった．パケハによる土地買収政策の遂行過程で多くの肥沃な土地や資源を失ったマオリは，パケハの居住地に近い地域では，日雇い労働者として道路建設などの公共事業に雇用されるか，パケハの農場や牧場の労働者として牧柵作りや羊の毛刈り，農場の種まきや収穫をして暮らし，パケハ社会と隔絶した地方では，商品経済とは疎遠な零細農業で，実質的な「土地なしマオリ」として自給的な生活を維持するという道が残されたのである．植民地政府は「土地なしマオリ」の出現やマオリの貧困化が

将来的に国家の負担となることを懸念しつつも，同時に入植植民地建設とパケハの農場にとって欠かせない安価な労働力の供給源としてのマオリの存在を無視することもできなかったのである[46]．このようなマオリの賃金労働者化は，伝統的なマオリの共同社会とその地域から離れ，パケハ人口の集中する地域で暮らす都市マオリあるいはジェネラル・マオリを出現させる背景の一つとなった．

　先住民土地裁判所の活動は，土地の私有化とそれに続く土地買収のみならず，マオリの社会にさまざまな負の影響を与えた．先住民土地裁判所の審理は多くの場合，ヨーロッパ人の住む都市で行われた．審理に関係するマオリは，しばしば長期に及ぶ開廷期間中，あるいは審理のつど，繰り返しその都市に出かけ滞在する必要があり，そのための費用負担を強いられた．そしてまた，ヨーロッパ人との日常的な接触によって，飲酒の習慣や感染症を村に持ち帰ることになった．このことが，先住民土地裁判所を通じたヨーロッパ人による土地買収とマオリ人口の減少の相関関係をもたらした一つの要因となったといわれている[47]．

　また，裁判所では審理の対象となる土地の関係者は，たとえ高位の首長であってもまず個人として扱われ，そのため首長を頂点としたマオリの部族的な集団の階級的な社会関係が衰退した．その結果，首長の権威が低下し，集団の構成員の地位の平準化が進んだことも先住民土地裁判所がマオリ社会に及ぼした影響として特記されなければならない[48]．

第5節　植民地化・土地収奪に対するマオリの抵抗

　ニュージーランドにおいて植民地政府が目指した入植植民地の形成にとって，入植者の土地要求に質量ともに十分に応えることが，最も重要な前提であった．土地買収政策は Crown の土地先買権や先住民土地法，先住民土地裁判所などの制度や機関を通じて，絶え間なく続けられた．それは土地買収を妨げるマオリの伝統的な共同社会，特にその部族的土地保有を解体する過

程であった.入植者が必要とする意味での「土地売却」の観念をもたないマオリにとって,パケハによる土地買収は,それがパケハにとって「合法」であれ「非合法」であれ,マオリの伝統的な社会の根幹を揺るがす脅威であることにかわりがなかった.

　入植者の土地要求の高まりを背景とした土地獲得のための圧力に対して,マオリ社会では協調的な姿勢を示す地域や部族があった反面,ヨーロッパ人による土地獲得に対して根強い抵抗を続けた地域や部族があった.

　パケハによる土地買収の拡大にともなうマナ・フェヌアの主張の高まりは,土地の私有や土地売却という新しい観念に対抗して,マオリ社会における土地と人々の不可分の結びつきを再度強めようとするものであった.1860年に始まった土地戦争も,広大で肥沃な入植地を獲得しようとするパケハや植民地政府に対する部族同盟の抵抗であった.

　1858年に始まるキング・ムーブメントは,マオリ王を選出し,独自の旗を定め,新聞を発行し,行政長官,警察官,測量技師などを擁する国家内の国家を形成する活動であった.キング・ムーブメントはパケハの脅威に対する19世紀のマオリ・ナショナリズムの揺籃であり,またその核としての役割を果たした[49].しかしながら,キング・ムーブメントの中心であった北島の内陸部や,商品経済に早くから巻き込まれ不況に苦しめられたワイカト地域やタラナキ地域とは異なり,北オークランドのようなパケハ社会とより近接した地域で暮らすマオリは,1860年頃になるとヨーロッパ的な生活習慣に慣れ親しみ,汎部族的な抵抗運動やマオリ・ナショナリズムはこのような地域に住むマオリを引きつけなくなった[50].マオリ・ナショナリズムの発展や部族主義の衰退には少なからず地域差があったのである[51].

　パケハによる入植植民地形成の圧力を契機とした,反土地売却を標榜する部族同盟の結成は,キング・ムーブメントに代表されるようにマオリ・ナショナリズム的,汎部族主義的な性格,言い換えるならばパケハや植民地政府が望んだものとは異なる脱部族化の方向性をもったものであった.マオリ・ナショナリズム的,汎部族主義的な脱部族化は,ヨーロッパ人との接触以前

に個々の部族として存在したマオリ（maori＝ordinary people）が，パケハに抵抗する主体としての「マオリ民族」（Maori）を自覚する過程であったのに対し，パケハが望んだ脱部族化は，共同社会の中の土地と人の関係，すなわちマナ・フェヌアを解体し，土地の私有化を進め，土地獲得を容易にするためのマオリ個々人の「脱部族化」であったのである．

おわりに

ワイタンギ条約にもとづいたマオリの要求を審判するワイタンギ審判所が，ワイタンギ条約法によって1975年に設立された．当初，審判所は1975年以降のワイタンギ条約違反を審理してきたが，1985年の法改正によって，1840年以降の条約違反についても，遡って審判の対象とすることになった．同時に，条約に違反して行われた土地の買収や没収だけではなく，ヨーロッパ人との接触以前からマオリが保有し利用してきた水産資源や森林資源はもとより，接触後に資源化された地熱なども，条約の第2条でその保障が定められているタオンガとして審理の対象となっている．また対象となるタオンガは，そのような有形の財産のみならず，無形の言語や文化にまで及び，近年では放送の周波数に至るまで多岐にわたっている．今日のニュージーランド人，とりわけパケハが，他国の二民族関係にくらべて，自分たちの国における「良好な人種関係に対する評価を大変誇りに思っている」[52]のも，こうした先住民族が過去に失った権利回復のための努力がワイタンギ審判所のように制度化され，何がどこまで補償されるべきなのかが，歴史的資料やヒアリングなどで解明された事実関係をふまえて真剣に議論されていることが背景としてあるのである．

ヨーロッパ人による植民地形成とその後のイギリス連邦内の独立国家としてのニュージーランドの形成過程において，不公正な方法で奪われた有形・無形の財産のマオリによる復権・回復要求は，現代ニュージーランドが国是として標榜する多文化国家を内実化するために，国民的な合意を得つつ克服

第1章　ニュージーランドにおける先住民族の土地権と植民地の形成　　　45

しなければならない課題として意識されている．しかし，そこにはなお多くの問題が残されている．イウィやハプの共同社会から離れて暮らす都市マオリの増加や混血の進行は，「補償を受ける権利を持つのは誰か」「(それは)何を根拠にして」という議論を複雑にし，また補償を受けるマオリ社会内部における配分も，一部では問題とされている[53]．

「二文化国家」の実現にとって，言語をはじめとする「無形の」タオンガの回復の重要性は論を待たないが，それとともにマオリ側から申し立てられている多くの土地や漁業権などの復権要求は，パケハがかつて入植植民地形成の時代に獲得した「有形の」権利の再分配を意味している．それはパケハにとって既得権を失いかねないという危機感にも通じるものである．本章で取り上げたパケハによる土地獲得の過程は，そのような意味でワイタンギ審判所においてだけではなく，これまで歴史学や人類学，地理学などの学問分野でも繰り返し検証され，そのワイタンギ条約にてらした「正当性」「不当性」が議論されてきた．この国が今日直面し，苦悩している二民族関係の問題の中心がここにあり，また同時にこの国が多文化主義を「誇る」理由も，その問題に対して真摯な議論と取り組みが行われていることにあると考えられる．

注
1) Pawson, Eric (1992): Two New Zealand: Maori and European, In *Inventing Places, Studies in Cultural Geography*, edited by Kay Anderson and Fay Gale, Longman Cheshire, p. 16.
2) Firth, Raymond (1972): *Economics of the New Zealand Maori*, A.R. Shearer, Government Printer, p. 373.
3) ニュージーランドの地名は，ヨーロッパ人の入植の進展とともにその多くがヨーロッパ系の地名（パケハ地名）に変えられていったが，近年，マオリ地名の復原要求が高まり，一部でマオリ地名への変更，あるいはパケハ地名との並記が実現している．マオリ地名の復原については第4章で取り上げる．
4) マオリの土地に対する愛着を表す諺の一例として，社会人類学者レーモンド・ファース（Raymond Firth）は，19世紀末から20世紀はじめにマオリの歴史と生活に関する詳細な記録を残したエルスダン・ベスト（Elsdon Best）が，"Peo-

ple die, are slain, migrate, disappear; not so the land, which ever remain" と訳した, "He kura tangata, e kore rokophanga; he kura whenua, ka rokohanga" を挙げている. Firth (1972), p. 368.
5) Keenan, Danney (2002): Bound to the Land-Maori Retention and Assertion of Land Identity-, In *Environmental Histories of New Zealand*, edited by Eric Pawson and Tom Brooking, Oxford University Press, p. 250.
6) Lian, Kwen Fee (1991): Tribe, Class, and Colonization: The Political Organisation of Maori Society in the 19th Century, *The Journal of the Polynesian Society*, Vol. 100, No. 4, p. 390.
7) Layton, Brent (1984): Alienation Rights in Traditional Maori Society: A reconsideration, *The Journal of the Polynesian Society*, Vol. 93, No. 4, pp. 425-426.
8) Firth (1972), pp. 378-379.
9) Parsonson, Ann R. (1980): The Expansion of a Competitive Society: A Study in Nineteenth-Century Maori Social History, *The New Zealand Journal of History*, Vol. 14, p. 47.
10) Firth (1972), p. 377, 381.
11) Parsonson (1980), p. 56.
12) Murton, Brian (1987): Maori Territory, In *Southern Approaches-Geography in New Zealand-*, edited by Peter Holland and Barry Johnston, New Zealand Geographical Society, p. 102.
13) Ballara, Angela (1982): The Pursuit of Mana?: A Re-evaluation of the Process of Land Alienation by Maoris, 1840-1890, *The Journal of the Polynesian Society*, Vol. 91, No. 4, pp. 535-536.
14) Firth (1972), p. 378.
15) Parsonson (1980), p. 48.
16) Lian (1991), p. 393.
17) Ward, Alan (1999): *An Unsettled History: Treaty Claims in New Zealand Today*, Bridget Williams Books, p. 79.
18) Layton (1984), p. 431.
19) Firth (1972), p. 375.
20) Ballara (1982), pp. 520-521.
21) Ward (1999), pp. 80-81.
22) 上掲, p. 74, 83.
23) 上掲, pp. 78-79.
24) 政府によって買収された土地は, 19世紀からクラウン・ランドと呼ばれてきた. クラウン・ランドの呼称は国有地の総称として長く使用されてきたが, 1987年にその主要部は Forestry Corporation, Department of Conservation, Land

Corporation, Department of Lands の 4 つの政府機関の管轄に再編成された．
25) Williams, David V. (1999): *Te Kooti tango whenua: The Native Land Court 1864-1909*, HUIA Publishers, pp. 51-52.
26) Ward (1999), p. 78.
27) Brooking, Tom (1992): 'Busting Up' The Greatest Estate of All: Liberal Maori Land Policy, 1891-1911, *The New Zealand Journal of History*, Vol. 26, No. 1, pp. 92-93.
28) 上掲, p. 92. および Williams (1999), p. 98.
29) Ballara (1982), pp. 530-531.
30) 19世紀前半にニュージーランド北島を中心に各地で起こった，マオリの部族間の一連の武力紛争をマスケット戦争 (Musket Wars) と呼ぶ．部族間の紛争はそれ以前にも繰り返されてきたが，マスケット銃を使った武力紛争はそれまでの紛争にくらべて死亡率が高くなり，感染症とともにヨーロッパ人との接触後のマオリ人口の減少の大きな要因となった．Crosby, Ron (1999): *Musket Wars: A History of Inter-iwi Conflict 1806-45*, Reed. 参照．
31) Sorrenson, M.P.K. (1975): How to Civilize Savages: Some 'Answers' from Nineteenth-century New Zealand, *The New Zealand Journal of History*, Vol. 9, pp. 104-105.
32) 土地戦争にともなうマオリの保有地の没収は，ワイカト地域の他にタラナキ，オークランド，ベイ・オブ・プレンティ地域でも行われ，ワイカト地域とあわせてその合計は約300万エーカーに達した．この土地没収は，植民地政府や入植者への土地譲渡に抵抗するマオリ王擁立運動に対して制約を加えるものであった．没収された土地の約半分はのちに返還されるか，政府によって購入された．
33) Keenan (2002), p. 254.
34) Cunningham, J.K. (1956): Maori-Pakeha Conflict 1858-1885: A Background to Political Geography, *New Zealand Geographer*, Vol. 12, No. 1, pp. 27-28.
35) Williams (1999), pp. 87-88.
36) Ballara (1982), pp. 533-534.
37) Williams (1999), appendix 8.
38) Ballara, Angela (1998): *IWI: The Dynamics of Maori Tribal Organisation from c.1769 to c.1945*, Victoria University Press, p. 260.
39) Sorrenson, M.P.K. (1956): Land Purchase Methods and their Effect on Maori Population, 1865-1901, *The Journal of the Polynesian Society*, Vol. 65, No. 3, p. 185.
40) Cleave, Peter (1983): Tribal and State-like Political Formations in New Zealand Maori Society, *The Journal of the Polynesian Society*, Vol. 92, No. 1, p. 73.
41) Williams (1999), p. 56.

42) Ballara (1998), pp. 91-92.
43) Pawson, Eric (1987): Order and Freedom: A Cultural Geography of New Zealand, In *Southern Approaches-Geography in New Zealand*, edited by Peter Holland and Barry Johnston, New Zealand Geographical Society, p. 310.
44) Williams (1999), p. 59.
45) 上掲, appendix 10.
46) Brooking (1992), p. 95.
47) Sorrenson (1956), p. 192.
48) Ballara (1998), p. 269.
49) Cunningham (1956), p. 30.
50) 上掲, p. 16.
51) Murton (1987), p. 96.
52) Metge, Joan (2004): *Rautahi-The Maoris of New Zealand-*, Routledge & Kegan Paul, p. 289.
53) Meijl, Toon van (2003): Conflicts of Redistribution in Contemporary Maori Society-Leadership and the Tainui Settlement-, *The Journal of the Polynesian Society*, Vol. 112, No. 3.

第2章
ニュージーランド南島の植民地化と
ナイ・タフ族の土地喪失

はじめに

　先住民族が，植民地化の過程とその結果形成された「多民族国家」「二民族国家」の中の少数民族として失ったものはさまざまである．ヨーロッパ人の移住と植民地の建設の過程で，不公正な方法で奪われたのは土地や資源そのものだけではない．入植地の拡大は先住民族の生存と密接に結びついていた自然環境に，広範囲の，しばしば不可逆的な影響を与え，彼らの伝統的な生活様式や社会に多くの脅威を与えた．また，その後の「多民族国家」「二民族国家」の形成過程で，先住民族の言語や宗教，慣習，彼らが領域とする地域の自然環境に関する知識，あるいは地名など，多くの固有の文化が消滅あるいは衰退を余儀なくされたのである．

　ニュージーランド南島の主要な部族であるナイ・タフ（Ngai Tahu）族[1]は，1840年代から Crown やニュージーランド会社の土地買収によって部族の領域の多くの土地を手放した．同時に，森林，原野，河川，湖沼における食料や繊維原料など天然資源獲得のためのナイ・タフ族の伝統的な狩猟採集も，パケハによる南島の開拓適地の農地化・牧場化とともに，その自由な活動が著しい制約を受けることとなった．その結果，ナイ・タフ族は量的にもまた質的にも限られた土地と資源にその生存を依存することとなり，経済的・社会的に周辺化されていった．本章では南島のナイ・タフ族の伝統的な

食料獲得法について略述し，その領域でCrownとニュージーランド会社によって行われた土地買収の経過と影響について考察する．

第1節　ナイ・タフ族とヨーロッパ人の接触

1. ナイ・タフ族の伝統的食料資源とヨーロッパの農業

　ニュージーランド南島の先住部族ナイ・タフ族とヨーロッパ人の接触は18世紀末に遡る．イギリスの植民地として南北両島に入植者の移住が始まる前の1790年頃から，南島では，ヨーロッパやアメリカの捕鯨業者やアザラシ猟師が周辺海域で活発に活動し，彼らは食料や水，燃料を補給するために先住部族のナイ・タフ族と接触した．彼らは沿岸のナイ・タフ族の集落の近くに，補給や鯨油・獣皮の加工のための半永久的な居住地を設けた．

　比較的温暖な北島に住む諸部族が，クマラやタロなどの暖地性の作物の栽培を中心とした農耕を食料の主な獲得手段としたのに対して，より冷涼な環境にある南島を領域とするナイ・タフ族は，農耕が不安定であったために，食料を狩猟採集に依存する度合いが大きかった．ヨーロッパ人との接触を契機として，ナイ・タフ族は冷涼な南島でも栽培可能なジャガイモや小麦，あるいは豚などの新しい作物や家畜を積極的に取り入れた．しかし，これらの新しい作物や家畜が，伝統的な狩猟採集による食料の獲得，すなわちマヒンガ・カイ（mahinga kai）[2]にただちに取って代わることはなかった．

　ポリネシア各地やニュージーランド北島では，森林を焼き払って農耕が行われた跡地でも植生の再生はすみやかで，土壌浸食はコントロールされ，また土地の地力もほどなく回復した．これにくらべてニュージーランド南島はクマラの栽培の南限に位置し，安定した収穫が望めず，焼畑後の植生や地力の回復でも劣っていた．そのために南島の先住部族は，季節ごとの狩猟採集によって得られる動植物を彼らの食料の不可欠な一部分としていた．このことを通じて彼らは南島の自然環境について熟知し，自らを南島のカイチャキ（kaitiaki：自然の守護者）と考えるようになった．食料とされた主な動植物

は，南島に多い氷河湖をはじめとする内水面やエスチュアリー（河口湾），ラグーン（潟湖）に生息するウナギなどの淡水魚類，沿岸海域の海産物，キオレ（kiore：野生のネズミ），ティティ（titi：ハイイロミズナギドリ，英語名 mutton bird），ウェカ（weka：コバネクイナ）などの鳥類，シダ類の根の澱粉，ツィ・コウカ（ti kouka：ニオイシュロラン，英語名 cabbage tree）など多岐に及んだ．

　定住集落における農耕とは別に，ナイ・タフ族の食料獲得の重要な手段であった狩猟採集活動は南島の全域に及んでいた．南島各地の食料を獲得する海岸やラグーン，河川，内陸の湖や森林，あるいはフォーボー海峡（Foveaux Strait）の南に浮かぶラキウラ（Rakiura：スチュアート島，ヨーロッパ地名 Stewart Island）やティティ（Titi）諸島への定住集落からの道のりは時として長距離になり，そのルート，あるいはノホアンガ（nohoanga：野営地），移動中の食料の獲得場所に関する豊富で詳細な知識は，ナイ・タフ族が先祖から受け継いできた南島の自然環境との密接なかかわりの現れであった．動植物資源の捕獲・収集のための移動はしばしば遠距離に及ぶことがあった．例えば東海岸の中部のカイコウラ（Kaikoura）に住むハプの場合，ラキウラとその周辺のティティ諸島へティティを捕獲するための移動距離は 600km から 700km に達した．

　19 世紀前半，ヨーロッパ人との接触後のナイ・タフ族は，ジャガイモや豚などの生産物を捕鯨業者や初期のヨーロッパ人入植者などに供給した．またマオリが主な繊維原料の一つとしていたハラケケは，ロープなどの原料として食料とともに重要な交易品となり，一時期はオーストラリアのニューサウスウェールズ植民地などへ供給された．このように，ナイ・タフ族は北島の多数の部族に先駆けてヨーロッパ人との交易によって商品経済の渦中に投じられ，それにともなってヨーロッパ式の農具・農法，作物や家畜を取り入れ，あるいは製粉やヨーロッパ式の操船など，新しい技術に早くから習熟することとなった．

　また，北島の諸部族にくらべ早い段階からのヨーロッパ人との接触は，ナ

イ・タフ族とヨーロッパ人の混血を進めた．植民地政府による1844年と1870年代半ばのナイ・タフ族に関する人口調査によれば，推計2,000人であった人口がこの間に，麻疹や結核などの外来の伝染病により約1,700人に減少するとともに，そのうちの約700人がヨーロッパ人とナイ・タフ族の混血であったという[3]．また早期のヨーロッパ人との接触は，彼らが北島の諸部族に先駆けて英語の識字能力を身につける機会ともなった．

2. 条約調印と南島先住民族

1840年2月6日に北島北部のワイタンギで，北島の一部の部族の首長とニュージーランド総督代理ウィリアム・ホブソンによって，ニュージーランドの主権のイギリス国王への譲渡，イギリス国王による先住民族の財産の保障，先住民族に対するイギリス国民としての保護などを取り決めたワイタンギ条約が調印された．条約の写しはその後，北島中部から南部へ，さらに南島に運ばれ，各地のイウィやハプに対して調印が求められた．南島ではトーマス・バンベリー（Thomas Bunbury）陸軍少佐によって同年4月にアカロア（Akaroa）へ，6月にオーターコウ（Otakou：赤いオーカーを意味するマオリ語のo-takouを地名の由来とする．現在は一般にオタゴOtagoの名称で呼ばれる．以下，オタゴと表記）へ，さらに南島とその南のラキウラとの間のフォーボー海峡に浮かぶルアプケ（Ruapuke）島へ運ばれた．調印に臨んだ南島の一部の首長たちはすでに英語の識字能力を有し，彼らの条約に対する主要な関心は，植民地政府がナイ・タフ族の土地の所有を保障するか否かという点にあり，ルアプケ島では調印に臨んだ首長が，バンベリーに対して先住者の土地と所有物の全面的・排他的所有を認める旨の条約文書の裏書を求めたといわれている[4]．それまでのヨーロッパ人との商取引などの経験が，識字能力と，イギリス政府とマオリの原則的な関係をいわば抽象的に謳ったワイタンギ条約を土地の所有・利用の権利という現実的な問題と結びつけて理解する能力を培ったと考えることができる．

この3条よりなるワイタンギ条約は，今日に至るまで先住民族のマオリと，

Crown あるいはニュージーランド政府との原則的な関係を定めたものとして，両者の間の土地の権利や漁業権をめぐる紛争，言語や教育などの文化的問題など，さまざまな場面で議論の焦点となってきた．ここで取り上げる Crown によるナイ・タフ族の土地買収に関連しては，特に先住民族マオリの土地，森林資源，水産資源，その他の所有物の排他的権利を保障した第 2 条に照らして，買収の方法や代償が適正であったか否かがこれまでに議論されてきた．すなわち条約締結後の Crown の土地買収が，条約で保障されたナイ・タフ族の土地に対する排他的な権利の侵害であったのか，あるいは南島全域に及ぶマヒンガ・カイが，売り渡された土地の権利とは別の権利として，その逸失がナイ・タフ族に対する補償の対象に含まれるべきものか否かなど，条約と Crown による土地買収の関係は，ナイ・タフ族と政府の補償交渉の最大の争点の一つとなってきたのである．

　また Crown による土地買収や先住者のための保留地の選択・決定などの結果，ナイ・タフ族が社会的・経済的に周辺化され，困窮化していったことに対しても，マオリがイギリス国王によってイギリス国民と等しい保護を与えられることを取り決めた同条約の第 3 条に照らして，ナイ・タフ族側から疑義が表明されてきた．

第 2 節　Crown の土地買収によるナイ・タフ族の土地喪失

1. Crown による南島の土地買収の背景

　ワイタンギ条約第 2 条には，イギリス国王による先住民族マオリからの土地の先買権が定められている．これにもとづいて条約締結後，先買権が廃止されるまで，ニュージーランドではマオリからの土地買収は Crown，すなわち実際上は植民地政府によって独占的に行われ，買収された土地は，植民地政府を通じて植民会社のニュージーランド会社や入植農民に売却されるか貸し付けられることになった．

　北島にくらべて冷涼な気候の南島においては，特にその脊梁山脈のサザ

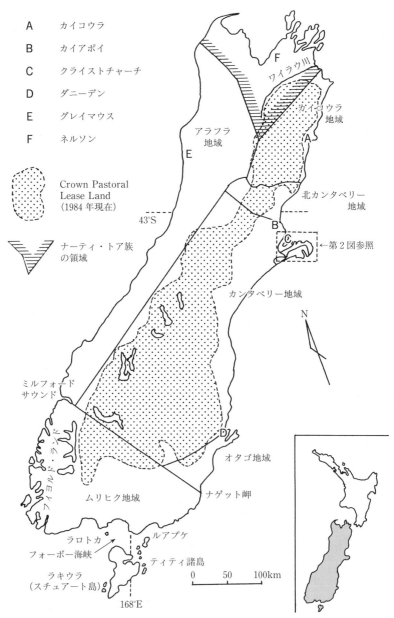

第1図 ニュージーランド南島におけるCrownの土地買収

ン・アルプス (Southern Alps) 山脈の東側に広がるカンタベリー (Canterbury) 平野をはじめとする原生の森林やタソック (tussok)[5] の茂る平野・丘陵地は，偏西風の風下にあるために夏に弱い乾季があるものの，西ヨーロッパと同じような西岸海洋性気候の特色を示す．また先住人口の約9割が集中し，ヨーロッパ人の土地獲得に対して，部族によっては武力をともなう強い抵抗を示していた北島にくらべると，南島は先住者の人口密度が低く，ヨーロッパ人との接触前後のナイ・タフ族の人口は3,000人を超えることはなく，その定住集落もほぼ東海岸を中心とした沿岸部に散在していた[6]．

　このような南島の先住民族ナイ・タフ族の領域は，ヨーロッパ式の農牧業を目指す入植者にとっては最も魅力的な土地であり，先住者からの土地獲得も北島にくらべて容易であると考えられた．同時にナイ・タフ族にとっても，ヨーロッパ人入植者との交易，入植者との接触で得られる技術や道具，新しい作物は多くの富と機会をもたらすものと考えられた．ナイ・タフ族は，ワイタンギ条約締結以前のニュージーランド会社や入植者による土地獲得，あるいは締結以後のまだ比較的小規模にとどまっていたCrownによる初期の土地獲得に対して，当初は必ずしも排斥的であったわけではなかった．また，マオリから買い上げた土地の入植者への売却益の一部をマオリのために使用することを定めた布告[7]が1841年にイギリス政府から出された．しかし入植者の増加にともなって増大する土地需要を満たし，計画的な入植を推進するためには，南島におけるナイ・タフ族からの大規模な土地の獲得が不可欠の条件であった．そしてワイタンギ条約が締結されて数年すると，Crownはこの南島の広大な土地の買収を加速させた．以下，南島におけるCrownによる8つの地域の土地買収について概観する（第1図参照）．

2. オタゴ地域の買収

　オタゴ（オーターコウ）は南島の南部に位置し，1800年頃から沿岸ではオーストラリアから移動してきたヨーロッパ人アザラシ猟師が活動し，1830年前後から捕鯨ステーションにヨーロッパ人の定住が始まった．オタゴ地域

への最初の入植はスコットランド自由教会（Scotland Free Church）の支援を受け，1848年にオタゴ協会（Otago Association）[8]によって組織された入植であった．1860年代はじめには内陸の中央オタゴ（Central Otago）地域で金鉱が発見され，短期間のゴールドラッシュがみられた．

　1840年代はじめに，ニュージーランド会社はスコットランドからの移民を受け入れるニュー・エジンバラ植民地（New Edinburgh Settlement）の一部として，オタゴ地域に農業と牧羊業に適した入植候補地を探していた．当時のニュージーランド総督ロバート・フィッツロイ（Robert FitzRoy）は，ニュージーランド会社がマオリから直接土地を買い取ることができるように，1844年にイギリス国王の先買権を一時的に廃止した．1844年7月にオタゴ地域のナイ・タフ族の25人の首長は50万エーカーの土地を2,400ポンド[9]でニュージーランド会社に売却した．しかし，買収が成立する前に本国イギリスでニュー・エジンバラ植民地の廃止が決定された．買収前年の1843年に南島北部のワイラウ（Wairau）地域において，ニュージーランド会社のネルソン（Nelson）入植地の入植者がマオリの所有を無視して土地を占有したことを発端に，マオリによって入植者が殺害された事件がその大きな要因であった．この事件はイギリス本国におけるニュージーランド植民地に対する不安視を強め，入植希望者や土地投資家を慎重にさせた．ニュージーランド会社によってオタゴ地域の買収が行われたのは，そのような南島における初期の入植計画が不安定な時期であった．

　その後オタゴ地域の入植地では，ニュー・エジンバラ植民地を継承したオタゴ協会によって1848年から入植が開始された．入植者によって森林やタソックの原野が牧羊地として，一部は作物栽培地として開拓された．この買収では，面積と境界についてナイ・タフ族との間で争いはなかったが，売却面積の10分の1の保留地[10]を確保するという約束は果たされず，わずかに9,615エーカーの保留地がこの地域のナイ・タフ族のもとに残された．

3. ケンプの買収（カンタベリー地域の買収）

　カンタベリー平野は南島東海岸の中央に位置し，ニュージーランド南北両島の中で最大の面積を擁する平野である．1848年に先住民担当長官（Native Secretary）のヘンリー・タシー・ケンプ（Henry Tacy Kemp）は，バンクス半島（Banks Peninsula）のアカロアで南島の北部のネルソンからオタゴ地域との境界までの土地買収計画をこの地域のナイ・タフ族の首長たちに示した．交渉の結果，ケンプはカイアポイ（Kaiapoi）以南からオタゴ地域との境までの2,000万エーカーを超える広大な土地を2,000ポンドで買収することに成功した．

　この買収は，南北両島を通じて一つの土地買収としては最大規模のものであった．買収の代償の一部として，先住者のための病院と学校の建設，一般的保護が約束されたが，これらは実行されなかったばかりか，Crownがケンプに指示したナイ・タフ族の保留地の確保も先送りされた．先住民族の食料資源の狩猟採集の場所と機会であるマヒンガ・カイについては，ケンプが買収したカンタベリー地域だけではなく，多くの地域で制約が加えられた．狩猟採集活動は，ナイ・タフ族の集落とその周辺で耕作地として利用している土地と，ウナギ捕獲のための簗などの固定物がある場所に限定して認められ，広大な買収地に散在する食料資源の獲得のための，ヨーロッパ人入植者の牧場や農場へのナイ・タフ族の立ち入りは厳しく制約を受けることとなった．

　この土地買収では正確な地図が作成されなかったために，その後，買収地の境界，特にサザン・アルプス山脈側の西の境界は論争の一つの大きな焦点となった．ケンプは東海岸から山脈を越えてタスマン海に面した西海岸までを買収したと主張したが，ナイ・タフ族は売却したのはいくつもの山列からなるサザン・アルプス山脈の，最も東海岸に近い山列の東麓までと主張し，両者の主張は大幅に食い違い，その後Crownとナイ・タフ族との間でこの境界をめぐって論争が続けられてきた．

　ケンプの買収を完了させるために土地買収官として2か月後に派遣された

ウォルター・マンテル (Walter Mantell) は，東海岸沿岸部のナイ・タフ族の集落を調査し，ケンプの買収地域の中の637名のナイ・タフ族に対して1人当たり10エーカー[11]，合計6,359エーカーを保留地として残し，買収を完了した．しかし，マヒンガ・カイの保護，つまり買収地への狩猟採集のためのナイ・タフ族の自由な立ち入りについては，Crownはこれを拒否した．

このケンプの買収を含む東海岸の各地域でのナイ・タフ族からの一連の買収に関連して，Crownは南島の北部を領域としていたナーティ・トア (Ngati Toa) 族からのワイラウ地域の買収を拡大して主張し，すでにナーティ・トア族から買収済み[12]と主張し，ナイ・タフ族が領域とする部分を過小に評価し，ナイ・タフ族からの買収地の代価の削減を目論んだ．このことはケンプの買収だけではなく，その北に続く北カンタベリー (North Canterbury) 地域の買収，後述のカイコウラ地域の買収にも同様の影響を与えた．

ケンプの買収に先立つ1840年代前半，オタゴ地域の買収が行われた当時は，Crownは財政的な危機に直面するとともに，北島では北オークランドをはじめ各地でパケハとマオリの間の武力衝突があり，Crownが南島での土地獲得に力を傾注できない状況にあった．しかし，ケンプの買収以降の1850年代になって，Crownは土地買収に際し先住民保護官を免職にするなど，より強い姿勢で臨むようになった[13]．

4. バンクス半島の買収

バンクス半島は南島東海岸の中央から太平洋に向かってのびる，2つのカルデラによって形成された半島である．2つの休火山の中央部が陥没して浸食を受けたクレーターを形作っている．半島に刻まれた多数の入江は先住者のカヌーによる格好の漁場に，また灌木に覆われた半島は鳥類の猟場となり，先住者の多くが古くから半島や周辺に定住してきた．南部のオタゴ地域の主要都市ダニーデン (Dunedin) の外港ポート・チャマーズ (Port Chalmers) を除けば，比較的良港に恵まれない南島の中で，数少ない良港としての条件をそなえた複数の内湾を擁しており，ヨーロッパやアメリカの捕鯨業者にと

第 2 章　ニュージーランド南島の植民地化とナイ・タフ族の土地喪失　　59

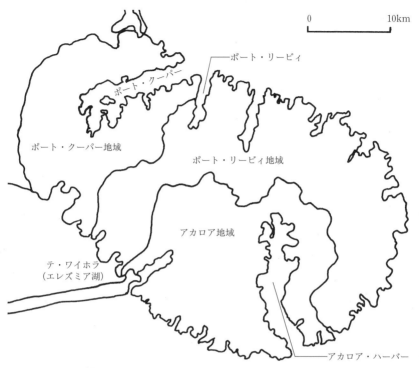

第 2 図　バンクス半島における Crown の土地買収

ってもこの半島の内湾は重要な拠点であった．北側がポート・クーパー（Port Cooper，現在の南島の中心都市クライストチャーチ〔Christchurch〕の外港リトルトン〔Lyttelton〕），南側がアカロア港である．ポート・クーパーはカンタベリー平野への入植者の上陸地点として，またのちには南島の中心的な港として発展した．半島自体は起伏が激しく平地が少ない上に，火山性堆積物が多く農耕適地は少ない．しかし，南島の広大な平野・丘陵の開発にとって欠かすことのできない交通の要地として，早くからヨーロッパ人の関心を集めた（第 2 図参照）．

　南島東海岸のほぼ中央部に位置するバンクス半島は，フランス政府が 1838 年と 1840 年の買収でナイ・タフ族から取得したと主張し，1840 年 3 月にフランス人が入植した[14]．しかし，フランス人入植者たちは，バンクス半

島に彼らが上陸した前月の2月に，北島のワイタンギにおいてCrownとマオリの首長たちとの間でワイタンギ条約が締結されたこと，そのことでイギリスがニュージーランドにおける主権を確立したこと，そしてイギリス国王の土地先買権が定められ，マオリからの私的な土地買収が禁じられたことをのちになって知ったのであった．1845年にCrownは，フランス人入植者に対してバンクス半島の土地を1エーカー当たり5シリングで与えることを決定し，3万エーカーのナイ・タフ族の土地が与えられることになった．この売却金額はナイ・タフ族に対して支払われた土地の対価を根拠にしたものではなく，フランスの植民会社がそれまでに植民活動に要した費用，すなわち移民船の運航，港湾・道路の建設費用を根拠にしたものであり，これはマオリから獲得した土地を入植者に交付する際の金額を決定するニュージーランド会社の「根本方針」に従ったものであった．当時，Crownはナイ・タフ族からこの地域の土地を購入しておらず，フランス政府が土地を購入していたという明確な証拠も存在していなかった．したがって，ナイ・タフ族は，フランス植民地のための3万エーカーの土地譲渡はワイタンギ条約第2条に違反すると主張した[15]．

　その後Crownはケンプによって買収された範囲にこのバンクス半島も含まれると主張し，Crownの権益を確保するために1849年に土地買収官ウォルター・マンテルを派遣した．バンクス半島に関するナイ・タフ族とCrownの取引は，Crownの視点で見れば半島全域の買収ではなく，ナイ・タフ族がフランス植民地建設後もこの地域に残した土地やその他の権利にかかわるものであった[16]．この取引でCrownはまず1849年に，200ポンドと，この地域のナイ・タフ人口約200人に対する大半が傾斜地の保留地852エーカーと湾の対岸の9エーカーの小保留地を与えることで，カンタベリー平野への入植者の主要な上陸地点となった港が建設されたポート・クーパー地域を獲得した．同じ年に獲得されたポート・リーヴィ（Port Levy）地区はバンクス半島の北側から東側にかけての外洋に面した地域で，バンクス半島で獲得された3つのブロックの中で最大の面積であった．ここの海岸には火山

の外縁の谷が海没した小さな湾が連続する．この地域は300ポンドの支払いと，大半が傾斜地と低木で覆われた1,360エーカーの保留地で獲得された．そして1856年には，半島の南側から大きく湾入するアカロア港を擁するアカロア地区が200ポンドと1,878エーカーの保留地で獲得された．ナイ・タフ族はバンクス半島の3つのブロックを合わせた約25万エーカーを，合計700ポンドと約4,100エーカーの保留地というわずかな代償で手放すことになったのである．

5. アラフラ地域の買収

アラフラ（Arahura）地域は南島西海岸のサザン・アルプス山脈とタスマン海の海岸の間にある，南はミルフォード・サウンド（Milford Sound）から北はナーティ・トア族の領域との境までの地域である．ここには山脈と海岸に挟まれた狭長な平野が南北にのびている．偏西風の風下に位置するカンタベリー平野など，山脈の東側が夏季に比較的乾燥した気候となるのに対して，脊梁山脈サザン・アルプスの西側に位置し，風上側のこの地域は年間を通して比較的降雨量が多い．北島にくらべて先住民族の人口が希薄であった南島の中でも，この西海岸は特に希薄であった．しかしこの地域はマオリの人々の装身具や手斧などの道具，武器の原料となった貴重なポウナム（pounamu：軟玉，英語名greenstone）の産地であり，金属を使用しなかったマオリにとって，特別な価値を有する地域であった．産出されたポウナムは東海岸のカイアポイなどを経由して，南北両島に供給されていた．

1850年代からヨーロッパ人がこの地域を訪れることはあったが，この地域がヨーロッパ人の居住地域として馴染みにくい多湿な環境であり，農牧業に適した土地に恵まれなかったため，南島東海岸の多くの地域のように，Crownの先買権による土地買収以前に，ヨーロッパ人入植者がナイ・タフ族の土地を獲得することもなかった．この地域におけるパケハの入植は，1860年代のゴールドラッシュを契機にして活発になった．グレイ川河口のグレイマウス（Greymouth），アラフラ川の河口に近いホキティカ（Hokitika) ではパケハの入植が短期間に進んだ．Crown は，前述のごとくこの地域は1848年のケンプの買収地域に含まれていると理解していたが，この地域に暮らしていたナイ・タフ族のハプのポウティニ・ナイ・タフ（Poutini Ngai Tahu）が買収の代価や保留地を受け取った事実はなかった．

この地域の買収のために，Crown は1859年に先住民担当副長官ジェームズ・マッカイ（James Mackay）を派遣し，西海岸の約700万エーカーを200ポンド以下の支払いと最大500エーカーの保留地で買収するように指示をした．ナイ・タフ族はポウナムの権利を守るために約20万エーカーの保留地を要求して，このマッカイの提案を拒否した．一旦交渉を打ち切ったマッカイはウェリントンに戻り，トーマス・ロバート・ゴア・ブラウン（Thomas Robert Gore Browne）ニュージーランド総督などと協議し，支払いの上限を400ポンド，保留地の上限を1万2,000エーカーとして1860年3月に再度交渉に臨んだ．1860年5月にマッカイは，300ポンドと6,724エーカーの保留地，ポウナムを産出するアラフラ川の水源から河口までの2,000エーカーの保留地と河床の権利（ナイ・タフ族の当初の要求は1万6,000エーカーであった）を与えることで，ナイ・タフ族からCrownへの700万エーカーの土地譲渡を実現した．買収成立後，ナイ・タフ族はポウナム資源確保のためにアラフラ川の上流に追加的な土地を獲得する優先権が与えられたが，その場合にはCrownに1エーカー当たり10シリングを支払うこととなった[17]．

グレイマウスやホキティカ周辺での金鉱の発見に加え，その後この地域の北部が国内屈指の石炭産地となったことで，ヨーロッパ人にとってもアラフラ地域は農牧業地域とは別の価値を有する地域となった．

6. その他の土地買収

1) ムリヒク地域の買収

ムリヒク（Murihiku）はマオリ語で「尾の先端の関節」を意味し，この地域はその名の通り南島の南端部に位置し，1861年に行政地域が作られて以来，パケハによってサウスランド（Southland）と呼ばれてきた地域である．

この地域の南部から東部は山地・丘陵地が多く，広大な平野には恵まれない．この地域はその冷涼な気候のために，南島の北半では栽培可能であったクマラ，タロなどの暖地性の作物の栽培は不可能であった．西海岸に連なるフィヨルド・ランド（Fiordland）は険しい山地が続き，ニュージーランド有数の多雨地域となっている．ムリヒクの沿岸地域では早くからヨーロッパ人の捕鯨業者やアザラシ猟師が活動し，先住民族との接触が活発で，食料の交易やヨーロッパ人とナイ・タフ族との混血がいちはやく進んだ．

1851年11月に，ウォルター・マンテルがムリヒク地域を獲得するためにオタゴ地域の中心地ダニーデンに着任した．マンテルはムリヒク地域からフォーボー海峡周辺の買収予定地域の調査を実施するとともに，先住民族の保留地を用意し，買収に関してこの地域の首長たちから概ね合意を得た．しかし，買収を実現することなく帰任した．その後買収のための資金が用意されないままこの計画は中断した状態に置かれた．

1853年8月にマンテルは，2,600ポンドで700万エーカーの土地を買収するようにCrownから再度指示を受けた．翌月にマンテルは最初の1,000ポンドを支払い，さらに1,000ポンドが翌年2月にアワルア（Awarua）で支払われ，残りの600ポンドがダニーデンで支払われた．保留地に関してはナイ・タフ族の要求を無視し，1人当たり17エーカー，7か所合計4,875エーカーで合意を求めた．ここでも買収地の境界は曖昧で，Crownは，ムリヒク地域の買収は東海岸のオタゴ地域の南端のナゲット岬（Nugget Point）から西海岸のミルフォード・サウンドを結ぶ直線から南側の全地域と解釈していたのに対して，ナイ・タフ族はこのブロックの西部を占めるフィヨルド・ランドは含まれないものと理解していた[18]．また売却に際してナイ・タフ族が要求したCrownによる学校と病院の建設の約束は果たされないままに終わった．

2）北カンタベリー地域の買収

Crownは，ケンプによるカンタベリー地域の買収地の北の境界をカイアポイとした．カイアポイから北，カイコウラまでのカンタベリー平野北部は，

1847年にナーティ・トア族から獲得済みと考えていた。したがって，Crown はこの地域へのヨーロッパ人の入植はナイ・タフ族の同意なしに可能だと考え，ナイ・タフ族が Crown と売買交渉をする前に，すでにその土地の大半が Crown からカンタベリー協会（Canterbury Association）に譲渡され，ヨーロッパ人農民に大規模な牧畜地として貸し付けられるか売却されていたのである[19]。この地域に関して，Crown との売買交渉の権利をナイ・タフ族が回復するまでに8年を要した。1856年に Crown はこの地域が本来ナイ・タフ族に属するものであることを認め，翌年フィッツロイ総督の秘書であったウィリアム・ジョン・ハミルトン（William John Hamilton）を派遣し，500ポンドを支払うことに合意した。これによって，Crown は約214万エーカーの土地の買収を完了した。しかし，すでにその多くの土地がヨーロッパ人によって占有されていたために，ナイ・タフ族が要求したいかなる保留地も残されることはなかった。

3) カイコウラ地域の買収

カイコウラ地域はカンタベリー平野の北に位置し，この地域の中心部を並走するカイコウラ内陸山脈（Inland Kaikoura Range）とカイコウラ海岸山脈（Seaward Kaikoura Range）をはじめ，その主要部を山地，丘陵地が占める。海岸山脈は沿岸近くまで迫り，狭長な平野が海岸線に沿ってのびている。カイコウラ半島のつけ根にあるこの地域の中心地カイコウラは，南島北部や北島の他の部族との交易上の要地であり，また沿岸での漁業など，ナイ・タフ族の主要な活動拠点の一つであった。Crown はここもナーティ・トア族から買収済みとみなし，すでにナイ・タフ族との売買交渉以前に利用可能なほとんどの土地がヨーロッパ人牧畜農民に貸し付けられていた。これに対してナイ・タフ族は，Crown によるナーティ・トア族からの買収でこの地域における彼らの権利が全て消滅したわけではないことを主張した。Crown はこの地区の買収を完了するために，ナイ・タフ族との交渉にジェームズ・マッカイを派遣した。最終的に1859年，ナイ・タフ族から約282万エーカーの土地を300ポンドと保留地5,558エーカーで買収した。この地域に住むナ

イ・タフ族が牧畜業に従事するために要求した約10万エーカー規模の保留地は，北カンタベリー地域の買収の際と同じように全く受け入れられなかった[20]．

北カンタベリー地域と同様にこのカイコウラ地域に関しても，Crown はナーティ・トア族から買収済みと主張することで，ナイ・タフ族との買収交渉を優位に進め，彼らが要求した大規模な保留地の要求を無視し，低額の支払いだけで買収を完了させたのである．

4) ラキウラの買収

フォーボー海峡を挟んで南島の南に位置するラキウラすなわちスチュアート島と，周辺のティティ諸島，フェヌア・ホウ（Whenua Hou：コッドフィッシュ島，英語名 Codfish Island）などを含むこれらの島々は，Crown による南島で最後の買収地であった．これらの島々はナイ・タフ族にとって重要な狩猟採集活動の場所であり，特にティティ諸島は重要な食料であったティティの飛来地であった．ティティの捕獲期になると，南島の各地からナイ・タフ族が島を訪れた．ラキウラ島には急峻な山地はなく，起伏に富む丘陵地が島全体に広がっている．この島はヨーロッパ人にとって牧畜適地として，また豊かな森林資源は入植者にとって用材や燃料の供給源として魅力に富むものであった．

1860年にこの地域のハプのラキウラ・ナイ・タフは，島の東経168度以西の部分を Crown に売却することを申し出た．それはすでにこの時期に島に多くのヨーロッパ人が来住し，少数のナイ・タフ族ではそれに対抗することが困難であったことを物語っていた[21]．最終的には1864年3月に6,000ポンドと9か所合計935エーカーの保留地で買収が合意された．買収に際して，Crown はティティ捕獲のためにナイ・タフ族がティティ諸島に立ち入ることを認めたが，ラキウラの主要部と周辺の島々は Crown のものとなった．6,000ポンドの3分の1は土地売買証書の調印の際に支払い，3分の1は Crown が預かり利子をラキウラ・ナイ・タフに支払うこと，そして残りの3分の1をムリヒク地域の土地に投資し，ラキウラ・ナイ・タフのための

教育基金とすることが取り決められた．

第3節　土地買収の影響

　Crownによる南島全域に及ぶ土地買収は，入植者の増大とそれにともなう旺盛な土地需要に応えるべく短期間に進められた．マオリの土地喪失は特にナイ・タフ族がその大半を領域とする南島ではなはだしく，今日マオリの所有する土地は南島全域の約0.5％にすぎず，他方，北島では約15％をマオリが所有している．南北両島における先住民族からの土地獲得の背景には，ヨーロッパ諸国による入植植民地建設に影響を与えたエメリッヒ・ド・バッテル（Emmerich de Vattel）によって主張された「"terra hullius"（誰にも属さない土地）は耕作によってのみ所有される」という思想を認めることができるとハリー・C・エビソン（Harry C. Evison）は述べている[22]．ナイ・タフ族の生活様式の一部をなし，食料獲得において不可欠の一部をなしていたマヒンガ・カイの対象となったラグーンなどの湿地や平野，丘陵地は，買収を進めたCrownや入植者からは耕作地ではなく未開の「荒地」とみなされ，「無所有地」と理解された．しかしながら入植者が「荒地」と見た土地は，ナイ・タフ族にとっては生存のために欠かすことのできないマヒンガ・カイの場所であり，それは彼らの集落の周辺にとどまらず，南島の広い範囲に及び，季節ごとに定期的に利用されていた．そして買収された広大な土地には，イウィやハプの口承伝説にかかわる特別な場所や墓所などの聖なる土地も含まれていた．またヨーロッパ人入植農民による開拓の結果，水路の建設，湿地の排水が進み，森林が牧場化のために切り払われるなど，ナイ・タフ族が狩猟採集活動をしてきた環境は著しく変化した．加えて入植農民の農場や牧場の拡大によってそれらの私有地への立ち入りが制限され，ナイ・タフ族の狩猟採集資源へのアクセスはしばしば妨げられることになった．

　そして保留地として残された土地は，事前にナイ・タフ族と協議することなくCrownによって選定され，多くの場合，地域の先住者が集落近くで自

給的に耕作する程度のわずかな面積か，入植に適していない急峻な傾斜地や土壌の貧弱な荒地，あるいは実際上は耕作することが困難な遠隔地の土地であった．農耕と狩猟採集の2つによって成り立っていたナイ・タフ族の生活は，南島の面積の80％に及んだCrownやニュージーランド会社による土地買収によって，その存立が根底から脅かされたのである．

　保留地の規模と土地条件は，ナイ・タフ族が新しい市場経済の中で生き残るための作物生産や牧畜を営むのにはほど遠いものであった．そのことは1906年に制定されたサウス・アイランド土地なし先住民法（South Island Landless Native Act：SILNA）[23]にもとづいて行われた調査によっても明らかとなる．土地買収によって伝統的な生活の物質的基盤を侵食され，かつ新しい生活の基盤が保障されなかったナイ・タフ族の多くは，羊の毛刈りや牧場の牧柵作りなどの季節的・臨時的な労働力需要が発生するヨーロッパ人入植者の牧場や農場での不安定就業，あるいは道路建設などの公共事業の賃労働などに生計の手段を求めるか，ヨーロッパ人社会とは隔絶した環境で貧困な経済状況で暮らすか，いずれにしても新しいニュージーランド社会の中で，社会的・経済的に，またある場合には空間的にも周辺化されていった．そして，土地買収に際してCrownによって約束されたナイ・タフ族のための学校や病院の建設も実現することはなかったのである．

　ニュージーランドの植民と開拓の初期に，本国イギリス政府やCrown，すなわち植民地政府は，マオリの文明化や教育を目的として1841年に先住民保護局（Protectors Department，1846年にニュージーランド総督エドワード・ジョージ・グレイ〔Edward George Grey〕によって廃止される）を設置し，あるいは買収面積の10分の1をマオリの保留地とする原則を掲げるなど，先住民族に対する保護的な政策を採っていた．しかしながら1840年代後半以降の土地買収は，先住民族の生存の基盤と権利を大きく損なうものであった．植民地政府のこのような姿勢の変化の背景には，多額の金銭的補償はマオリにとって無駄どころか有害ですらあり，またマオリはヨーロッパ人の近くにいるだけで十分な利益を得ることができ，さらにマオリは遅かれ早かれ

死滅するという考えがあったとの指摘がある[24]．また各々の土地買収に際して支払われた金銭の額についてナイ・タフ族は満足していたわけではない．彼らは支払われた金額を土地の譲渡価格ではなく，むしろしばしば「手付金」「証拠金」とみなしていたともいわれている[25]．

　大小 8 つのブロックで Crown がナイ・タフ族から買収した南島の土地は，自由保有地として入植者に売却されるか，あるいは長期にわたり，低い地代で入植者に貸し付けられた．特に南島のサザン・アルプス山脈の東側の山麓・丘陵地帯から平野部にかけて広がる広大な牧畜地は Crown Pastoral Lease Land[26]（p. 54 第 1 図参照）として低廉な地代で牧畜業者に長期間貸し付けられ，今日でもなおその多くが存続し，ナイ・タフ族と Crown の土地をめぐる紛争の重要な焦点の一つとなってきた．

おわりに

　19 世紀半ばに始まる Crown によるナイ・タフ族からの土地買収とその結果は，1840 年に締結されたワイタンギ条約，特にマオリの土地とその他の財産の排他的な所有を保障した第 2 条，そしてイギリス国民と等しい全ての権利と恩恵を約束した第 3 条に照らして，ニュージーランドの各時代の政治的・社会的状況を反映しつつ，その正当性が今日まで繰り返し議論され続けてきた．

　先住者であるマオリが，ニュージーランドの植民地化とその後の二民族国家の形成・発展の過程で失った有形・無形の財産や権利の回復要求は，従来は Crown との直接的な交渉や議会への陳情，あるいは裁判を通じて行われてきた．これとは別にマオリと Crown の間のさまざまな紛争を審判し，ニュージーランド政府にその解決を勧告するために 1975 年に設立されたワイタンギ審判所は，当初は 1975 年以降のワイタンギ条約違反を審判の対象としたが，1985 年以降はワイタンギ条約が締結された 1840 年に遡って，マオリから申し立てられた条約違反を審判の対象とするようになり，今日ではマ

オリにとって権利回復を主張する重要な場となっている．審判所の勧告には法的拘束力はないものの，その綿密な調査やヒアリング，マオリと Crown 双方の証人の証言にもとづく審判結果と勧告は，政府の先住民政策に対して重要な影響力をもっている．

ナイ・タフ族の Crown に対する土地権をはじめとする有形の財産と，地名などの無形の財産の包括的な回復要求は，1986 年にワイタンギ審判所に提出された．7 人の陪審団が指名され，1987 年 8 月にカンタベリー地域のツアヒウィ Tuahiwi マラエを皮切りに始められたヒアリングは，その後南島各地のハプのマラエや地域の学校などで開催された．ナイ・タフ族の申し立てに対する審判結果は，1991 年の Waitangi Tribunal Report on wai 27 land claims，1992 年の Waitangi Tribunal Sea Fisheries Report，1995 年の Waitangi Tribunal Ancillary Claims Report の 3 つの報告書として公開された．これを受けてナイ・タフ族と政府の交渉が 1991 年に始まり，一時期の中断を挟んで，1997 年に両者は包括的補償に合意した．次章ではこのナイ・タフ族と政府の交渉の経過と，合意された補償の内容について述べることとする．

注

1) ナイ・タフ族はニュージーランド・マオリの一部族である．南島南部のオタゴ地域やムリヒク地域ではカイ・タフ族と呼ばれ，Kai Tahu と表記される．ナイ・タフ族には 5 つの主要なハプがある．ナイ・タフ族は南島の大部分をその領域としていたが，南島北部にはナーティ・トア族の領域があった（p.54 第1図参照）．
2) マヒンガ・カイ（mahinga kai）の mahinga は耕作・農園，kai は食物を意味する．一般に cultivation, vegetable garden と英訳されるが，マオリにとって，マヒンガ・カイは固定された耕作地における作物の栽培だけではなく，狩猟採集も含めた食物の獲得全般を意味している．
3) Evison, Harry C. (1986): *Ngai Tahu Land Rights and the Crown Pastoral Lease Lands in the South Island of New Zealand*, Ka Roimata Whenua Series No. 1, Ngai Tahu Maori Trust Board, p. 36.
4) 上掲，pp. 14-15.

5) タソック (tussock) はニュージーランド南島東部と北島の一部に分布するイネ科の固有種で，南島のサザン・アルプス山脈東側の夏季の乾季をともなう気候条件下の草原の代表的な植物であった．入植による耕地化・牧場化で焼き払われ，その分布範囲は次第に縮小し，現在では南島の一部に国による保全区域が設けられている．
6) Waitangi Tribunal (1991): *Ngai Tahu Report*, Volume 2, Brooker and Friend Ltd., p. 182.
7) 1841年，イギリス政府は植民地長官を通じて，マオリから買収した土地を入植者などへ売却した額の15～20%を先住民保護局の資金とし，マオリの健康や文明化，教育，精神的なケアなどに当てることを定めた布告を出した．しかしながらこの布告は，南島におけるCrownによる土地買収が活発化する1840年代半ばに廃止され，その後，Crownによるナイ・タフ族の領域の土地買収の低廉な代金や保留地の劣悪な条件は，部族の生存を著しく脅かした．Evison (1986), pp. 16-17.
8) オタゴ協会とカンタベリー協会は，それぞれ1848年と1850年にニュージーランド会社の支部によって創設された．オタゴ協会の入植者は，1843年のスコットランドにおける長老派教会の分裂によってできたスコットランド自由教会との結びつきが強い．
9) 当時の通貨の価値を推定する材料として一例を示すと，1842年にニュージーランド移民をイギリスから運んだ船便の広告に，主船室が食事付き50ギニー (52.5ポンド)，船首船室大人1人の料金が20ポンドと示されている．
10) ニュージーランド会社はマオリから土地を買収する場合，売却したマオリの経済的な基盤を確保するために買収面積の10分の1に相当する保留地を残すことが義務づけられていた．オタゴよりも早くニュージーランド会社が買収した北島のポート・ニコルソン (Port Nicholson：現在のウェリントン) や南島北部のネルソンの入植地ではある程度その義務が守られていた．しかし保留地は農耕にとって劣悪な条件の斜面地や居住地から隔たった土地などが選ばれることが多く，のちになると買収面積の10分の1の保留地の確保そのものが守られなくなった．また，この10分の1の保留地に関しては，それがマオリの所有地として与えられるのではなく，Crown，あるいはニュージーランド会社が受託したものであったとの解釈もある．Belglave, Michael (2005): *Historical Frictions: Maori Claims & Reinvented Histories*, Auckland University Press, p. 138.
11) ケンプの買収でナイ・タフ族の保留地として残された1人当たり10エーカーの土地は，当時ナイ・タフ族が集落の周辺で自給的に耕作している面積に等しいものであり，それ以外の全ての土地が買収を通じてCrownによって獲得されたことになる．また南島のナイ・タフ族にとって動植物の狩猟採集は自給的耕作とともに重要な食料源であり，マヒンガ・カイの保護の拒否と1人当たり10エーカーの保留地はナイ・タフ族の生存を脅かすものであった．ヨーロッパ人入植者の生存のための最小面積が可耕地50エーカーと考えられていたことや，1840年のワ

イタンギ条約以前のニュージーランド会社のガイドラインで示された入植者1人当たり1,133エーカーとくらべてナイ・タフ族に保留地として残された土地がいかにわずかな面積であったかがわかる．Cant, Garth (1995): *Reclaiming land, reclaiming guardianship: the role of the Treaty of Waitangi Tribunal in Aotearoa, New Zealand, Aboriginal History*, No. 19, p. 32.

12) Evison, Harry C. (2006): *The Ngai Tahu Deeds-A Window on New Zealand History-*, Canterbury University Press, pp. 81-98.
13) Waitangi Tribunal (1991): *Ngai Tahu Report*, Volume 1, Brooker and Friend Ltd., p. 53.
14) バンクス半島へのフランス人入植の発端は，1838年にフランスの捕鯨船の船長ジャン・フランソワ・ラングロア (Jean François Langlois) がこの地域のナイ・タフ族の首長らから半島全体を総額1,000フランで買収するための内金として，150フラン (6ポンド) を支払ったことにあった．ラングロアは買収したとする半島の権利を，フランス人移民の入植計画を立てていたナント＝ボルドレーズ・カンパニー (Nanto-Bordelaise Company) の一員に売り払い，1840年3月にフランスからの移民船が57名の移民を半島に降ろした．フランスによるこのバンクス半島の買収について，ナイ・タフ族は半島全域の譲渡ではなく，ポート・クーパーなど数か所の限られた場所の譲渡と理解していたと考えられている．Waitangi Tribunal (1991), p. 87.
15) Turner, Stephen (compiled) (1990): *An Introduction to the Waitangi Tribunal: with special reference to the Ngai Tahu land claim*, Dunedin Community Law Centre, p. 48.
16) Te Runanga o Ngai Tahu (1997): *Crown Settlement Offer: Consultation Document from the Ngai Tahu Negotiating Group* (Te Karaka Special Edition), Ngai Tahu Publications Ltd., p. 64. この資料は，ナイ・タフ族に対してCrownからの最終的な補償案が提示された1997年に，その諾否を決定する部族のメンバーによる投票に先立って，判断をする材料としてCrownとの交渉に当たったテ・ルナガ・オ・ナイ・タフ (Te Runanga o Ngai Tahu) が作成したものである．資料には，それまでの補償交渉の経緯やCrownが提示した補償案の詳細な内容が記されている．今日のナイ・タフ族の全体的な組織であるテ・ルナガ・オ・ナイ・タフの機関誌 *Te Karaka* の特集号として発刊された．
17) Waitangi Tribunal (1991), p. 124.
18) 上掲，pp. 99-100.
19) Evison (2006), pp. 210-212.
20) Waitangi Tribunal (1991), p. 115.
21) 上掲，pp. 142-143.
22) Evison (2006), p. 32.
23) Crownはナイ・タフ族の土地問題に関する不満をおさえるために一定の土地を

分け与えることを決定し，判事のアレクサンダー・マッカイ（Alexander Mackay）と主任測量技師のパーシー・スミス（Percy Smith）に，南島における土地なしマオリのリストの作成と配分する土地の調査を命じた．その結果，1906年に制定されたサウス・アイランド土地なし先住民法によって，ムリヒク（サウスランド）とオタゴ地域では大人1人当たり50エーカー，14歳以下1人当たり20エーカー，カンタベリーでは大人1人当たり40エーカー，14歳以下1人当たり20エーカー，合計約116,000エーカーの土地が4,064人のナイ・タフ族に配分された．しかしながら，土地を持たないナイ・タフ族に配分された土地の多くは遠隔地や原野や森林で，ナイ・タフ族の困窮した状況を根本的に解決するには不十分であった．Te Runanga o Ngai Tahu (1996): *Hakapapa Ngai Tahu-A Guide to Enrolment and Research-*, 1996, p. 9.

24) Evison (1986), p. 19.
25) Cant (1995), p. 29.
26) 1948年に労働党政府によって，南島のクラウン・ランド Crown Land の牧場主に，33年更新の永続的な借地権をともなう Pastoral Leases が与えられた．これは他のクラウン・ランドの貸付のように自由保有への自動的な権利を持つものではない．この Pastoral Lease Land の面積は現在約106万エーカーで，ニュージーランドの全面積の10%に及ぶ．そのほとんどがケンプの買収，北カンタベリー地域，カイコウラ地域の買収などで，Crown によって獲得されたものである．低廉な地代はペッパー・コーン・レンタル（pepper corn rental）と呼ばれ，1981/82年で1ヘクタール当たり6.6セント，それによる国庫収入は1980年までは管理費用を下回った．Evison (1986), pp. 40-42.

第2篇　復権要求と権利の回復

第3章
ナイ・タフ族の復権要求と回復された権利

はじめに

　先住民族が過去の植民地化の過程で失った有形・無形の財産の復権・復原を実現するためには，多くの知恵と労力はもちろん，物的な裏づけが欠かせないことは言うまでもない．しかしながら現状では，社会的・経済的に周辺化された状況に置かれている先住民族自らが，そのための運動や交渉あるいは訴訟などに必要な物的な裏づけを十分にもっているわけではない．また先住民族の「保護」を謳って政府が提供する資金や機会への全面的な依存は，先住民族の固有の文化の復原や社会的発展に一定の成果をもたらすことはあっても，その主体性に根ざした望ましい社会的発展や固有の文化の復原を無条件かつ十分に約束するものとは限らないであろう．したがって，先住民族が独自の物的基盤に裏づけられた社会や文化の発展，復原を実現するためには，過去に失われた土地や資源の権利の返還を要求し，その物的な基盤の上に固有の文化や社会を回復し，継続的に発展させてゆくことが重要な意味をもってくるのである．

　19世紀半ば以来，ニュージーランド先住民族のマオリの諸部族は，数世代にわたってヨーロッパ人をマジョリティとする二民族国家の中で，社会的・政治的・経済的に周辺化された状態が続いてきた．1867年にニュージーランド議会に設けられた4つのマオリ議席が，マオリに政治的な発言の場

を提供し，二度の世界大戦におけるマオリ兵士の犠牲が，ニュージーランド社会におけるマオリの発言力を強めるとともに，社会的・政治的地位を何がしか高めたことは事実であった．しかしながら，それらがマオリの権利の回復や擁護に関する国政上の意志決定に大きな影響力を与えうるものでなかったこともまた事実である．そのような社会的・政治的な状況の中で，マオリの諸部族は長年にわたって，過去に正当な対価あるいは補償を得ることなく失った経済的・文化的な財産の復権・復原を，Crown に対して忍耐強く要求し続けてきたのである．

南島の主要部を領域[1]とするナイ・タフ族は，1996年10月5日に Crown との間の長い対立と交渉の歴史に終止符を打つ包括補償に関する暫定合意 (Heads of Agreement) に調印した．2,400ページの文書と300枚の地図よりなる合意の詳細は翌年に公刊され，ナイ・タフ族の構成員による投票で合意された．その結果，1997年11月21日に南島のカイコウラのタカハンガ・マラエ (Takahanga Marae) において，ナイ・タフ族と政府との間で正式に補償協定書 (Deed of Settlement) への調印が行われた．

この合意にもとづいて，政府は The Ngai Tahu Settlement Act 1998 を制定し，前記の補償合意に対して法的な効力を与え，ナイ・タフ族に対するさまざまな補償が同法に従って実施されることとなった．また両者の合意とそれに効力を与える法の制定が，今日のニュージーランドで広く関心をもたれているのは，1995年に Crown との最終的な補償協定に調印した北島のタイヌイ (Tainui) 族の例[2]とともに，今後の国内各地のマオリの諸部族の権利回復要求に対する，基準あるいは先例としての意味をもつものとみなされているからである[3]．

本章ではナイ・タフ族と Crown の長年にわたる補償交渉の経緯と，合意された包括的な補償の内容について概観し，そこに現れた先住民族のマオリと Crown の主張の対立，あるいは両者による妥協の意味について考察する．そのことを通して，ニュージーランドにおける先住民族問題の核心をなす土地をはじめとする物的基盤回復の重要性と，より望ましい二民族社会実現の

苦難の道のりの一端を知ることができるであろう．

第1節　初期の復権要求と交渉の経緯

1. 初期の復権要求

　植民地化の過程で失われた有形・無形の財産に対するナイ・タフ族の最初の回復要求は，南島東海岸のモエラキ（Moeraki）の首長マティアハ・ティラモーレフ（Matiaha Tiramorehu）がその堪能な英語力を駆使して行った抗議であった．彼は，植民地政府が1848年に南島で最も広大で肥沃なカンタベリー平野の主要部分をナイ・タフ族から買収した際に，モエラキの人々に与えられた保留地の少なさについて，1848年に植民地政府へ出向いて口頭で抗議した．そして翌1849年にニュージーランド副総督エドワード・ジョン・エア（Edward John Eyre）に書き送った長い手紙では，彼らに残された保留地が，小麦やジャガイモを栽培し，豚や羊や牛を飼育するにはあまりにも小さすぎることを訴えた．植民地政府に対するこのティラモーレフの要求が，ナイ・タフ族の Crown に対する長い回復要求の歴史のはじまりであった[4]．彼はこの手紙を植民地政府に送るばかりではなく，ウェリントンで発行されていた当時の代表的な植民地新聞 *New Zealand Spectator and Cook Strait's Guardian* に送付し，自らの主張を広く世に訴えようとした．しかしながらこの不満の表明は，土地買収の際に一度補償された土地に対する要求は再度補償されることはないという，当時のニュージーランド総督ジョージ・グレイの方針によってしりぞけられた[5]．

　Crown による土地買収の結果，ナイ・タフ族は南島の主要部分を占めるその領域3,000万エーカー余の大部分を手放し，ヨーロッパ人にとって価値の少ない，合計約15万エーカーの痩せた土地が保留地として残された．

　1865年に設立された先住民土地裁判所は，先に述べたように部族的な共同的土地保有を解体し，私有化することで土地買収を促進させる働きをしたが，同時に，過去の土地買収や保留地などに関する，マオリによる Crown

への不服申し立ての公的な場ともなった．南島では1868年にカイアポイとダニーデンではじめての先住民土地裁判所が開かれ，ナイ・タフ族はその領域における10件の土地買収に関する境界や保留地の問題，そして買収に際して約束された病院，学校の建設の不履行について訴えた．この裁判では，南島のカンタベリー平野の買収でナイ・タフ族に分けられた保留地が不十分だったと裁定され，ナイ・タフ族に1人当たり4エーカーの追加の保留地を与え，これを最終的な補償とする決定が下された．さらに1906年には，サウス・アイランド土地なし先住民法によって，登録されたナイ・タフ族1人当たり31エーカー，合計約11.6万エーカーの保留地が与えられた．しかし，これらはいずれも居住地から隔たった土地や，利用の困難な山地が多く，ナイ・タフ族の経済的な困窮を根本的に解決するには至らなかった[6]．ナイ・タフ族による不服の申し立ては，その後も政府や議会への陳情，あるいは裁判の形で繰り返された．それらによって追加的な保留地を獲得するなど一定の成果を収めたが，ヨーロッパ人入植者の増大とともに発展する商品経済の中で，ナイ・タフ族が安定した経済的基盤を確立するにはあまりにも不十分なものであった．

1850年代からナイ・タフ族の人口は一貫して減少し，1920年代まで回復しなかった．1890年代からナイ・タフ族の経済的環境はきわめて劣悪となり，人口の大半が十分なよい土地を持っていないか，全く土地を持っていない状態となった．

先住民土地裁判所で自らの利益を守ることに失敗したナイ・タフ族は，1874年に問題解決の主体として，ハプとカインガ（村）を単位としたルナガ（runanga：集会，会合）を設立した．同時にイウィの本部をカンタベリー地域のカイアポイに置き，政府に対してイウィとして組織的に要求を主張する体制を整えた．そしてテ・ケレメ（Te Kereme, the claimを意味する）と名づけられた基金を設立し，先住民土地裁判所への提訴などに必要な資金が全てのナイ・タフ族の家族から集められた[7]．

これらのナイ・タフ族の初期の不服申し立てと，テ・ケレメに象徴される

イウィの組織的な Crown に対する要求は，南島各地で分散的に居住し，Crown との土地売買交渉やそれにともなう紛争と挫折に個別に直面してきたハプやファナウが，一つのイウィとしてのアイデンティティを自覚し強める契機となった[8]．しかしながら Crown に対する権利回復交渉は難航し，その手段が議会や政府への陳情であれ，あるいは裁判であれ，ナイ・タフ族に長年わたって大きな経済的負担と精神的苦痛を強いたのであった．

2. Ngai Tahu Maori Trust Board の補償交渉

ナイ・タフ族は Crown による土地買収以来，議会やイギリス国王への陳情，あるいは先住民土地裁判所への提訴を繰り返し，1921 年に王立委員会 (Royal Commission) は，ケンプの買収において果たされなかったナイ・タフ族に対する約束の代償として 35 万 4,000 ポンドを支払うように Crown に対して勧告した．しかし，これらの陳情や勧告に従ってナイ・タフ族が求める補償が十分に支払われることはなかった．

1944 年には労働党政権下で Ngai Tahu Claim Settlement Act 1944 が制定され，同法の下で 1921 年の王立委員会の勧告は年間 1 万ポンド，30 年間で 30 万ポンドに切り下げられて補償金の支払いが実施されることとなった．しかし同法は，1848 年に当時の先住民担当長官ケンプが行った南島東海岸のカイアポイからオタゴとの境界までのカンタベリー平野の主要部の買収だけに適用され，1971 年に同法は廃止された．1946 年には政府からナイ・タフ族に支払われた補償金の管理と運用をする Ngai Tahu Maori Trust Board が政府の主導の下に設立された[9]．この Trust Board の委員はイウィのメンバーから選出され，議会への補償金の支払いを求める請願などの活動を通じてイウィの利益を代表するとともに，ナイ・タフ族の人々の教育や職業訓練，あるいは福祉や保健・衛生環境の向上にイウィの資産を利用することが認められた．しかし，法律的にはこの Trust Board はナイ・タフの人々にではなく，マオリ省大臣 (Minister of Maori Affairs) に対して責任をもつ組織であった．したがって，補償金やイウィの資産をもとに独自に行う

ことのできる活動も制限され，必ずしもイウィの主体的な運営を可能とする組織ではなかった．Ngai Tahu Maori Trust Board は 1996 年の Te Runanga o Ngai Tahu Act の成立によって，独自のより主体的な部族組織の運営が可能なテ・ルナガ・オ・ナイ・タフ（Te Runanga o Ngai Tahu）へと再編された．

第2節 ワイタンギ審判所の設立とその役割

1. ワイタンギ審判所とその役割

　ワイタンギ審判所は労働党政権下の1975年に The Treaty of Waitangi Act 1975 によって設立された．審判所は，1840年にニュージーランド総督代理ウィリアム・ホブソンとマオリの首長たちの間で結ばれたワイタンギ条約にもとづいた Crown による先住民族との約束の不履行や怠慢について，マオリからの提訴を受けて審判する機関である．審判所のメンバーは設立当初は3名であったが，1985年に7名に，さらに1998年には16名に増やされ，現在は議長，副議長と20名の委員が任命され，そのうち少なくとも4名はマオリでなければならないとされている．一つの案件を3名から7名の委員で担当し，そのうち1名はマオリでなければならない．審判所のメンバーは形式的にはニュージーランド総督によって任命されるが，実際には司法長官と協議したマオリ省の大臣の勧告にもとづいて，政府によって任命される．議長はマオリ土地裁判所（Maori Land Court）の主席判事が兼ねることになっている．

　審判所は，当初は法律が制定された1975年以降に生じた Crown のワイタンギ条約違反に関する事案に限って審判対象としていたが，1985年の The Treaty of Waitangi Act の改正にともなって，条約が締結された1840年に遡って対象とすることとなった．審判所は提訴された事案に対して調査を実施するとともに，当事者に対するヒアリングを行う．審判所はワイタンギ条約の原則に反しているか否か，また条約のマオリ語版と英語版の

解釈の相違に起因する問題を審判し，その結果を政府に対して勧告する．勧告には法的拘束力がないために，これまで政府によって無視されることもあったが，先住民族の権利などにかかわる政府の政策に対して少なからず影響力を有している．

　Crown に対するマオリの不服申し立てはこれまでにも通常の裁判制度によって扱われることがあったが，裁判がしばしば長期化することや，その結果，裁判費用が高額にのぼることもあったために，提訴したマオリがすみやかな救済を得ることが困難な場合が少なくなかった．したがって，ワイタンギ審判所の設立によって，マオリは不服の申し立てのもう一つの場を選択することが可能となったのである．

　これまでワイタンギ審判所で審判の対象となった事案は，過去にCrownやニュージーランド会社などによって不公正な方法で奪われた土地の権利をはじめとして，今日の都市化・工業化による漁場の汚染，あるいは言語や文化，地熱などの資源，ラジオ周波数に関する問題などさまざまである．1985年までは河川の使用権や水質保全をめぐる問題と言語をめぐる問題が中心であり，1840年まで遡って審判の対象とした1985年以降は土地の権利問題が事案の中心となった．

2. ナイ・タフ族とワイタンギ審判所

　ナイ・タフ族は審判所への提訴のために，専従のスタッフだけではなく，イウィの多くのメンバーや，少数の非マオリの協力を得て証拠を準備した．そして，1844年から1864年にかけて南島のナイ・タフ族の領域で行われた8件のCrownやニュージーランド会社による土地買収と，ヨーロッパ人の入植にともなうマヒンガ・カイに対する侵害を，ワイタンギ条約違反として，1986年8月26日にワイタンギ審判所に提訴した．これら8件の土地買収とマヒンガ・カイに関する提訴は総称して Nine Tall Trees と呼ばれ，ワイタンギ審判所では wai 27 と呼ばれている．Nine Tall Trees で主張された要求は，その対象となる領域の広さ，自然環境と水や動植物などの資源の多様

性において他に例を見ないものであった.

　ワイタンギ審判所では審判に先立ち，1987年8月から1989年10月までの2年余にわたり，アシュリー・マックヒュー（Ashley McHugh）判事を長とする7人の審判団[10]が提出された訴状にもとづいて現地調査を実施し，その後25週間にわたるヒアリングで関連する証言を収集した．ナイ・タフ族の当事者から証言を得るために領域の各地で開催されたヒアリングは，証人が自由に証言できるように，多くの場合その地方のマラエや地域の学校などで行われ，また証人は英語とマオリ語のいずれの証言も許された．パケハの証言を聴く場合には公共の施設が利用された．例えばナイ・タフ族の提訴についてのパケハの証言の一部はダニーデンのオタゴ大学（University of Otago）で聴き取りが行われた．

　審判所に提出された証拠や証言に対しては委員による質疑が行われた．しかし，マラエでのマオリからのヒアリングでは，通常の裁判で行われるような反対尋問は認められないのが通例であった．なぜならばマラエでの証言，特にカウマツア（kaumatua：男性の長老）やクイア（kuia：女性の長老）の証言に対して反対尋問を行うことは，マオリにとっては話し手の長老に対する敵意あるいは軽蔑を意味したからである．ある問題に関してさらに発言を促し，証言を発展させることは許された[11]．

　審判所はこれらの調査やヒアリングをもとにした報告書とは別に，オーストラリアのニューカッスル大学（University of Newcastle）のアラン・ワード名誉教授に，Crownによるニュージーランド各地におけるワイタンギ条約違反の事実に関する個々の経緯と，ナイ・タフ族から提出された訴状に関する調査と報告を依頼した．ワード教授の報告[12]はワイタンギ審判所における審判の資料の一部として重要な役割を果たした．

　審判所は1991年2月にナイ・タフ族の提訴をNine Tall Treesとして一括して扱った3巻よりなる報告書Ngai Tahu Report[13]を発表し，翌1992年には海面漁業に関するNgai Tahu Sea Fisheries Report[14]を刊行した．ナイ・タフ族からの提訴に関して詳細な検証を加えたこれらの報告は，1991

年9月に始まったCrownのワイタンギ条約違反に対する包括補償交渉の一つの大きな基点となった。さらにこれらの報告とは別に、審判所は1995年4月にナイ・タフ族の個人やファナウから提訴された私的な申し立てに対する調査報告 Ngai Tahu's Ancillary Claim Report[15] を刊行した。

審判所は、Crownとナイ・タフ族の補償交渉の多くが北島にある首都ウェリントンで行われるなど、部族に大きな経済的負担を強いることを考慮し、交渉のための資金として100万ドルをナイ・タフ族に支払うように政府に勧告した。しかし、長期に及んだ補償交渉が完結するまでに実際にナイ・タフ族が負担した費用は、ヒアリングの開始から1998年の補償の立法化まで、2,000万ドル以上に及んだとみられている[16]。

第3節　ナイ・タフ族の社会と組織

1. ナイ・タフ族の伝統的社会

マオリの伝統的社会では、イウィやハプの共同社会の意志を決定する際にはマラエでフイ（hui：集会）が開かれ、人々は首長や長老のリーダーシップの下に、合議によって集団の意志決定を行った。1850年代に植民地政府は、マオリからの土地買収などの交渉相手としてハプを単位としたルナガの制度化を進めた。ルナガはマオリのCrownに対する交渉の主体であるとともに、集団内の不満や個人間の紛争など、共同社会の利害に関する全ての問題がここに持ち込まれた[17]。このルナガの制度化は、前述の先住民土地裁判所の設立とともに、土地をはじめとする資源を共同保有し、拡大家族を単位としつつ個人的に利用していたマオリ社会における個人の権利の確立を促す一つの契機となり、植民地政府やニュージーランド会社による土地買収を容易にする条件となった。

南島にくらべて比較的温暖な北島に暮らしていた諸部族が、食料の獲得手段として、クマラやタロをはじめとする暖地性の作物の栽培を中心としていたのに対して、南島の冷涼な環境を領域とするナイ・タフ族は、農耕による

不十分な生産力を補う季節ごとの自然界の動植物の捕獲・採集，すなわちマヒンガ・カイも食料獲得の不可欠な手段としていた．マヒンガ・カイはハプやファナウを単位として，農耕を営む定住集落を基点に，ナイ・タフ族の伝統的な領域であった南島の広い範囲を季節ごとに移動するものであった．この季節ごとの人々の移動はハプ間の通婚を促した．その結果，移動が少なく，各々のハプなどの集団内で血縁的に強く結びついていた北島の諸部族とくらべて，ナイ・タフ族は南島の広い範囲にハプやファナウを単位として分散居住していたにもかかわらず，その間の血縁的なつながりが比較的強い集団となっていった[18]．

　ナイ・タフ族は5つの主要なハプに分かれていた．これらのハプはさらに27のサブ・ハプ（sub-hapu）に分かれ，それぞれの集団の呼称の前にガティ（Ngati），あるいはカティ（Kati）がつけられていた．ナイ・タフ族の下位集団間の通婚は，非首長クラスまで広く行われ，ナイ・タフ族内の血縁関係を濃密で複雑なものとしていた．そしてこの集団間の婚姻関係が，部族の領域内の土地や資源の利用権の帰属を複雑にしていた．

2. 現代のナイ・タフ族の社会と組織

　今日のナイ・タフ族の組織は，南島の中心都市クライストチャーチに置かれている，ナイ・タフ族全体を統括するテ・ルナガ・オ・ナイ・タフと，南島の領域に分散する18のパパティプ・ルナガ（Papatipu Runanga）によって構成されている[19]．南島におけるナイ・タフ族の人口分布を反映して，18のパパティプ・ルナガのうち16は南島の東海岸地域から南部地域に位置し，わずかに2つだけが西海岸地域にある（第3図参照）．今日のパパティプ・ルナガはかつてのハプを単位としたものではなく，居住地による地域的組織である．

　テ・ルナガ・オ・ナイ・タフはナイ・タフ族の議会と行政機関に相当し，各パパティプ・ルナガの代議員によって構成されるイウィ全体の利益を代表する組織であるが，各々のパパティプ・ルナンガのラガツィラタンガ（主

第3章 ナイ・タフ族の復権要求と回復された権利

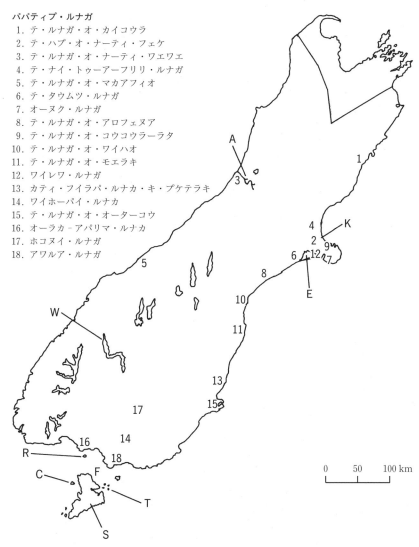

パパティプ・ルナガ
 1. テ・ルナガ・オ・カイコウラ
 2. テ・ハプ・オ・ナーティ・フェケ
 3. テ・ルナガ・オ・ナーティ・ワエワエ
 4. テ・ナイ・トゥーアーフリリ・ルナガ
 5. テ・ルナガ・オ・マカアフィオ
 6. テ・タウムツ・ルナガ
 7. オーヌク・ルナガ
 8. テ・ルナガ・オ・アロフェヌア
 9. テ・ルナガ・オ・コウコウラーラタ
10. テ・ルナガ・オ・ワイハオ
11. テ・ルナガ・オ・モエラキ
12. ワイレワ・ルナガ
13. カティ・フイラパ・ルナカ・キ・プケテラキ
14. ワイホーパイ・ルナカ
15. テ・ルナガ・オ・オーターコウ
16. オーラカ－アパリマ・ルナカ
17. ホコヌイ・ルナガ
18. アワルア・ルナガ

A：アラフラ川，C：フェヌア・ホウ（コッドフィッシュ島），E：テ・ワイホラ（エレズミア湖），F：フォーボー海峡，K：カイアポイ，R：ラロトカ（センター島），S：ラキウラ（スチュアート島），T：クラウン・ティティ諸島，W：ワカティプ湖

資料：Te Runanga o Ngai Tahu: *Annual Report 2007*. 他により筆者作成.

第3図　ナイ・タフ族のパパティプ・ルナガ

権) を侵害することはない．

　イウィのメンバーは Crown による補償の受益者となるため，これまでの補償交渉の進展と包括補償の合意によって，これまで以上に重要な意味をもつようになってきた．今日のイウィのメンバーとしての登録手続きは1960年代半ばに始められた．手続き上最も重要なことは，登録を申請する人のファカパパ（whakapapa：家系）である．ケンプが南島のアカロアを訪れ，土地買収に関する合意を獲得した1848年に，ナイ・タフ族の領域に生存していたいずれかのカウマツアの家系であることが法律的にナイ・タフ族の要件であるとされている[20]．このことは，1925年頃のナイ・タフ族と Crown の交渉を背景として収集されたイウィの家系に関する記録をはじめ，1966年10月に1848年の人口統計で作成されたブルー・ブック（Blue Book）で確認される．ブルー・ブックに名前が記載されている人とその子孫がナイ・タフ族のメンバーである．登録人数はイウィの領域外で暮らす人々なども含め，新たな登録によって近年増加傾向にあり，2005年6月の3万6,612人から，2007年6月には4万505人に増加している[21]．

　4万人のナイ・タフ族の人口は，必ずしもその全てが南島の部族の領域に居住しているわけではない．かつての農業・水産業を主にしていた部族の就業構造が変化するにつれて，若い世代を中心に他産業への従事，都市への移住が進み，オークランドやウェリントンなど，国内の主要都市で働くメンバーや海外で暮らす部族のメンバーも少なくない[22]．これらの領域外のメンバーも含めて，部族への帰属意識を維持し，どのようにして所属するパパティプ・ルナガ，あるいはテ・ルナガ・オ・ナイ・タフの意志決定への参加を促し，部族内の利害の調整を図るかが，Crown との補償交渉を進める上で重要な問題の一つであった．

3．テ・ルナガ・オ・ナイ・タフの組織と役割

　1991年10月にワイタンギ審判所は，各部族の Trust Board が部族の Crown に対する補償要求と，部族の資産の管理や経済活動に適した主体で

はないことを指摘し，補償資産を受け取り，部族のメンバーのためにそれを管理する主体的な組織の創設を勧告した．これを受けて Te Runanga o Ngai Tahu Act にもとづいて 1996 年に新たに設立されたテ・ルナガ・オ・ナイ・タフが，部族を代表する法的な地位を獲得することとなった．同法によって Ngai Tahu Maori Trust Board が所有していた全ての財産とその活動を，テ・ルナガ・オ・ナイ・タフが引き継ぐこととなった．

18 のパパティプ・ルナガの代表によって構成されるテ・ルナガ・オ・ナイ・タフは行政部門の Ngai Tahu Group Management Ltd. によって統括されている．その下には Ngai Tahu Holdings Corporation Ltd. と Ngai Tahu Development Corporation Ltd. がある．Ngai Tahu Holdings Corporation Ltd. は，Crown からのナイ・タフ族に対する補償金などを部族が運営する水産業や観光事業などに投資し，あるいは部族が所有する動産・不動産を運用して部族の財政的基盤の拡充を図り，テ・ルナガ・オ・ナイ・タフと Ngai Tahu Development Corporation Ltd. に資金を提供することを役割としている．Ngai Tahu Development Corporation Ltd. は提供される資金をもとに，イウィの青少年のための奨学金などの教育分野，あるいは保健衛生，高齢者介護，保険，年金，その他の社会的サービスと，部族の歴史と伝統の研究や工芸などの創作活動，ナイ・タフ方言によるマオリ語の普及，FM 放送，テレビ番組制作，出版事業などを通じて文化的な発展に寄与することを目的としている．

第4節　テ・ルナガ・オ・ナイ・タフと Crown の包括補償交渉

1. 交渉の第一段階

1991 年 2 月のワイタンギ審判所による wai 27 に関する報告書の公開を受けて，テ・ルナガ・オ・ナイ・タフと Crown の包括的な補償交渉が同年 9 月に始められ，1994 年 8 月まで続けられたが，その後交渉は 1996 年 2 月まで一時中断された．

1994年12月には国民党のジム・ボージャー（Jim Bolger）首相が，国内の全てのマオリとの補償交渉を総額10億ニュージーランド・ドルを上限とし，その範囲内で実施するための関連法案を発表した．しかし，このフィスカル・インベロップ（fiscal envelope）政策は国内各地のイウィの集会で一致して反対され，法案は凍結された．

ナイ・タフ族とCrownの交渉の中断には多くの理由が考えられるが，Crownにとっては，先に補償交渉を完結した北島のタイヌイ族を含むニュージーランドの他のイウィとの公平性，一般国民の支持，関係する省庁との協議・調整など関連する問題が多く，この段階ではこれらの問題を解決する明確な政策的枠組みが定まっていなかったこと，そして何よりも補償のための財政的な裏づけが不可欠であったにもかかわらず，ワイタンギ条約担当大臣（Minister in Charge of Treaty of Waitangi）のダグラス・グラハム（Douglas Graham）を長とするCrownの交渉担当者が，財務当局の理解を得られなかったことが大きな理由であったと考えられている[23]．交渉に臨んだ双方の補償額に対する見込みも，Crownの1億ドルに対してナイ・タフ族は6億2,500万ドルと大きな開きがあった．またナイ・タフ族との交渉結果が，他のイウィとの補償交渉の前例となるであろうことが，Crownの交渉に対する姿勢を慎重にさせたとも考えられる．またナイ・タフ族の補償要求は，北島の諸部族の補償要求にくらべて，その対象となる領域が広く，対象となる資源や資産が多岐にわたり，それらを包括的な補償交渉の場で一括して取扱うことで交渉がより煩雑になったことも，交渉が中断に至った一因と考えられる．

2. 再開後の包括的補償交渉

1996年2月の再開後，補償交渉はナイ・タフ族とCrown双方のA，B，Cの3つの交渉チームによって，問題のレベルに応じて分担して積極的に行われた．重要なレベルでの交渉を必要とする際にだけ交渉の場に臨むAチームは，ナイ・タフ族側は交渉グループの議長サー・ティペネ・オレーガン

(Sir Tipene O'Regan) が，Crown 側はダグラス・グラハムが代表した．Bチームは財務，法務，環境などの政府機関に関連する交渉を担当し，交渉全体のとりまとめとその進行に責任をもった．Cチームは Crown による謝罪や商業的資産に関する問題，マヒンガ・カイ[24]など，交渉の各部分における専門的な交渉を行った[25]．Cチームの交渉で達成された合意はBチームに送られ，コメントや承認が与えられた．

再開後の交渉は個別の問題を専門的な交渉チームに委ねることで，中断までの交渉とくらべ短期間に進捗し，同年6月に両者は Crown が1,000万ドルをナイ・タフ族に支払う暫定的な内金補償（on account settlement）に調印した．この1,000万ドルは最終的な補償（Deed of Settlement）が双方で合意に達しない場合や，補償の関連法案が議会で承認されず，補償そのものが完了しない場合でもナイ・タフ族に返還義務のないもので，交渉に対するCrownの誠意を示すものであった．

さらに1996年10月5日に Crown がナイ・タフ族に提示した Crown's Settlement Offer に関して，政府とナイ・タフ族の補償交渉グループの間で暫定合意（Heads of Agreement）に調印が行われた．この Crown's Settlement Offer は2,400ページと300枚の地図よりなり，1997年に公開された．

この暫定合意にもとづいて，ナイ・タフ族は1997年10月3日時点での部族の18歳以上のメンバーを有権者とする郵便投票で，このCrownの補償提案を受け入れるか否かを決定することとなった．今日，ナイ・タフ族の人口の半ば近くは，部族の領域である南島から離れて，北島の都市部やオーストラリアをはじめとする海外で暮らしている．ナイ・タフ族の交渉グループは南島のナイ・タフ族の領域で暮らすメンバーのみならず，本来の領域から離れて暮らすこれらのメンバーのために北島のオークランドやロトルア（Rotorua）などでも，Crownの提案に関する説明と協議の場を設けるとともに，イウィの機関誌『テ・カラカ』（Te Karaka）の特別号に補償内容の詳細な説明を掲載し，投票の呼びかけを行った．

この特別号の中で，ナイ・タフ族の指導者の一人，チャールズ・クロフツ

(Charles Crofts)は，この補償提案の受け入れが数世代にわたってナイ・タフ族に課せられてきた重荷から，今日の世代と将来の世代を解放するであろうこと，そしてCrownのこの提案がナイ・タフ族のマナを再確認し，部族の将来の発展に必要な経済的土台を築く機会を与えるものであるとして，ナイ・タフ族のメンバーに補償提案の受け入れに賛同するよう訴えている[26]。郵送による投票の結果，有権者の94%がCrownによる補償提案を受け入れることに賛同した。

ナイ・タフ族による補償提案受け入れ決定ののち，Crownとナイ・タフ族は1997年11月21日に南島のカイコウラのタカハンガ・マラエでNgai Tahu Deed of Settlementに正式に調印した。そして合意された包括補償に対して法的な効力を与えるThe Ngai Tahu Settlement Act 1998が議会に上程され，同法は1999年4月22日に発効した。

第5節 Crownの補償提案

Crownによるナイ・タフ族に対する包括補償は，精神的・文化的補償と物的・経済的補償に大別される。前者にはCrownによるナイ・タフ族への謝罪や聖なる山アオラキ（Aoraki，ヨーロッパ名マウント・クック：Mount Cook，本節第2項参照）の返還，マオリ地名の復原とヨーロッパ地名との並記などが含まれる。後者には金銭補償の他，都市や地方における政府資産の所有権のナイ・タフ族への譲渡などが含まれる。以下，主要な補償の具体的な内容について述べる。

1. Crownによる謝罪

Crownの包括補償提案の中で最も重要な部分の一つは，Crownによるナイ・タフ族への謝罪である。謝罪は1998年11月に，国民党のジェニー・シップリー（Jenny Shipley）首相によって英語とマオリ語で伝えられた。謝罪はCrownがナイ・タフ族からの土地買収の際に，ワイタンギ条約の原則を

繰り返し侵害し，不公正に土地を取得したことを認め，またナイ・タフ族が希望する十分な保留地を用意することを怠ったために，その後のナイ・タフ族の経済的・社会的・文化的な発展を著しく損なう重大な結果を与えてきたことを認めている．そして，これまでナイ・タフ族はワイタンギ条約のパートナーとしての責務と，ニュージーランド国民としての責任を果たし，Crownに対して一貫して誠実であったことを認め，Crownは留保なしに7世代にわたるナイ・タフ族の要求の正当性を確認して公式に謝罪した．

　このCrownによる公式の謝罪は，Crownとナイ・タフ族の和解が，失われた財産の返還だけでは不可能であり，過去の不公正とナイ・タフ族を著しく不利益な状態のままに放置した怠慢に対する責任の受け入れなしには不可能であるという認識に立つものであった[27]．ナイ・タフ族はこのCrownの謝罪を補償の最も重要な側面であると考え，不満の時代の終わりと，両者の関係の再建の始まりを告げるものであると受け取った[28]．

2. アオラキの返還

　アオラキはニュージーランド最高峰のマウント・クックのマオリ名である（写真2）．アオラキは，南島を領域とするナイ・タフ族の創世伝説の中で重要なシンボルである聖なる山としてあがめられてきた．また1953年に国立公園に指定されて以来，周辺のサザン・アルプス山脈の山岳地域とともに，最も重要な国立公園の一つとして政府によって管理されてきた．補償によってマウント・クックはナイ・タフ族に返還されることになり，その権利は部族を公式に代表する組織であるテ・ルナガ・オ・ナイ・タフのものとなった．同時に名称も改められ，地図や道路標識，その他の公式表記でマオリ語と英語でアオラキ／マウント・クック（Aoraki / Mount Cook）と並記されることとなった．

　そしてテ・ルナガ・オ・ナイ・タフは，今日のニュージーランド国民にとって歴史的・文化的に保全価値の高いこの国立公園地域を，ナイ・タフ族と国が共同管理するシンボルとして，アオラキ／マウント・クックの返還が決

写真 2　アオラキ／マウント・クック
プカキ湖畔の国道 80 号線から望むアオラキ／マウント・クック（筆者撮影）．

定された一週間後にナイ・タフ族からニュージーランド国民に贈ることを決定した．

3.　経済的補償

　物的・経済的補償は，過去にナイ・タフ族がその領域の植民地化の過程で不公正な手段で奪われた土地をはじめとする財産，特にマオリの首長たちと Crown の間でワイタンギ条約が締結された 1840 年以降の Crown による条約違反によって失われた財産に対する補償である．今日この物的・経済的な補償は，ナイ・タフ族の経済的な基盤の再構築と，部族の文化的・社会的発展の土台となっている．

　Crown による過去の土地買収によってナイ・タフ族が被った損失は，ナイ・タフ族の試算によれば，今日の資産価値として 200 億ニュージーラン

ド・ドルに達するといわれている．しかしナイ・タフ族が受け取った土地や建物などの資産と金銭による経済的補償は総額1億7,000万ドルにすぎない．しかしナイ・タフ族は，Crownによるこの経済的な補償の提案を，将来の部族の経済的基盤を再構築するのに十分か，また，この提案を受け入れることで，マヒンガ・カイに欠かせないノホアンガの権利のようなその他の有形・無形の権利の回復がかなえられるかなどの観点から検討し，部族の有権者の投票に付して受け入れを決定した．

1) 金銭補償の経過

　総額1億7,000万ドルの金銭的補償の一部として，第一回目の内金1,000万ドルがCrownの補償交渉に対する誠意を表すものとして，1996年6月にナイ・タフ族に対して支払われた．前述のようにこの1,000万ドルは仮に補償交渉が破たんした場合でもナイ・タフ族が返済義務を負うものではなかった．第二回目の1,000万ドルはテ・ルナガ・オ・ナイ・タフがCrownの補償提案を受け入れたときに支払われ，残りの1億5,000万ドルは，包括補償に関する法案が議会を通過した1998年3月に支払われ，同時にこの間の利子として約1,500万ドルが支払われた．またこれらとは別に，1989年に政府がナイ・タフ族に所有権を売却した商業的森林の使用料約2,000万ドルが支払われた．したがって，包括補償が決定して政府からナイ・タフ族に支払われた総額は約2億500万ドルとなった．

2) Deferred Selection Process (DSP) プールの設定

　この補償は，もしナイ・タフ族が希望するならば，包括補償に関する法案が通過して1年以内に，あらかじめ定められた総額4億ドル以上の価値を持つ政府の資産，DSPプールの中から，2億5,000万ドルに相当する政府所有の土地や建築物を，政府がこれらの資産を処分することを希望するか否かにかかわらず，前述の金銭補償で得た資金やナイ・タフ族の独自財源で買い取ることができるというものである．これらの土地や建築物の取得によって，ナイ・タフ族はさまざまな経済分野における部族の活動の物的な基盤を得るとともに，それらを貸し付けることで得られる継続的な収入は，部族の社会

発展のための財源として活用されることとなった．

　事前に定められたDSPプールの資産には，政府が所有するクライストチャーチとダニーデンの警察署などの公共建築物や，ニュージーランド・テレコムが所有するクイーンズタウン（Queenstown）の建築物などを含む55か所の都市施設と，ランド・バンク（Land Bank）[29]が所有するナイ・タフ族の領域の中の54の農場，6つのアオラキの商業的森林，27の政府所有の森林が含まれていた．

　DSPプールで獲得した公的な施設は引き続き使用されるため，ナイ・タフ族はその土地および施設を政府などに貸し付けて安定的な収入を得ることとなる．これらのDSPプールの農場，森林，あるいは都市施設を買い取ることで，ナイ・タフ族は12万ヘクタール余の土地を所有する，南島で最大の民間土地所有者となった．

3) Right of First Refusal (RFR) の設定

　包括補償提案にはRight of First Refusal，すなわち第一先買権が含まれていた．これは南島のナイ・タフ族の領域内にある国有の資産を，将来政府が市場で処分する場合，ナイ・タフ族にその資産を獲得する第一優先権を与えるというものである．RFRによる資産の獲得には，政府による売却と更新可能な50年間の長期貸し付けとの2つがある．この権利は，将来ナイ・タフ族が独自の財源を使ってその資産規模を拡大し，財政基盤をさらに強化しようとするとき，大きな効力を発揮するであろう．このRFRでテ・ルナガ・オ・ナイ・タフが取得した資産の例としてクライストチャーチ市内の旧アディントン鉄道用地（Addington Railway Workshops）があり，ここは現在大型の複合商業施設として運営されている．また同じ市内の旧ウィグラム空軍基地（Wigram Air Base）の一部もRFRでテ・ルナガ・オ・ナイ・タフが取得し，ビジネス・パークとして運用されている．この他にもRFRの対象としては，ナイ・タフ族が他の方法で獲得することが困難な，教育・司法・消防関係の省庁の管轄下にある土地，国有森林，クライストチャーチ空港をはじめ南島各地の空港会社の国有株式など，広範囲の国有資産がある．

包括補償を受け入れた後のナイ・タフ族は，このRFRを利用してその資産規模を拡大してきた．

4. 文化的補償

ナイ・タフ族の固有の生活や文化は南島の自然環境と密接な結びつきをもつものであった．天然資源の利用や管理は，ナイ・タフ族の人々の生活にとって不可欠な一部分を構成していたことは先にも述べたが，また同時に山岳や河川・湖水，森林などの自然は口承伝説の舞台であり，その固有の文化の重要な構成部分でもあった．南島の植民地化とヨーロッパ人の入植は，農地・牧場の開発のための湿地の排水や森林の焼き払いなどによりナイ・タフ族と自然環境の結びつきをいちじるしく侵食していった．包括補償はナイ・タフ族と自然環境を結びつける文化的諸側面も対象としている．それには以下に述べるポウナム，High Country Stations, Four Specific Sites, Wahi Taonga，あるいはマヒンガ・カイの保全や地名並記などが含まれている．

1) ポウナムの返還

ポウナムは火成岩が強い圧力で硬質化したネフライト（軟玉），すなわち翡翠を指す．硬質化が少ない蛇紋岩は一般にポウナムには含まれない．その鉱床は，南島では主にサザン・アルプス山脈の南部の断層や氷河の作用を受けた地域に多く分布する．鉱床の浸食で生じたポウナムの原石は河川下流の河床や海岸に運ばれ，主として南島西海岸の南部地域で採集される．

ヨーロッパ人との接触によって金属を獲得するまでのマオリにとって，ポウナムは最も硬質の素材であった．南島で産出されたポウナムは南島東海岸のカイアポイを交易拠点として，南島のみならず，北島の諸部族へも供給され，祭祀具や武器，工具，装飾品の貴重な材料となった．ポウナムを素材とした精巧な彫刻は，今日でもマオリの伝統工芸として継承されている．

またポウナムは，ナイ・タフ族の口承伝説の中で生命の原理や精神的な力を象徴するものとして語り伝えられ，今日に至るまでマオリの間では精神的

な価値を有するものとして尊重されている[30]．南島のマオリ名のワイポウナム（Waipounamu）も（wai：川）と（pounamu：翡翠）よりなる．

　ナイ・タフ族は先に述べたように1860年5月に，南島西海岸のアラフラ川流域の700万エーカーを300ポンドと6,724エーカーの保留地などと引き換えにCrownへ譲渡することに合意した．ナイ・タフ族は西海岸のこの土地の所有権をCrownに売却したが，ポウナムの所有権を譲ったつもりはなかった，とこれまで繰り返し主張してきた．

　Crownは1996年にナイ・タフ族との補償交渉における誠意の表明として，ポウナムを返還することを約束した．このポウナムの返還は翌年9月25日に成立したThe Ngai Tahu (Pounamu Vesting) Act 1997の成立によって実現した．

2)　ハイ・カントリー・ステーションの返還

　南島のサザン・アルプス山脈の高山地帯の牧畜地をハイ・カントリー（High Country）と呼ぶ．ステーション（Station）は羊の大規模牧場を意味する．ナイ・タフ族はワカティプ湖（Lake Wakatipu）の水源地帯に広がるルートバーン（Routeburn），グリーンストーン（Greenstone），エルフィン・ベイ（Elfin Bay）の3つのステーションの返還を補償の一環として要求した．これらの地域は，ナイ・タフ族にとって経済的な価値以上に精神的・文化的な価値を有する地域であった．Crownはナイ・タフ族の要求を受けて，1991年にこの地域を購入し，前述のランド・バンクに移管し国有資産とした．

　ナイ・タフ族は補償金によって3つのステーションの全ての権利を獲得した．グリーンストーン地域の約1,000ヘクタールの山頂部は，ナイ・タフ族がこれまでに受けた苦痛を象徴するカ・フェヌア・ロイマタ（Ka Whenua Roimata），「涙の土地」として，ナイ・タフ族から国に譲渡され保全されることとなった．これらのステーション全体の約87％を占める約7万2,000エーカー余の山地や森林，渓谷は，環境保全地域として国の環境保護局（Department of Conservation）に対して無期限に格安の賃貸料（peppercorn rental) で貸し付けられた．残りの約1万6,000エーカーは，ナイ・タフ族によって農牧業用地として一般に貸し付けられることとなった．

3) Four Specific Sites――歴史的に重要な意味のある場所の返還

　文化的な補償の一環として，ナイ・タフ族にとって歴史的な価値を有する領域の中にある4つの重要な場所（Four Specific Sites）の返還が要請された．それらはナイ・タフ族の伝統的な生活や人々と自然環境との密接なかかわりを象徴する場所であり，その保全がイウィとしてのアイデンティティの存続に重要な意味を有すると考えられてきた場所である．

　アラフラ河谷は先に述べた南島西海岸のポウナムの重要な産地の一つである．1976年にCrownは，アラフラ河谷の河床の権利をこの地域のハプのために設立されたマフェラ・インコーポレーション（Mawhera Incorporation）に譲渡したが，その境界は明確に定められていなかった．包括補償では，この河谷上流部にワイタキ歴史保全区域（Waitaki Historic Reserve）を設け，ポウナムとナイ・タフ族の強い歴史的な結びつきを象徴する保護区として保全することとなった．また，保全区域への自由な立ち入りは可能で，保全区域内の環境保護局の施設や活動も存続することとなった．

　ラロトカ（Rarotoka：英語名Centre Island）は，南島とその南に位置するラキウラを隔てるフォーボー海峡に浮かぶ小島である（p.54第1図参照）．この島は，南島の各地で暮らしていたナイ・タフ族の人々が，ティティの捕獲の季節にティティ諸島への長い旅をする際の重要な道しるべであり，休息場所であった．Crownは包括補償の一部としてこの島の権利をテ・ルナガ・オ・ナイ・タフに譲渡し，ナイ・タフ族は島の灯台部分を継続的に利用できるように国に貸し付けることとなった．

　フェヌア・ホウ（Whenua Hou）はヨーロッパ地名ではコッドフィッシュ島（Codfish Island）と呼ばれていた．島はラキウラの西に位置し，ラロトカと同じようにティティ諸島への旅の中継地であった．ここは1820年代にナイ・タフ族とヨーロッパ人の捕鯨業者やアザラシ猟師が最初に接触した土地でもある．補償ではヨーロッパ地名をマオリ名のフェヌア・ホウ（Whenua

Hou, whenua は land, hou は new を意味する) に改め, この島とナイ・タフ族の特別なかかわりを再確認し, 南島南部のムリヒク地域の4つのパパティ プルナガ (p.85 第3図の番号 14, 16, 17, 18) がこの島の保全に積極的に関与することを承認している.

ティティ諸島はラキウラの東の海上に浮かぶ群島である. その名前が示すように, この島々はティティ, すなわちハイイロミズナギドリ (英語名: muttonbird) の国内で最も大規模な飛来地であり, 英語名ではマトン・バード諸島 (Muttonbird Islands) と呼ばれている. ティティは南島のナイ・タフ族にとって伝統的な食料資源の一つであった. 保存加工されたティティはナイ・タフ族の部族内で取引されるばかりではなく, 北島の諸部族との主要な交易品の一つであった. Crown がティティ諸島を買収して以来, ナイ・タフ族によるこの島々でのティティの捕獲は Crown によって容認されてきた. このティティ諸島の所有権をナイ・タフ族に返還することで, ティティの捕獲場所はナイ・タフ族自身によって管理され, 持続的なティティ資源の利用とともに, 島々の自然保護の責任をナイ・タフ族が負うこととなった.

4) ワヒ・タオンガに関する補償

ワヒ (wahi) は場所, 地域, タオンガ (taonga) は財宝を意味する. Crown とナイ・タフ族の間で調印された包括的な補償の中には, ナイ・タフ族がその領域とした南島の各地に存在する, 部族の伝説や歴史, 伝統的なマヒンガ・カイにかかわる場所についての所有権・管理の責務などの取り決めが含まれている. 対象となる場所はテ・ワイホラ (Te Waihora: エレズミア湖, 英語名 Lake Ellesemere) など41か所にのぼり, 峡谷, 湖沼, ラグーン, 湾, 岬, 島, パ (pa) [31] などさまざまである. この中には前述のハイ・カントリー・ステーションやティティ諸島の管理に関する協定も含まれている. テ・ワイホラの環境管理については第7章で詳述する.

41か所のワヒ・タオンガには, カイコウラ半島のような, 所有権をナイ・タフ族に譲渡した上で政府の環境保護局と共同管理を行う場所, テ・ルナガ・オ・ナイ・タフによって管理・運営される保留地, あるいはナイ・タ

フ族によって政府などに長期の貸付が行われる場所がある．

5) ノホアンガに関する補償

　ノホアンガ（nohoanga）はマオリ語で居住地，席などを意味するが，ここではマオリの狩猟採集，すなわちマヒンガ・カイにとって欠かすことのできない野営地，あるいはキャンプサイトを指す．農耕とともに狩猟採集を食料調達の重要な手段としていたナイ・タフ族は，南島の主要部を占めるその領域で，季節ごとに食料を求めて各地を移動した．ティティ諸島におけるティティ，原野や山林での鳥類やラットの捕獲，河川・湖沼での大型のウナギの捕獲，あるいは澱粉をとるシダの根やツィ・コウカの樹冠の採集，繊維原料のハラケケの採集などはその代表的なものであった．ナイ・タフ族の人々は一定期間ノホアンガに野営をして，捕獲や採集，あるいはそれらの保存のための加工を行ってきた．今日ではこれらノホアンガの場所はしばしば一般の人々の狩猟や釣魚など，レクリエーションの場として利用され，あるいは環境保全のための立ち入り制限の対象地域となるなど，ナイ・タフ族のマヒンガ・カイの継続がさまざまな影響や制約を受けるようになってきた．

　包括補償は，マヒンガ・カイをナイ・タフ族が伝統的な文化の一つとして継承するために，南島各地の51か所（河川32か所，湖沼18か所，ラグーン1か所）それぞれに，定められた期間ノホアンガとして排他的に使用できる約1ヘクタールの地域を設けることを認めている（第4図参照）．

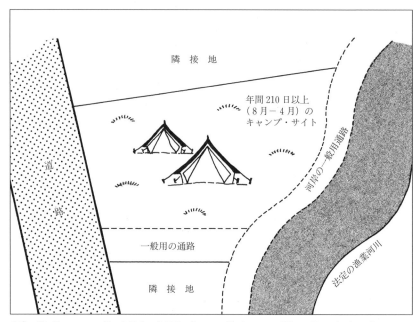

出典：Te Runanga o Ngai Tahu (1997): *Crown Settlement Offer: Consultation Document from Ngai Tahu Negotiating Group, Te Karaka*, Special Edition, Ngai Tahu Publications Ltd., p. 39 に加筆・修正．

第4図　ノホアンガの概念図

第6節　包括補償がナイ・タフ族にもたらしたもの

　ナイ・タフ族と Crown の間で合意した包括補償の実施によって，過去の植民地化の過程でナイ・タフ族が失った全ての権利が回復されたわけではない．むしろ金銭的な側面に限ってみれば，Crown によって支払われた総額1億7,000万ドルは失われた価値の一部分にすぎなかった．しかしながら，包括補償に合意することで，ナイ・タフ族に何世代にもわたって難航してきた Crown との交渉に終止符を打つことを決断させたのは，今日のイウィのメンバーの多くがこれまで長年にわたり重ねてきた苦悩を次の世代に課すことを望まなかったことに加え，合意した包括補償を土台として部族の社会的

発展の経済的基盤を確立しなければならないという強い責任感があったからだと考えられる．すなわち，決して十分ではない金銭的補償を補ったのが，DSPプールからの政府資産の買い取りと，RFRによる将来にわたる政府資産の第一先買権であった．包括補償の実現後，獲得された補償金を原資としたCrownの資産の買い取りや資金の運用で，ナイ・タフ族はイウィの財政的な基盤を着実に強化し，Ngai Tahu Development Corporation Ltd. や南島各地のパパティプ・ルナガを通じて，イウィやハプの社会的発展を進めているのである．

また，ナイ・タフ族の包括補償に対する合意は，過去のCrownによるワイタンギ条約違反に対する公式の謝罪をはじめ，ナイ・タフ族の伝統的な領域に存在するマヒンガ・カイにかかわる湖沼や河川の排他的な利用の保障，あるいはアオラキ／マウント・クックをはじめとする特定の場所に対するナイ・タフ族の関与の承認など，イウィの歴史的・文化的・精神的価値に対するCrownによる尊重と敬意の再確認という大きな意味をもった．マオリ地名の復原と並記も，ナイ・タフ族と南島の歴史的な結びつきをヨーロッパ系国民も含めて広く再確認する機会となっている．そしてまたこれらのことは，南島を伝統的な領域とするナイ・タフ族が，自らをその自然環境のカイチャキ（守護者）として再認識し，国の環境保護政策にも主体的にかかわる機会を保障するものであった．

おわりに

包括補償に関するCrownとナイ・タフ族の合意によってもたらされた，経済的・文化的・精神的補償は，ナイ・タフ族の半数近くの人々が本来のイウィあるいはハプの領域であった南島各地から離れ，国内外の都市的環境で日常的には部族的社会関係から疎遠な状態で暮らし，イウィとしての紐帯が弱まりつつある今日，イウィの物質的・精神的な結びつきの再構築にとって重要な意味をもっていたと考えられる．1840年のワイタンギ条約の締結以

来，Crownの条約侵害に対して繰り返されてきたマオリによる抗議は，各イウィがイウィとしての一体性を共有する強い契機になったといわれる．南島のナイ・タフ族においても，テ・ルナガ・オ・ナイ・タフを頂点としたイウィの新しい自治組織である18のパパティプ・ルナガを単位とした代議制による意志決定機能や，Crownとの補償交渉の結果確立された，イウィの社会的発展のための経済的基盤，伝統的な領域の自然環境とナイ・タフ族の密接な関係の再構築は，希薄化しつつあるイウィやハプの結びつき，南島の領域に対するタンガタ・フェヌア（tangata whenua：土地の人）としての自覚とを，現代的な環境の中で再形成する大きな契機となったのである．特に，補償で獲得し市場経済の中で拡充されつつあるイウィの経済的な基盤は，ニュージーランドが二民族国家から多民族国家へと変貌を遂げつつある今日，ナイ・タフ族が今後確固とした主体的な経済的土台の上で，部族としての固有の社会と文化を維持，発展させてゆくことを可能とするであろう．

　Crownとの困難な交渉を指導し，包括補償の合意にナイ・タフ族を導いたオレーガンは，包括補償の内容を説明し，合意に賛同するように呼びかけた部族の機関誌の中で，「もし私たちがこの補償の方向を選ぶとしたら，私たちがあきらめなければならないものは，『目には目を』のウツ（utu：復讐）の古い観念であります．以前に私が述べたように，その意味での『公正』は私たちにとって単純に有効なのではありません．私たちがあなたがたの前に示した補償の提案は私たち自身の努力と技量によってのみ機能するのです」[32]と述べている．包括補償でナイ・タフ族が獲得したものは，かつてナイ・タフ族が失った物心両面の損失にくらべれば，その一部分にすぎなかった．しかしながら包括補償を契機として，今日のナイ・タフ族は，獲得した資産と部族への帰属意識の再確認をもとに，その「努力と技量」によってニュージーランド社会の中での自立的な発展の道を歩み始めているのである．

注
1) かつてヨーロッパ人の入植以前にナイ・タフ族が支配した領域は，ニュージー

ランド南島北部のナーティ・トア族の領域を除く，南島の主要部分を占めていた．ナイ・タフ族が Crown に対して権利の回復を求めて補償交渉の対象としたのは，この領域内に存在する土地，湖沼，河川などである．

2) 北島のタイヌイ族は，南島のナイ・タフ族に先立って Crown との補償交渉に着手し，1995年5月包括的な補償合意に調印した．しかし，交渉に当たって優れた指導者の下でイウィとしての統一性を保ったナイ・タフ族とは異なり，タイヌイ族では，交渉に当たったリーダーたちのイウィの代表者としての性格や，補償で獲得された資産の用途などについて疑問が呈されるなど，現代の部族社会における補償の受益に関するさまざまな問題が示されている．それとは対照的に，統一された部族組織で Crown との交渉に当たったナイ・タフ族の例は，国内の諸部族の今後の Crown との補償交渉に大きな影響を与えることになるであろう．タイヌイ族の補償交渉については，Meijl, Toon van (2003): Conflicts of Redistribution in Contemporary Maori Society-Leadership and the Tainui Settlement-, *The Journal of Polynesian Society*, Vol. 112, No. 3. が参考になる．

3) Carrell, Nicola (1999): Legislation and Treaty Notes: Innovation in Reconciliation-the Ngai Tahu Claims Settlement Act 1998-, *New Zealand Journal of Environmental Law*, Vol. 3, No. 3, p. 179.

4) Goodall, Anake (2001): Ngai Tahu and The Crown Vows Renewed. In *Rural Canterbury*, edited by Garth Cant, Russell Kirkpatrick and Daphne Brasell Associate Ltd. and Lincoln University Press, pp. 201-202.

5) Evison, Harry (1988): Government Response to the Claim, In *The Treaty of Waitangi & the Nagi Tahu Claim*, Ka Roimata Whenua Series No. 2, edited by Harry Evison, p. 50.

6) Te Runanga o Ngai Tahu (1997): Crown Settlement Offer: Consultation Document from Ngai Tahu Negotiating Group, *Te Karaka*, Special Edition, Ngai Tahu Publications Ltd., p. 59.

7) Wanhalla, Angela (2007): Ngai Tahu Historiography, *History Compass*, No. 5/3, p. 804.

8) Belich, James (1996): *Making Peoples-A History of the New Zealanders*, Penguin Books, p. 255.

9) Turner, Stephen (1990): *An Introduction to the Waitangi Tribunal: with Special Reference to the Ngai Tahu Land Claim*, Dunedin Community Law Centre, p. 67.

10) ナイ・タフ族からワイタンギ審判所に提出された訴え（wai 27）を審理した審判団のメンバーは，委員長のマオリ土地裁判所首席判事のアシュリー・マックヒューの他，マヌフイア・ベネット司教，Whakatohea Trust Board の書記のモニタ・デラメール，弁護士のジョージーナ・テ・ヘウ・ヘウ，オークランド大学教授ヒュー・カーファル，ヴィクトリア大学名誉教授ゴードン・オール，地方裁判

所主席判事デズモンド・サリバンの7名であった.

11) Turner (1990), p. 4.
12) Ward, Alan (1989): *A Report on the Historical Evidence: The Ngai Tahu Claim, wai 27.*, Alan Ward (1997): *National Overview*, Volume 1 and 2, Waitangi Tribunal Rangahaua Whanui Series, GP Publications.
13) Waitangi Tribunal (1991): *Ngai Tahu Report 1991*, Vols. 1, 2 and 3, Brooker and Friend Ltd..
14) Waitangi Tribunal (1992): *Ngai Tahu Sea Fisheries Report*, Brooker and Friend Ltd..
15) Waitangi Tribunal (1995): *The Ngai Tahu Ancillary Claim Report*, Brooker and Friend Ltd..
16) Price, Richard (2001): *The politics of modern history-making: the 1990s negotiations of the Ngai Tahu tribe with Crown to achieve a Treat of Waitangi claims settlement*, Macmillan Brown Working Paper Series, number 7, Macmillan Brown Centre for Pacific Stidies, University of Canterbury, p. 5.
17) Te Runanga o Ngai Tahu (1996): *Hakapapa Ngai Tahu-A Guide to Enrolment and Research-*, p. 8.
18) Dacker, Bill (1990): *The People of the Place: Mahika Kai*, New Zealand 1990 Commission, p. 6.
19) パパティプ・ルナガ（Papatipu Runanga）は19世紀半ばに伝統的なマラエを土台として作られた共同社会ルナガを基礎にして作られた．papatipu は先祖から受け継いだ場所を，runanga は集まりや議論を意味する．
20) Te Runanga o Ngai Tahu (1996), p. 7.
21) Te Runanga o Nagi Tahu (2007): *Annual Report 2007*, p. 24.
22) 上掲の年次報告書によると，登録人口のうち，領域外に居住するナイ・タフ族の人口は45.9％となっている．
23) Price (2001), p. 8.
24) Crown によってナイ・タフ族に提示された補償の中には南島各地の河川32か所，湖沼18か所，ラグーン1か所における8月半ばから4月末までの年間210日以上のマヒンガ・カイの期間中，定められた範囲の河岸・湖岸の一定面積をノホアンガとして排他的に使用する権利が含まれている．
25) Cチームでは Crown による謝罪，クレームの定義づけ，マヒンガ・カイ，商業的資産，specific sites，追加的クレームとサウス・アイランド土地なし先住民法の6つに関する専門的な個別交渉が行われた．Te Runanga o Ngai Tahu (1997), p. 57.
26) Te Runanga o Ngai Tahu (1997), p. 4.
27) Office of the Minister in Charge of Treaty of Waitangi Negotiations (1997): *Crown Settlement Offer to Ngai Tahu*, p. 4. この資料は1997年10月23日に担当

大臣のダグラス・グラハムから報道機関に発表されたものである．ナイ・タフ族はこの提案を原則的に受け入れ，ナイ・タフ族と Crown の間の補償交渉に関する包括的な合意が実現した．
28) Carrell (1999), p. 181.
29) ランド・バンクは，ナイ・タフ族の権利回復の申し立てが未解決の間，その利益を保護するために 1991 年に設立された．ランド・バンクは Crown が売却を望んだ土地を確保し，これまでナイ・タフ族は独自の資金でその一部の土地を買い取ってきた．ランド・バンクの保有する土地も補償のための DSP プールに含められた．
30) Gibbs, Meredith (2000): The Ngai Tahu (Pounamu Vesting) Act 1997 Legislation Notes, *New Zealand Journal of Environmental Law*, Vol. 4, p. 259.
31) ヨーロッパ人との接触以前のマオリは，ハプあるいはファナウを単位として定住集落を形成していた．外敵の攻撃から身を守るために，小高い丘陵の先端などに柵をめぐらし要塞化した集落をパ (pa) と呼んだ．例えばワヒ・タオンガ (Wahi Taonga) に含まれるパには，オナウェ・パ (Onawe Pa) が含まれている．ここは 1830 年代前半にテ・ラウパラハ (Te Rauparaha) に率いられ，イギリスの軍艦エリザベスで輸送された，マスケット銃で武装したナーティ・トア族の戦士によって多数のナイ・タフ族が虐殺され，村が略奪された場所である．
32) Te Runanga o Ngai Tahu (1997), p. 6.

第4章
南島におけるマオリ地名の復原問題

はじめに

　地名は個々の民族的集団が，環境とどのような結びつきを有していたかを知る重要な手がかりの一つとなる．地名は環境の中で人々が居住し，活動する「場所」を認識し，集団の中で共有し，世代間で継承することと密接不可分に結びついている．もちろん，集団によって選ばれる地名の体系は，それぞれの文化によって異なる．換言すれば，地名は集団としての人々と環境のかかわりの表現の一つとして理解することが可能である．

　ヨーロッパから非ヨーロッパ世界への移住の歴史は，ヨーロッパ人と先住者の間の異文化接触の歴史であった．それはさまざまな場面で両者に軋轢をもたらした．先住民族がその固有の土地に付した地名と，入植者が新たな呼称とした地名の接触，とりわけ，後者による前者の抹消もそのような異なる文化間の軋轢の一場面と考えることができる．文化を異にする先住民族と入植者が同じ空間や環境を共有するとき，マジョリティとなった移住者やその子孫によって，地名はどのように取捨選択されてきたのであろうか．先住民族の地名を入植者が取り入れる場合も，その本来の意味が曲げられたり，あるいは先住民族が領域としてきた土地の自然環境と人々の結びつきを示す地名や，民族の神話，伝説の舞台を示す地名など，多様な地名の一部分だけが選択されることもあった．さらに無文字の先住民族の場合には，ヨーロッパ

人との接触後，先住民族の地名を文字表記する際に，不正確な表記が生じる可能性があった．

ニュージーランドにおいては，先住民族マオリと19世紀以降に入植者としてこの地域に居住するようになったパケハとの間に，地名をめぐる文化的な対立が存在する．今日のニュージーランドでは，これまでのヨーロッパ人の入植・開拓によって失われた先住民族の固有の権利の復権運動や，言語や文化の復原運動が活発である．地名も先住民族の文化的な財産の一つとしてその復原が議論され，一部ではパケハ地名すなわち英語地名と，マオリ地名の並記，あるいはパケハ地名の廃止，マオリ地名の復原が実現している．ここではナイ・タフ族の領域であるニュージーランド南島におけるマオリ地名の復原の現状と問題点について考察する．

第1節 ニュージーランドの地名

1. ヨーロッパ人の植民とパケハ地名

ニュージーランドにおけるパケハ地名の嚆矢は，ジェームズ・クックによる南北両島沿岸の周航の際につけられた地名であろう．ベイ・オブ・プレンティ (Bay of Plenty) やポバティ・ベイ (Poverty Bay)，バンクス半島など，それらの多くは現在も沿岸の各地に残されている．ヨーロッパ人がニュージーランドに居住地を拡大する過程で，先住民族マオリの地名とは別のパケハ地名が各地につけられていった．捕鯨業者，アザラシ猟師の拠点や，先住民族との交易拠点，宣教師の布教活動の拠点などにつけられた初期のパケハ地名は，南北両島の主として沿岸部に分布した．その後，植民の本格化とともに，パケハ地名は内陸部にも拡大していった．このパケハ地名には，入植者が母国の地名を彼らの新たな居住地につけたものが多数見られる．それらの地名は先住民族マオリの地名表現の体系とは別に命名され，その土地の自然環境や事物にかかわることは少なく，個々の地名は単独に意味をもち，地名相互の意味的な関連性にも乏しいものであった．ローレンス・D・バーグ

(Berg) らはイスラエルの右派勢力リクード (Likud) が，ゴランやガザ，ウェスト・バンクなどの支配地域に聖書やタルムード (Talmud) にちなんだ地名を採用したことと同一視して，ニュージーランドにおけるパケハ地名を「言語上の植民」と表現している[1]．すなわち入植地での地名の命名は入植者による空間の支配において重要な一要素をなしていたのである．

　ニュージーランドでは，ウェリントンやネルソンのようなイギリス史上著名な軍人や，ネーピア (Napir)，ヘイスティングス (Hastings)，オークランド (Auckland) のようなイギリスのインド支配にかかわる人名などが主要な都市名に用いられていることも[2]「言語上の植民」を如実に示すものと考えられる．しかしながら地理学者のホン＝キ・ユン (Hong-Key Yoon) によれば，先住民族とヨーロッパ系国民で成り立つ国々の中で，ニュージーランドはヨーロッパ地名よりも現地地名，すなわちマオリ地名の方が多く，唯一ヨーロッパ系人口が支配的な国である．そして，ヨーロッパ系地名は，人口規模が大きく経済的・文化的機能の中心である北島のオークランド，ウェリントン，南島のクライストチャーチ，ダニーデンなどの主要都市や，接触以前からマオリ人口が北島にくらべて少なく，入植初期からヨーロッパ人による農業と牧畜が発展した南島の都市に多く見られ，マオリ地名は人口規模の小さな小都市や集落，あるいはマオリ人口の多い北島に多く分布する[3]．ニュージーランド地理委員会の1992年の調査報告によれば，100万分の1の地形図上の約3,000の地理的事物のうち，北島では21％がヨーロッパ系の名称で，79％がマオリの名称，南島ではそれぞれ67％と33％となっている．ヨーロッパ人との接触以前から，マオリ人口の約9割が居住していた北島にくらべ，マオリ人口が相対的に少なかった南島ではマオリ地名の密度が低く，ヨーロッパ人の入植地の拡大とともにパケハ地名の比率が高まっていったと考えられる．

2. マオリ地名がもつ意味

　マオリ地名は，マオリの物質的生活のみならず，精神的な生活と密接に結

びつき，それぞれの土地の自然環境や資源，事物と分かちがたく結びついていた．その中には，マオリが伝説上のハワイキからワカ（カヌー）の船団で海を渡りアオテアロアにたどりつき，各地に住みついたという言い伝えにちなんだ地名や，各々のイウィやハプが生活する領域の中で，山や湖，河川，森林，海岸などの自然環境を識別し，それらの所在を表すためにつけられた地名がある．無文字であったマオリの社会では，文字をもつ社会とは異なる地名の役割があった．マオリ地名は彼らの歴史や文化の舞台としての自然環境を識別し，それらを口承で代々伝えてゆくための重要な記憶の手がかりとなった．そして，地名に表されたマオリの伝説や記憶は，彼らの領域の土地や自然のもつ精神的な価値を強調し，タンガタ・フェヌアとその領域を結びつけ，イウィのアイデンティティの重要な土台の一つとなっていた．

また地名は特定の場所で起った出来事を刻み，口承伝説の登場人物や舞台，あるいは部族の歴史をとどめていた．このような意味で，文字言語をもたなかったマオリにとって地名は「部族の歴史を記録し，思い出すための装置」[4]であったのである．すなわち，マオリの地名は伝説であれ史実であれ，彼らが語り伝えてきたストーリーと結びついた体系を有していたのである．また，定住地での生活や狩猟採集のための移動の中で，多くのマオリ地名はその場所で得ることのできる食料資源，あるいはマオリの伝統的な社会で欠かすことのできなかった木材，繊維植物などについての手がかりとなる重要な記憶装置としての働きもしたのである．

マオリ地名の一部は，伝説上のポリネシアの航海者クペ（Kupe）と偉大な探検者タマテア（Tamatea）の創世神話をはじめとする伝説にちなんだ地名を，ハワイキ——実際はポリネシアのいずれかの地域，クック諸島ともニューヘブリディーズ諸島とも考えられている移住者の故郷——から持ち込んだものだという説もある[5]．移住後にニュージーランドの各地に分散・居住したイウィやハプは，それぞれの環境の中に神話や伝説を地名という形で刻んでいった．同時にマオリは彼らが生活する領域のさまざまな自然的特徴に名前をつけた．丘や峰々，峡谷，渓流，ウナギの遡上，鳥のさえずる木々，

釣り場の岩などにつけられた固有の名前は，各々のイウィやハプの領域に関する彼らの知識の体系の重要な一部分をなしていた．もちろん，これらの小地域の地名はその地方の住民だけがよく知っていた．したがって，マオリの地名は，神話や伝説に根ざした，イウィやハプの人々と土地とを結びつけるアイデンティティの土台となる一定の広がりをもった地名から，小地域の場所を識別する標識としての地名など，いくつかのレベルの体系を有していたと考えられる[6]．

しかし，ヨーロッパ人との接触は，マオリの生活や社会に対する影響のみならず，マオリ語の英字表記などを通じて，地名にも多くの影響を与えた．これまでに公式な地図や公的機関による報告書で採用されてきたマオリ語地名の英字表記は，マオリ語の正しい発音で地名が綴られているか，今日でもしばしば議論されることがある．また，無文字文化であったがために，マオリ地名はごく最近まで口承で伝えられてきた．文字で表されたパケハ地名と競合した場合，その正確な残存の可能性は決して高くはなかったであろうことも容易に想像される．

第2節 ニュージーランド地理委員会と地名の復原

1. ニュージーランド地理委員会の役割

ニュージーランドのマオリ地名に関しては，すでに1894年のDesignation of Districts Actの中に，マオリ語の地名が優先されるべきという条項が定められていた．この条項は第二次世界大戦後のニュージーランド地理委員会の設立まで存続した．

1946年にNew Zealand Geographic Board Actによって設立されたニュージーランド地理委員会は，地名の決定に関して法的な責任を有し，地名に関する公的な提案に対処し，地名の歴史やその慣習的な使用，綴りなどについて必要な調査・研究を行っている．しかし，ニュージーランド地理委員会は地名をつけることに関して絶対的な権限を有しているわけではない．ニュ

ージーランド地理委員会は，公的な地図上の地名について Land Information New Zealand（LINZ，旧 Department of Survey and Land Information）（LINZ）に助言を行い，地名をめぐって紛糾する問題に裁定を下す．LINZ は，ニュージーランド地理委員会の助言にもとづいて，地形図やその他の公的な地図，および公的機関の出版物における地名表記の変更や新たな地名の採用を許可する．そして公的な地図や道路標識などでは，それらが更新される際に新しい地名に改められる．ニュージーランド地理委員会は主任調査官を除く3年任期の9人のメンバーからなり，そのうち少なくとも2人がマオリでなければならないと定められている．メンバーは政府機関のLINZ，マオリ省，あるいはニュージーランド地理学会，テ・ルナガ・オ・ナイタフなどから推薦される．

　ニュージーランド地理委員会は，地名の裁定や決定に関して次の3つの原則に立っている[7]．

1)　もともとの地名がふさわしければ，その地名が採用されるべきである．
2)　マオリの原地名の使用はニュージーランド地理委員会によって推進され，可能な限り使用されるべきである．
3)　通常，その地方で呼ばれる名称が優先され，その使用頻度は重要な目安となる．

地名の決定に際して，もともとのマオリの地名が優先されるべきことは，すでに1894年の Designation of Districts Act で定められていた．また，1987年に制定された Maori Language Act でマオリ語が公用語として認められ，ニュージーランド地理委員会とマオリ語委員会（Maori Language Commission）は，文化遺産としてのマオリ地名が，公用語としてのマオリ語の認知において一つの重要な要素であるという共通の見地に立っている[8]．この他にニュージーランド地理委員会が地名を決定する際のルールとして，隣接地域での地名の重複の回避や，人名を地名に使用する場合，生存中の人物名を避けることが定められている．また人名の場合，所有格は避けられる．

　ニュージーランド地理委員会が行う裁定の一つは，地名の綴りの訂正であ

る．この中には，マオリ地名を正確な発音により近い英字表記に改める地名表記の標準化のケースが含まれている．マオリ地名とパケハ地名の並記も，ニュージーランド地理委員会の裁定による．例えばニュージーランドの最高峰は，現在 Aoraki / Mount Cook と並記され，この場合，例外的にマオリ地名が先に表記されている（他の多くのケースではパケハ地名，マオリ地名の順に表記される）．その他に，公的な地図上にこれまで記載のなかった場所に新たに地名を定めるケースや，海図上の地名を地図上の地名として採用する裁定もある．またこの他に，地名の適用範囲の変更，あるいは通称地名の削除などがある．こうした地名の変更や採用は，原則的にはニュージーランド地理委員会への国民からの提案によって行われる．提案に対してニュージーランド地理委員会は必要な調査やヒアリングを行う．マオリ地名に関してはその地域の部族の有力者の意見が求められ，その他に当該地方の役所や，環境保護局，水路部（Hydrographic Office），あるいはニュージーランド海軍など国の諸機関の意見が求められる．同時に LINZ による予備的な調査が行われ，ニュージーランド地理委員会はそれをもとに地名の変更や新たな地名が妥当か否か検討する．変更や採用が裁定されると，それに対する3か月間の異議申し立てのための公示期間が設けられる．異議の申し立てがない場合には，裁定された地名が公に決定されたこととなり，中央紙や地方紙で公告され，それ以後の公的な地図や文書等で新たな地名が使用されるようになる．異議申し立てがなされると，再度の調査・検討が行われ，提案の可否が再検討される．

2. ニュージーランド地理委員会による地名復原の提案

ここではニュージーランド地理委員会が 1999 年 10 月から 2004 年 11 月までに検討した地名に関する提案についてみてみよう．ニュージーランド地理委員会が取り扱う案件の中には南極大陸およびその周辺の新しい地名の決定も含まれるが，ここではニュージーランド南北両島と周辺島嶼について取り上げる．

第1表 地域別新規地名・地名変更等の決定数 (1999-2004年)

	北島					南島				
	NA	SA	T	G	Wel	M	N	C	Wes	O
新地名	5(2)		1		2	5(2)	5(1)	6(1)	1	11(4)
変更	1(1)			5(5)	1(1)	1	3(1)	2(1)	9	7(1)
綴りの訂正	8(5)	2(1)			2(1)		4(1)	7(2)	8(1)	3
適用範囲の修正										2
地名の確認・統一										
地名の並記	2	2						15		
並記地名の修正										
通称地名の追認	1(1)						1	18(4)		3
その他	1(1)									1
合計	18(10)	4(1)	1	5(5)	5(2)	6(2)	13(3)	48(8)	18(1)	27(5)

注：括弧内はマオリ地名の内数．
　適用範囲の修正は地名の及ぶ範囲の修正・確認，並記地名の修正はマオリ語・英語の並記順の修正，海図の地名の採用や通称としての地名の採用などを含む．
地域名：NA：北オークランド，SA：南オークランド，T：タラナキ，G：ギズボーン，Wel：ウェリン
　N：ネルソン，C：カンタベリー，Wes：ウェストランド，Ot：オタゴ，S：サウスランド，N/C：
　の境界地域，C/Wes：カンタベリーとウェストランドの境界地域
資料：ニュージーランド地理委員会の資料をもとに筆者集計．

　ニュージーランド地理委員会は全国を11地域に分割して，地名の新設・変更に関する提案を調査・検討している．北島は北オークランド，南オークランド，タラナキ，ギズボーン，ウェリントンの5地域，南島はマールバラ，ネルソン，カンタベリー，ウェストランド，オタゴ，サウスランドの6地域である．ニュージーランド地理委員会で取り上げられる提案には，地名綴りの訂正，地名の新設，マオリ地名・パケハ地名の並記，地名の適用範囲の変更，海図などからの新地名の採用，あるいは通称地名の追認・廃止などがある．1999年10月から2004年11月の5か年余におけるニュージーランド地理委員会による12回の討議の結果報告によると，この間に取り扱われた提案は約274件に及ぶ．この中には繰り返し討議された提案もあるので，地名の綴りの訂正や新地名の採用などに関する決定の実数はこれより少ない202件となる．
　重複数を除いた202件のうち，主にナイ・タフ族が領域とする南島に関す

第4章 南島におけるマオリ地名の復原問題

S	N/C	C/Wse
15(2)	2	
5		2(1)
2		
17(11)		
6		
8		
53(13)	2	2(1)

通称地名の追認の中には，

トン，M：マールバラ，
ネルソンとカンタベリー

るものが80％以上にのぼる．地域別に見て決定された提案が最も多かったのは南島南部のサウスランド地域の53件で，次いで南島東海岸のカンタベリー地域の48件であった．この両地域だけでこの間に全国で取り上げられた提案の半数を占める．さらに同じ南島のオタゴ地域の27件を加えると，ナイ・タフ族の領域内のこの3地区だけで全体の約3分の2を占めている．北島は5地域で合計33件にとどまり，全体の約16％である（第1表参照）．

次に，決定された提案の中で，新地名，地名綴りの訂正，地名の並記やその修正について検討してみよう．この間の新地名は，南北両島および周辺島嶼部で合計53件を数える．このうちヨーロッパ地名が41件，マオリ地名が12件提案され決定された．新地名は南島に多く，北島では8件にとどまっている．地名の変更は主として綴りの誤りの訂正である．綴りの訂正の中にはヨーロッパ地名のスペルの訂正の他に，マオリ地名のスペルの訂正が含まれる．これには過去にヨーロッパ人によって聞き取られ，地図上に記載されたマオリ地名を，より標準的なマオリ語の発音に近いスペルに修正するものがある．地名の並記と，並記地名の修正は合わせて25件が決定されているが，うち21件は南島におけるものである．南島では旧来の地名が表す地域を細分化して，それぞれ別の地名で呼び分ける場合も多く，このことは新地名や並記地名の多さとともに，南島が今日のニュージーランドにおける地名をめぐる議論の中心をなしていることをうかがわせる．

第3節 ナイ・タフ族と地名復原

1. オタゴ地域における地名復原をめぐる論争

1989年にニュージーランド地理委員会は，ウェリントンの近くのパラパ

ラウム (Paraparaumu) に住む,ナイ・タフ族のオタゴ地域のハプであるカティ・フイラパ (Kati Huirapa) の一員マクラクラン (John McLachlan) から出された3つの提案を受け取った.マクラクランは,マオリにとって地名はワイタンギ条約で保障されたタオンガであるが故に,失われた地名の復原は正当な要求であると主張した.提案は次のような地名の変更であった[9].

(1)　Long Beach の Wharau Werawera Beach への変更
(2)　Murdering Beach の Whare Akeake Beach への変更
(3)　Purakanui の Purakaunui への変更

(1)(2)は今日広く用いられているパケハ地名のマオリ地名への変更を求めたものである.ファラウ・ウェラウェラ (Wharau Werawera) はマオリ語で「暖かい小屋」(hot hovel) を,ファレ・アケアケ (Whare Akeake) は「やせ地の家」(poor land house) を意味する.Mudering Beach は1817年3月に3人のヨーロッパ人が,この地方のマオリに殺害された事件にちなんでつけられたパケハ地名である.マオリにとっては,この事件の数年前に儀礼のために保存されていたマオリの首を無断で持ち去った3人のパケハを殺害したのは当然のウツであり,したがってパケハ地名の Murdering Beach は不適切であり,本来のマオリ地名である Whare Akeake を使用するべきであるという主張である.Purakaunui はそれまで Purakanui と表記されていた綴りの誤りを,正しいマオリ語へ訂正するよう求めたものである.プラカウ purakau は物語,ヌイ (nui) は多くの (many) を意味する.これらの提案に対してニュージーランド地理委員会は,調査ののち地名の変更に正当な理由があると判断し,翌年11月に *Otago Daily Times* にこれらの地名変更に関する裁定を掲載した.

ニュージーランド地理委員会のこの判断に対して,さまざまな観点から反論がなされた[10].その1つは,提案者はかつてこの地域を領域とするハプの住民であったが,現在は北島に移住し,この地域の地名を日常的に使用する当事者ではない.そのような立場にある人間からの地名変更の提案は妥当性に欠けるというものであった.また,現在使用されているパケハ地名は,住

民にとってすでに慣れ親しんだものであり、マオリは全てが英語を理解し、パケハ地名の意味を理解できるが、マオリ地名の「意味」は非マオリにとっては「無意味」であり、パケハには発音しにくいとする反論もあった。「日常的な使用」や「意味」「発音」などの反論の根拠は、パケハが多数を占める地域社会において、またマオリ語を十分に理解するマオリが決して多くはない今日の状況では、妥当性を有しているかのように考えられる。しかし、失われた地名の、あるいは忘れ去られつつある地名の復原要求は、まさにそのような状況においてこそ意味をもつのであり、マオリ語教育の普及に対する要求とともに、タオンガの一つの復原として重要な意義を有しているのである。このような点から考えると、先に述べた南島のナイ・タフ族の領域における地名の並記は、マオリ住民とパケハ住民によって成り立つ地域社会における「日常的使用」と、マオリの地名復原要求の間の摩擦を緩和する妥協的選択とみることもできる。

マクラクランによって提案された3件の地名の変更に対して、オタゴ地域のパケハ社会から寄せられたさまざまな反論の結果、1991年11月に最終的な決定を委ねられたLINZは(1)と(2)についてはマクラクランの提案を拒否し、(3)のPurakanuiをPurakaunuiとする綴りの変更のみが承認された。これは標準的なマオリ語の表記への変更にすぎず、前二者のマオリ地名への変更は承認されなかったのである。しかし、このオタゴ地域における地名変更の提案についての激しい論争は、ニュージーランドにおけるマオリ地名の復原要求に関する議論の根本的な論点を集約的に示すものとなった。

2. ナイ・タフ族の地名復原要求

マオリ人口の約9割が暮らす北島にくらべて、マオリ人口が少なかった南島では、ナイ・タフ族の多くの定住集落や耕作地は東海岸から南部にかけて散在していた。しかし、その他の南島の広大な領域がナイ・タフ族にとって利用価値のない土地であったわけではない。北島にくらべて冷涼な環境にある南島では、広大な原野や山林、海岸における狩猟採集によって、農耕によ

る食料生産の不足が補われた．ナイ・タフ族のこの移動性に富む狩猟採集活動は南島各地のノホアンガや移動ルートに数多くの地名を残し，それらの地名は，口承伝説にかかわる地名や，定住集落や埋葬地などの地名とともに，ナイ・タフ族と領域の緊密な関係を物語るものであった．

　南島にくらべマオリの人口密度が高かった北島では，ヨーロッパ人との接触後もマオリ地名が比較的存続しやすかった．それに対して南島のマオリ地名は，ヨーロッパ人の入植地が拡大するにつれてしばしばパケハ地名に置き換えられ，忘れ去られていった[11]．

　ナイ・タフ族と Crown の包括補償交渉では，地名もナイ・タフ族が継承してきた文化の一部としてその復原が議論された．復原に際して，ニュージーランド地理委員会の委員をナイ・タフ族の有力な指導者オレーガンが一時期務めたことも，地名復原に対する部族の関心の高さを物語っていたと考えられる．

　南島には，北部のナーティ・トア族の領域の数件を含めて，現在，公式に定められたマオリ語と英語の並記地名が 130 余件にのぼる．ナイ・タフ族の領域の中の並記地名のうち，Crown との包括補償で制定された Ngai Tahu Claims Settlement Act 1998 の付帯条項 96 の下で並記が決定された地名は，アオラキ／マウント・クックをはじめ 90 件である．これを地域別にみると，カイコウラ 2 件，カンタベリー 20 件，オタゴ 23 件，ムリヒク（サウスランド）20 件，ウェスト・コースト 25 件である．これらの並記地名の大半は，ナイ・タフ族が語り伝えてきた口承伝説の舞台としての自然や，狩猟採集の場所，あるいはそのための移動のルート上にある自然物を対象としている．その主な対象は河川 19 件，山 18 件，湾・入江 9 件，島 9 件，岬 7 件，湖 6 件などである．

　これらの決定された並記地名は，現行の公的な地図や道路標識あるいは公的な資料が更新されるときに新しい地名に改められる．並記される地名はアオラキ／マウント・クックを除いて，パケハ地名が先にマオリ地名が後に表記される．

　ニュージーランド地理委員会に提案して 1991 年に拒否された前述の Murdering Beach を Whare Akeake Beach へ変更するマクラクランの要求は，Ngai Tahu Claims Settlement Act 1998 の付帯条項 96 の中で並記地名ではなく唯一のパケハ地名からマオリ地名への変更として実現したのであった．

おわりに

　異なった文化をもつ複数の集団が構成する国，特に多数を占める移住者と少数の先住者によって構成される国においては，多数を占める移住者集団の言語で新しい居住地に地名がつけられていった．先住者のつけた地名が残存することがあったとしても，政治的・経済的に主要な位置にある土地の名称の多くは多数者の地名で呼ばれた．先住者に対する同化政策の進展の結果，先住者の文化と密接に結びついていた旧来の地名の多くは忘れ去られ，先住者の固有言語の衰退・喪失とともに，先住者自身にとっても意味を失っていった．とりわけ先住者が無文字であった場合には，彼らの固有の地名は一層消滅の危機にさらされた．

　今日のニュージーランドにおける地名をめぐるマオリとパケハの間の議論は，両者の接触後に失われてきたマオリの無形のタオンガの回復要求と，それに対する政府の補償の一環として位置づけられているマオリ地名の復原の是非に関するものである．地名はそれ自体がタオンガの一つとして復原要求の対象となっているが，加えてマオリ語の復原と普及においても，マオリ地名は鍵を握る重要な意味を有しているとみなされている．多文化主義を標榜するニュージーランドにおいては，この地名復原の問題は避けて通ることのできない民族間の文化的な問題の一つなのである．

　マオリ地名の復原や並記，パケハ地名の廃止に対しては，パケハ社会の一部からの根強い反論が見られる．その反論の根拠の多くは，マオリ語を理解する国民の少なさや，マオリ，パケハを問わずすでにパケハ地名に慣れ親しんでいるという事実に求められる．しかしながら，これらの根拠そのものが，パケハとマオリの接触以来，ヨーロッパ系の国民によって先住民族に対して

とられた同化政策の結果の一つであったことは明らかである．マオリの地名や言語の復原要求は，そのような同化政策の過程で失われた先住民族の文化の復原要求に他ならないのである．

注

1) Berg, Lawrence D. and Robin A. Kearns (1996): Naming as norming- 'race', gender, and the identity politics in Aotearoa / New Zealand-, *Society and Space*, Vol. 14, p. 99.
2) Pawson, Eric (1992): Two New Zealand-Maori and European-, In *Inventing Places-Studies in Cultural Geography*, edited by Kay Anderson and Fay Gale, Longman Cheshire, p. 23.
3) Yoon, Hong-Key (1980): An Analysis of Place Names of Cultural Features in New Zealand, *New Zealand Geographer*, Vol. 36, No. 1, pp. 30-34.
4) New Zealand Geographic Board (1990): *Place Names of the Ancestors-A Maori Oral History Atlas-*, New Zealand Geographic Board, p. xiii.
5) Davis, Te Aue, Tipene O'Regan and John Wilson (1990): *Nga tohu pumahara-The Survey Pegs of Past Understanding Maori Place Names-*, New Zealand Geographic Board, p. 7.
6) Murton, Brian (1987): Maori Territory, In *Southern Approaches-Geography in New Zealand*, edited by Peter Holland and Barry Johnston, New Zealand Geographical Society, p. 93.
7) Stokes, Evelyn (1994): Geograhic Naming in New Zealand-The Role of the New Zealand Geographic Board, *New Zealand Geographer*, Vol. 50, No. 1, p. 52.
8) 上掲，p. 52.
9) Berg (1996), p. 109.
10) 上掲，pp. 109-110.
11) 南島，北島のマオリ地名の存続程度を示す例として鉄道の駅名がある．ウェリントンからオークランドまでの北島の幹線鉄道には131の駅があり，そのうち33がパケハ地名で98がマオリ地名であるのに対して，南島では北カンタベリーのワイパラ (Waipara) から南端のブラフ (Bluff) まで158の駅があるが，49がマオリ地名で残りがパケハ地名であり，南島におけるマオリ地名の残存率の相対的低さを物語っている．Beattie, Herries (1945): *Maori Place-Names of Canterbury*, Cadsonbury, p. 5.

第5章
ナイ・タフ族と先住民族観光

はじめに

　今日の世界的な観光産業の発展の中で，国内に先住民族が暮らす諸国では，しばしばそれらの民族の固有の文化も観光商品として国内外からのツーリストに提供されている．それらの商品の形態は，民族固有の歌やダンスなどのパフォーマンス，美術品・工芸品，食文化，史跡観光などさまざまである．これらの観光商品の生産やサービスの提供は，先住民族に雇用機会や商品の販売などを通して経済的な利益を提供し，同時にツーリストに対しては，これらの民族の文化との接触とその理解の機会を提供する．しかしながらそこには，ホストである先住民族とゲストであるツーリストの双方にとって常に良好な関係が存在するとは限らない．むしろ，両者の価値観の相異や思惑の違いによるさまざまな誤解や軋轢が生じる可能性がしばしば存在する．

　多民族国家における先住民族観光のありかたは，その国の文化的・社会的・経済的状況の中での，先住民族の地位や現状を反映するものである．そして先住民族観光は，少数者としての先住民族が自らの文化を表明する機会ともなりうるが，他方では先住民族の側に，固有の文化や習慣，歴史を観光資源として商品化し，「販売」することに対する疑念が存在することも事実である．

　ここではニュージーランド先住民族マオリの観光産業について，ヨーロッ

パ系国民が支配的な社会的・経済的な状況の中で，今日それが直面している問題点を明らかにするとともに，先住民族観光が民族固有の文化の維持や，社会的地位の向上に及ぼす影響について，南島の主要部を領域とするナイ・タフ族と観光事業とのかかわりを事例として考察する．

第1節　ニュージーランドにおける先住民族観光の諸問題

　ヨーロッパ系住民と先住者であるマオリが国民の主要部分を構成するニュージーランドにおいては，先住民族観光は，多数を占めるヨーロッパ系国民，すなわちパケハが二民族国家の一方のパートナーである先住民族の文化に触れ，理解を深める機会ともなっている．したがって，マオリの観光事業関係者の間では，マオリ観光に対する近年の外国人ツーリストの関心の高まりへの対応もさることながら，二民族社会における先住民族文化を主張する機会として，国内のツーリストを対象とした観光事業を重要視する考え方も存在する．これまでのマオリ観光は，北島のマオリ観光の中心地であるロトルア地域をはじめ，オークランド地域，ノースランド（Northland）地域，そして，南島のクライストチャーチなど，限られた地域に集中していた．しかし近年になって，国内各地のマオリの間で観光事業への関心が高まり，各地域でマオリ観光事業者の組織が形成されてきた．2006年には各地のマオリ観光事業者で構成される11の地方組織が誕生し，その全国組織であるニュージーランド・マオリ・ツーリズム協議会（New Zealand Maori Tourism Council）が設立された．この組織は，比較的小規模経営の多いマオリ観光事業者に対する助言や，観光省（The Ministry of Tourism）などの政府機関との折衝を通じて，マオリ観光の振興と発展を図るものである[1]．そして，このようなマオリ観光の発展を背景として，マオリ観光が世界の観光市場の中でニュージーランドの観光を特色あるものとしているという認識は，政府の観光産業に関する最近の戦略や政策の中でも明確に認められるようになってきた[2]．

一方では，限られた意見とはいえ，先住民族観光はマオリ文化をツーリストに過剰に押し付けることで，ニュージーランドの観光産業に負の影響を与えているという，パケハの観光事業関係者の発言があり，多くのマオリや非マオリの観光産業関係者から非難を浴びたことにも注目すべきである[3]．

先住民族の伝統や文化を観光市場において商品化することの是非については，立場によって意見が異なるのは当然だが，先住民族文化を維持し発展させる視点から見れば，その是非は，観光資源やその商品化を先住民族自身がいかに主体的にコントロールして，それを固有の文化の維持・発展の機会となしうるか否かにかかっていると考えられる．

ワイカト大学（University of Waikato）の Centre for Maaori Studies & Research のロバート・T・マフタ（Robert T. Mahuta）は，「われわれは常に全体的に考えているので，総体としての観光ビジネスの一環となることを望んでいる．すなわち宿泊，交通，ホスピタリティ，エンターテインメント，情報，教育である．マオリは見世物にされることを望まないが，見世物を組織しそれを続け，達成することは望んでいる．われわれは観光産業の中での垂直的・水平的統合を望んでいるのである」と，マオリ観光ビジネス全般における主体性の重要性について述べている[4]．

しかしながら，観光産業へのマオリのより一層自立的な参加に対する，いくつかの障害がなお存在する．人種主義や差別の存在は，観光産業への参画に対するマオリの姿勢を否定的・消極的にさせる傾向がある．また観光産業に参画するために必要なスキルや組織，資金をマオリはまだ十分用意できていない．あるいはハプなどのマオリ集団内の観光産業に関する議論や意志決定の不十分さが，マオリ自身による円滑な観光事業の立ち上げや運営の障害となっている．また多くのイウィやハプ，特に主要な観光地域から地理的に隔絶した地域の集団にとって，交通手段，宿泊施設などのインフラの不足はマオリ観光の発展における大きな課題である．さらに非マオリによるマオリ観光事業の支配や，マオリ文化に関する知的財産権の未確立も，マオリ自身によるマオリ観光の発展において解決されるべき問題である[5]．

第2節　マオリ観光の現在

1. マオリ観光の定義

　マオリ観光の歴史は，ヨーロッパ人がもたらした感染症や銃を使用した部族間対立の結果，マオリ人口が激減するとともに，入植者の増加でヨーロッパ系人口が先住者のマオリ人口を上回り，入植植民地国家としての基礎が形作られた19世紀末から20世紀初頭に始まる．その時代のマオリを対象とした観光は，絵葉書やガイドブックの中で「首長」や「戦士」の写真とともに用いられた，「絶滅するマオリ」「高貴な野蛮」などの語に象徴されるように，この国において成長を続けるヨーロッパ人社会と対照的に「絶滅」や「野蛮」のイメージで捉えられていた[6]．すなわちこの時代のマオリ観光は，植民地化の過程で「同化される民族」「文明化される民族」あるいは「滅びゆく民族」を展示するものであったということができる．今日のマオリ観光において，このような「植民地的な」イメージが払拭されていると断言するためには，マオリ観光にかかわる事業者やツーリストの意識，観光商品の性格などに関する十分な議論が必要であろう．しかしながら，少なくとも今日のマオリ観光が，かつて存在したような「絶滅」「野蛮」などのステロタイプな負のイメージとは異なる，多様な発展の可能性を有していることは間違いない．

　「マオリ観光」「マオリ観光ビジネス」「マオリ観光生産物」などの語は広く使われているが，これらについて，必ずしも定まった定義があるわけではない[7]．立場や視点によって，これらの語の意味するところは異なってくる．例えばツーリストは，マオリの伝統や文化にかかわる自らの全ての消費行動をマオリ観光と理解するであろうし，マオリの社会や経済と観光産業の関係に目を向けるならば，直接的・間接的に観光に関連する産業における，マオリの所有や経営，あるいは労働がマオリ観光の範疇に含まれることになるであろう．その場合のマオリ観光には，マオリの伝統や文化に直接かかわらな

い，宿泊業や飲食業や輸送業などの産業も含まれる．統計的にも Maori Cultural Tourism と Maori in Tourism の 2 つのカテゴリーは使い分けられている．前者は特にマオリ文化を含む観光にかかわるものであり，他方，後者は何らかの観光産業に携わるマオリの人々を指すカテゴリーである[8]．

リチャード・バトラー（Richard Butler）とトム・ヒンチ（Tom Hinch）は「先住民族観光とは，先住民族がコントロールをすることで，あるいはアトラクションのエッセンスとして彼らの文化の提供をすることで，直接的に関与する観光活動」と定義している[9]．

しかしながら，マオリ観光の定義に関してはさらに厳密な検討が必要であろう．なぜならば，経営の主体と提供する商品やサービスの複雑な関係を考慮しなければならないからである．観光省が 2004 年に刊行した報告書では，この点に関してより厳密な定義が示されている．それによると，経営の主体を「非マオリ」「非マオリとマオリの共同」「マオリ」の 3 類型に，販売する観光商品を「一般的な観光商品」「一般的な観光商品とマオリ文化の商品」「マオリ文化の商品」の 3 類型に区分し，この両区分に従って，「非マオリ」の経営による「一般的な観光商品」を扱う 1 タイプを除外し，マオリ観光ビジネスを 8 タイプに分けている[10]．ここで示された「経営の主体」はバトラーらのいう「コントロール」に，「販売する観光商品」は「マオリ文化のエッセンス」に対応すると考えられ，それぞれマオリ観光を定義する視点として重要である．

以下では，上記の観光省の報告書が示す 8 つのタイプのうち，4 つのタイプ，すなわち経営の主体にマオリが含まれ，同時に何らかのマオリ観光商品を提供している事業をマオリ観光とする．すなわち，観光事業のコントロールにマオリが関与していること，提供される商品やサービスにマオリ文化がエッセンスとしてかかわっていることの 2 つの条件を満たしているものを考察の対象とする．

2. 多様なマオリ観光

　マオリ観光の部門に関して定まった分類はない．2001年に観光省の委託によって行われた報告[11]は，マオリで，過去5年以上観光関係の事業に携わった事業者数を，全国を12地域に区分して示している．そこでは，マオリが携わる観光事業を「アクティビティ」「パフォーマンス・美術・工芸」「宿泊」「ツアー・運輸」の4部門に区分している．「アクティビティ」「パフォーマンス・美術・工芸」は直接的にマオリの伝統や文化にかかわる部門であり，「宿泊」と「ツアー・運輸」はマラエ宿泊やマオリのガイド付きツアーのような特別な例を除き，先に述べた「マオリ文化の商品」に直接にはかかわらない部門である．

　政府のニュージーランド統計（*Statistics New Zealand*）によれば，2015年3月末までの1年間において，直接，観光産業で雇用された人数は，自営業も含め16万8,000人で，これは全雇用の6.9%を占めた．また，観光産業は同じ1年間で，全輸出額の17.4%，GDPの4.9%を占めていた．このように観光産業は今日のニュージーランド経済にとってきわめて重要な位置にある．その中でマオリ観光は，雄大な自然景観や固有の動植物などに象徴される自然観光とともに，ニュージーランドの観光産業を特徴づける重要な部門となっている．観光省の戦略を示した *New Zealand Tourism Strategy 2015* は，観光をニュージーランド経済の主導的な産業とすることを目標としている．その戦略を支える価値観を，マーナキタンガ（manaakitanga）とカイチャキタンガ（kaitiakitanga）の2つのマオリ語[12]で表し，この2つを尊重することがニュージーランドにおける観光産業の持続的な発展の方法であると述べている．そして，そのことがニュージーランドの観光にとって最大の財産である魅力的な自然環境を守り，観光産業の繁栄を確かなものとする上で不可欠であると述べている[13]．ここでもマオリ観光が，ニュージーランドの観光を世界市場において特色づけるものとなることが強く意識されているのである．

　今日のマオリ観光は，自然環境や固有の領域に対するマオリの価値観や慣

習と結びついたマオリのガイド付きツアーやウォーキング，あるいは伝統的なダンスや音楽のパフォーマンスなどを，国内外からのツーリストに提供している．特にニュージーランドの豊かな自然や希少生物の保全など，自然環境保護に対する関心が高まるとともに，マオリ観光事業の中でもエコ・ツーリズムは重要な位置を占めるようになっている．ここではエコ・ツーリズムも含めた，自然景観や動植物を対象とした観光を自然観光と呼び，伝統的工芸品や美術品の展示・販売，ツーリストの前で演じられるポーヒリ（powhiri：歓迎のセレモニー），歌や詠唱，ハカ（haka）やポイ（poi）などのダンス，マラエ訪問・宿泊，ハンギ（hangi：地面に掘った穴に食材を入れ，焼いた石の熱で蒸す伝統的な料理）の提供，マオリの歴史にとって重要な史跡の訪問などを文化観光と呼ぶことにする．

3. マオリにとってのマオリ観光

過去のマオリ観光においては，それに携わるマオリの多くは，伝統的な音楽の歌手や，ダンサー，ハンギを作る料理人，あるいはバス・ツアーの運転手であった．しかしながら今日のマオリ観光にかかわるマオリの中には，旅行代理店やさまざまな観光事業の経営を行う者も少なくない．このような変化は，マオリが単に観光の対象にとどまらず，そしてまた単に観光産業の労働力の一部であるにとどまらず，観光産業の主体として成長しつつあることを物語っているといえよう．

マオリはしばしば自らをタンガタ・フェヌアと呼ぶ．それは字義的には「その土地の人々」という意味である．マオリは土地，水をはじめ領域の自然環境の諸要素，さまざまな天然資源を，マウリ（mauri：生命力）をもつ，したがってタプ（tapu：聖性）をもつ，生命あるものと考える．彼らは彼らのマナ（mana：威信，高潔さ）は，彼らの伝統的な土地と資源と結びつくことによって現れると信じている．地名や歴史，神話，あるいは伝説は，彼らの領域の中のさまざまな事物の特徴に意味を与え，タンガタ・フェヌアとその土地の関係に精神的な価値を与えている[14]．マオリにとって，自分たちの

領域の自然的事物と人々との間の深遠なる関係を明らかにすることは,アイデンティティを確信し主張するための一つの方法なのである.

したがって,ニュージーランドの豊かな自然環境の中での,マオリのガイド付きウォーキングやホエール・ウォッチングなど,自然環境に対して破壊的な作用をしないエコ・ツーリズムは,自然との共生を重んじるマオリの伝統的な自然観と一致して,マオリの自然観光の特徴となっている.また自然観光の対象となる山,川,湖,海などは,マオリの諸部族がそれぞれの領域の中で先祖代々受け継いできた神話や伝説や歴史の舞台であり,精神的な価値をもつものでもある.つまり,マオリによって提供される自然観光は,単にツーリストによる自然との接触だけではなく,しばしばマオリの文化や歴史との接触を兼ね備えたものとなるのである.

自然観光では,南島のカイコウラ半島のホエール・ウォッチ・カイコウラ(Whale Watch Kaikoura)が国内外で最も広く知られているが,近年のエコ・ツーリズムへの関心の高まりとともに,マオリのガイド付きの狩猟,フィッシング,ウォーキング,カヌー体験,ラフティング,湖や森林での野生観察,星座観察やナイト・ウォーキングなど,さまざまな商品が提供されている[15].これらの自然観光において,ニュージーランドの海陸の雄大な風景や,鳥類や樹木など多くの固有種を含む動植物は,豊かな観光資源となっている.

マオリの文化観光は自然観光にくらべ,長い歴史を有している.マオリのダンスや工芸品などの伝統文化がツーリストにはじめて提供されたのは,1880年代の北島のロトルア地域における温泉や間欠泉を中心とした観光地においてであった.しかしながら1960年頃までのロトルアは,ありきたりなマオリのダンスや歌を提供し,本来ならばクジラの骨やポウナム[16]に彫刻されるはずの意匠を,プラスティックの素材に彫刻した粗悪な装飾品を土産物として販売する観光地であった.そのようなマオリ観光においては,マオリは植民地的なイメージでステロタイプ化されたアトラクションや土産物の提供者にすぎず,自らの固有の文化を観光産業の中で表現し発展させるこ

とはなかった．

1963年のロトルア・マオリ芸術・工芸研究所（Rotorua Maori Arts and Crafts Institute）の設立を契機として，ロトルアはマオリの伝統工芸や文化の普及促進の拠点となり，今日のようなマオリ文化観光の中心地として発展することとなった[17]．今日でもロトルア地域には湖や温泉などの自然環境を背景として，約60のマオリ観光事業が存在し，マオリ観光の最も重要な地域の一つとなっており，外国人ツーリストによるマオリ観光の多くはこのロトルア地域に集中している．2009年の観光省の統計によれば，ロトルア地域のマオリ観光に参加した外国人ツーリストは33万7,600人にのぼり，マオリ観光に参加した外国人ツーリスト全体の86%に達した[18]．

4. 経済的機会としての先住民族観光

New Zealand Tourism Strategy 2010 は，観光産業におけるマオリの能力向上，マオリ観光の持続的な発展と運営に対する資金と支援の提供，マオリ観光生産物の開発へのマオリの参加を求めてきた[19]．そして観光をマオリ社会の経済的成長の可能性の主要な源であると位置づけている．しかしながら，マオリ観光の現状は必ずしも発展の条件を十分に備えているとは言いがたい．

パケハにくらべて今日もなお経済的に低い水準にあるマオリに対して，マオリ観光が，自営業者であれ，被傭者としてであれ，ビジネスの機会や就労の機会，あるいは所得を提供するものであることは言うまでもない．観光産業がマオリにもたらすものとして，ある観光関連のコンサルタントの調査報告は「ビジネスと雇用の機会」「福祉依存の考え方からの脱却」「マオリの社会組織の支持手段」「マオリ文化の維持・発展」などを挙げている[20]．しかしながら今日見られるマオリ観光の経営形態や雇用形態は，少数の大規模経営での安定的な雇用を除けば，ファナウや家族を中心とした小規模経営や，観光シーズンに限定された不安定な雇用形態が多く，決してマオリの人々が期待する所得や雇用を十分かつ安定してもたらすものとはなっていない．

2001年のマオリ観光産業従事者は，9％が雇用主，91％が被傭者であったのに対して，観光産業全体では17％が雇用主，83％が被傭者であった．そしてマオリの雇用主の65％は被傭者のいない自営業主であった．また，他産業にくらべてパートタイムや季節雇用の多い観光産業においても，とりわけマオリの被傭者の雇用の不安定さが指摘されている[21]．観光産業におけるマオリの不安定な雇用は，特に従業員規模の小さな零細経営において顕著である．

 南島においても，カイコウラ地域のハプを中心に運営されている，70名の常雇と30名の季節雇を擁する比較的経営規模の大きなホエール・ウォッチ・カイコウラを除けば，多くは小規模経営であり，雇用も季節雇やパートタイムなど，不安定雇用が少なくない[22]．

 このような観光産業におけるマオリの状況改善のために，近年では従業員のスキル向上や，伝統的な美術や工芸の継承，高等教育機関での専門家の育成が図られているが[23]，現状ではなお経営や雇用の十分な安定が実現しているとは言いがたい．

5. マオリが先住民族観光に期待するもの

 先住民族であるマオリがマオリ観光に望むものは，上に述べたような観光事業の経営や就労による経済的な利益だけではない．マオリにとって先住民族観光は，彼らの固有の伝統や文化の表現の機会であり，それらを継承するための機会となる．同時にファナウやハプ，イウィのアイデンティティを高め，再確認する機会ともなりうるのである．パケハをマジョリティとする多民族社会で少数民族として暮らすマオリは，先住民族観光を通じて，民族としての主体性を一層自覚し発展させるに違いない．

 南島におけるマオリの代表的なエコ・ツーリズムを提供するホエール・ウォッチ・カイコウラの創設者であるビル・ソロモン（Bill Solomon）は，私財を担保にして始めたその事業は，マオリが自尊心を取り戻す転機となり，そこで働くことは疎外されたマオリの若者たちに機会を与えることだと考え

た[24]．また社長のウォーリー・ストーン（Wally Stone）は，事業はツーリストがクジラを観察するだけではなく，マオリにとってのクジラの象徴性を理解し，カイコウラの海陸の地理とそこに暮らすマオリの人々について理解する機会であると述べている[25]．すなわち，マオリ観光は，マオリにとって経済活動であるばかりではなく，社会的・文化的な活動としての側面を有するものなのである．

　今日のマオリ観光では，二民族国家を構成する一方のパートナーであるパケハが，マオリの文化に対して理解を深めることがマオリ側から期待されている．しかしながら，マオリ観光はパケハの強い関心の対象となってはいないのが現実である．2008年にマオリの文化的な活動に参加した約47万人余のツーリストのうち，4分の3は外国からのツーリストであった．また同年の外国人ツーリストの16%が，音楽やダンスのパフォーマンスやマラエ訪問などの，複数のマオリ文化観光の活動に参加しているのに対して，国内のツーリストがマオリの文化活動に参加した割合はわずか1%以下にすぎなかった[26]．このことは，マオリの伝統や文化に強い関心をもつ一部のパケハを除けば，国内的にはマオリ観光に対する関心は低く，マオリの固有の文化を表現する場としてのマオリ観光の意義は，現状ではマオリ自身が期待するほど大きくはないことを表している．

　このことは観光省の2004年の報告書[27]でも明らかである．マオリ文化観光はニュージーランドを訪れる多くの外国人ツーリストにとって魅力的な機会であり，彼らは多様なマオリ観光を広く経験することを希望している．しかしながら，滞在期間の制約などでその全てを経験できないのが実情であろう．これに対して国内のツーリストにとってのマオリ文化観光は，マラエ訪問であれマオリ音楽のコンサートであれ，強い関心の対象とはなっていない．国内のツーリストがマオリ文化観光を選択しない理由に，「関心がない・退屈」や「よく知らなかった」などが同報告の調査結果として挙げられていることからも関心の薄さは明らかである．

　マオリ観光に対するこのような内外のツーリストの関心の差は何を物語る

のであろうか．多くの場合，外国人ツーリストにとってのニュージーランド観光は，再訪問の機会がまれなone-off experience，すなわち一度限りの経験であるため，時間的・経済的に許される範囲で何らかのマオリ観光がその旅程の中に積極的に組み入れられるのであろう．これにくらべてパケハのツーリストにとってのマオリ観光は，時間的・経済的な制約は大きな障害とはならない．パケハにとって，特にマオリ文化観光は，二民族国家の一方のパートナーである少数民族の文化や慣習の経験の機会である．それは当事者間のある種の緊張関係の中で選択されるものであり，ツーリストの側にその経験を選択する主体的な意志を必要とするものである．それ故に，マオリの文化に強い関心を寄せる国内の少数のパケハのツーリストを中心に選択されているのであろう．このような違いが外国人ツーリストと国内のツーリストの間にみられるマオリ観光への参加の差となって表れていると考えることができる．

第3節 「伝統的文化」の商品化

1. 問われる「真正性」

　先住民族観光は，先住民族の伝統的な音楽やダンス，工芸，食などの固有の文化や，その民族特有の自然とのかかわりなどを観光資源とし，それらを商品化してツーリストに提供するものである．この点で，単に先住民族が事業の経営者として，あるいはその被傭者として従事する通常の観光事業とは異なるものであり，必ずしも一般の観光商品と同じように市場での需給関係で価格や供給量，あるいは質などが左右されるものではない．したがって，提供される商品が音楽やダンスなどのパフォーマンスであれ，美術品や工芸品であれ，「本物」つまり「真正」なものでなければ，観光商品としての価値を失うかどうかは別としても，それを「先住民族文化」と銘打って商品化する以上，先住民族の固有の文化を損ねかねないことを意味する．例えば，南島観光の主要な土産物の一つであるポウナムを素材として，マオリの伝統

的な彫刻を刻んだ装身具などの工芸品に関していえば，ロシアやオーストラリアなどからの輸入品の軟玉を材料としたものや，台湾・中国で作られた安い機械彫りの彫刻品[28]は本物のマオリの伝統的文化を伝えるものではない．南島西海岸で産出するポウナムを原料として，マオリの人々によって作られてこそ，マオリの伝統的文化としての彫刻たりうるのである．

ロトルアを中心にマオリ観光事業を展開するタマキ・ブラザーズ（Tamaki Brothers）のマイク・タマキ（Mike Tamaki）は，近年，ニュージーランドにおける観光産業の競争が激しくなりつつあるが，その中でマオリ観光は商業的に成功するだけではなく，同時に先住民族自身に受け入れられるような文化的に本物の観光でなければならないと述べている[29]．

マオリ観光における「真正性」の問題は，マオリ文化観光に関連して，さらに複雑な問題を内包している．マオリの社会は特に20世紀に入って以来，ニュージーランド社会の都市化・工業化とともに絶え間なく変化し，若い世代を中心に，イウィの領域における部族的な社会から離れ，伝統的な文化とも疎遠な都市マオリとして暮らす人々が増加してきた．その中でマオリの文化が昔ながらの「伝統的」な姿をとどめてきたわけではなく，また同時に政策的に「保護」された「伝統的」な文化だけがマオリ文化の特色ではなくなってきている．例えばマオリの彫刻家による現代的な作品や，近代的な建築空間を飾るニュージーランド固有のハラケケで織られたモダンなデザインのマオリの織物も，「生きた」文化としてのマオリ文化なのである．現代マオリの指導者の一人であるマッセイ大学（Massey University）Maori Research and Developmentのメイソン・デュリエ（Mason Durie）教授は「いわゆる伝統的な価値に対するかかわり方は，全てのマオリで同じではないばかりか，全てのマオリが伝統的な組み立てで自らのアイデンティティが定義されることを望んでいるわけではない」と，現代的なマオリ文化の意義について述べている[30]．そのような状況の中で，マオリ観光で提供される「伝統的な」音楽やダンスを真のマオリ文化とみなすのか，あるいはそれらは保護された「古典的な芸能」として商品化されたものとみなすのか，判断が難しい

ところである.今日の新しいマオリ観光の担い手が,彼らの観光生産物を市場の要求に合うように現代化し,そしてそれらのイメージを「生きた文化」として表現しようとしているのだとの見方も存在する[31].

南島のナイ・タフ族の代表的な指導者の一人であるオレーガンは,マオリ文化観光は注意深い計画とコミュニティの貢献によって,神話や伝説のようなタオンガの「完全性」(integrity) を損ねることなく発展させることが可能であると主張する[32].この主張に従えば,マオリ観光の発展と「真正性」の両立は可能であり,またマオリのコミュニティとの結びつきを失った観光事業者によるマオリ観光は,それがパフォーマンスであれ伝統工芸であれ,「真正」なものではないと考えられるのである.

2. 伝統的文化の保全と先住民族観光

近年,マオリ観光事業者の間で,これまで多く見られた,マオリの伝統的な食事と音楽を提供するハンギ・アンド・コンサートというありふれたスタイルのアトラクションから離れる傾向が見られる[33].また,かつて一部のマオリの間では,そのようなスタイルのマオリ観光を土産物のプラスティック製のマオリの装身具のイメージで捉え,固有の文化を損ねることと認識し,強く抵抗する考えがあった.しかし近年では,「まがい物」ではない「本物」のマオリ文化を経験することを望む,特に外国人のツーリストが増加し,そのことが「本物」を提供できるマオリに,多くのビジネスと就業の機会を提供しているという考え方がある[34].そのような傾向の中で,注目を集めているのがホエール・ウォッチングや,マオリのガイドによるマオリの歴史や動植物などに関する解説付きのツアー,ワカの体験,マラエ訪問・宿泊など,ツーリストにマオリの文化を体験する機会を提供するスタイルのマオリ観光である.このようなスタイルの観光は,マオリ自身によってのみ提供が可能であり,観光資源や観光事業をマオリ自身がより強固にコントロールすることを可能にするものである.そしてこのスタイルの観光においては,マオリ文化に対するツーリスト自身の自覚的な関心が強く,より「生きた」マオリ

文化の体験を求めているのが特徴である．

近年，観光省の戦略でも，ホストとゲストの間のインター・アクティブな体験を求めるツーリストの増加を前提としたマオリ観光政策を強化する方向にある．観光省の報告書では，こうしたインター・アクティブなツーリストを「広範な観光生産物とサービスを消費し，自然や社会，文化的環境との相互作用をともなう新しい経験を求め，環境や他者の文化，価値観を尊重する」旅行者と定義している[35]．これはまさにマオリが目指している先住民族観光と軌を一にするものである．

第4節　ナイ・タフ族と観光産業

1. 南島の自然環境

　ニュージーランド南島は北島にくらべ，より冷涼な気候環境にあるが，島の最北部のタスマン湾（Tasman Bay）周辺の比較的温暖な地域から，島の最南部のムリヒク地域やラキウラのような特に冬季には厳しい寒冷な気候になる地域まで，南北の気候の差は大きい．また島の中央を縦断する脊梁山脈のサザン・アルプスを境に，南太平洋に面した東部は，夏季には半乾燥気候となるのに対して，タスマン海に面した山脈の西側は一年を通じて多湿な気候条件にあり，多種類のシダ植物が繁茂する植生が自然景観の一つの特徴となっている．山脈の南部は主峰のアオラキ／マウント・クックを擁する山岳地帯で，その高峻な山岳や氷河，氷河湖，氷食谷がこの地域の自然景観の特徴となっている．氷河湖を水源とする主要な河川は東流し，カンタベリー平野などを形成して南太平洋に注ぐ．島の南西部のタスマン海に面したフィヨルド・ランド地域には，氷食谷が海没してできた複数のフィヨルドが発達している．南島のこのような多様な気候や植生，山岳や氷河，氷河湖，河川，あるいはミルフォード・サウンドなどのフィヨルドは，国内外のツーリストの関心を集める自然観光の重要な観光資源となっている．

　北部の一部を除く南島の主要な地域はナイ・タフ族の領域である．北島の

各部族が，マオリが14世紀半ばにポリネシアの一角から移住してきた際に携えてきたとされる，クマラなどの暖地性の作物を栽培する農耕を主な生存の手段としていたのに対して，ナイ・タフ族は，同じような暖地性の農耕が困難な冷涼な気候の南島で，多様な自然環境の中での動植物の狩猟採集を不可欠な生存の手段としていた．このような農耕や狩猟採集を通じて，先住民族のナイ・タフ族が培ってきた南島の自然環境に関する綿密な知識や，動植物を利用する伝統的技術は，今日のガイド付きウォーキングやハンギの提供など，マオリのエコ・ツーリズムや文化観光において不可欠な役割を果たしている．

2. ナイ・タフ・ツーリズムの役割

テ・ルナガ・オ・ナイ・タフは部族の意志決定機関であり，部族の行政機関にも相当し，ナイ・タフ族の経済的・社会的・文化的な基盤の強化を目的とした組織である．テ・ルナガ・オ・ナイ・タフの下には政府からの包括補償によって得られた動産・不動産などの資産の運用や事業の運営で得られた資金をもとに，イウィの社会的・経済的な地位の向上を図ることを目的としたいくつかの経済的な主体が組織されている．その一つがイウィの資産の運用に責任をもつナイ・タフ・ホールディングス・グループ（Ngai Tahu Holdings Group）[36]であり，このグループの中にナイ・タフ・ツーリズム（Ngai Tahu Tourism）が組織されている．

テ・ルナガ・オ・ナイ・タフの主要なリーダーの一人であるマーク・ソロモン（Mark Solomon）は，2001年に南島南部のサウスランドのムリヒク・マラエで開催されたフイにおいて，ナイ・タフ族にとって，文化ツーリズムやエコ・ツーリズム，あるいは有機農業のような環境分野に多くのビジネス・チャンスがあること，そしてナイ・タフ族はそうした分野に参入するための戦略を万端に整えており，とりわけ観光産業は将来的にマオリの十分な雇用が見込める分野であると述べた．同じ集会で，サウスランドのパパティプ・ルナガであるオーラカ−アパリマのメンバーであるシェーン・マクマナ

ス (Shane McManus) は，観光事業のアイディアがあるなら，商業主義的な事業者にそのチャンスを奪われないように，できるだけ早く，またできるだけさまざまな活動で，リソース・コンセント（resource consent）[37] を受けるべきだと主張している[38]．

ナイ・タフ族は政府との合意によって得た補償金の投資対象として，南島の観光産業に関心を寄せてきた．その中心的な役割を担ってきたのがナイ・タフ・ツーリズムである．1999年にナイ・タフ族は，Crown からの補償金を資金とした観光事業への最初の投資として，南島の脊梁山脈を水源としワカティプ湖に注ぐショットオーバー川（Shotover River）のジェット・ボート会社ショットオーバー・ジェット（Shotover Jet）の株式を購入し，2001年にはその80％以上の株式を取得した[39]．その後，同社はナイ・タフ・ツーリズムの経営下におかれた．当時，ショットオーバー・ジェットは経営不振の状況にあった．しかし，同社がジェット・ボートを運営する別の河川，ダート川（Dart River）が，ナイ・タフ族の伝統的な文化に欠かせないポウナムの産地の一つであったことも投資の理由であった．また，前述したCrown からの包括補償によってイウィに返還されたワカティプ湖西岸から湖の上流地域にかけての3つのハイカントリー・ステーション，すなわち高地牧場の，牧場・農場としての可能性ばかりではなく，南島最大の観光拠点であるクィーンズタウンを拠点とした，ワカティプ湖周辺の観光地としての開発可能性を見込んで，ナイ・タフ族は積極的な投資を行ったとも考えられる[40]．

現在，ナイ・タフ・ツーリズムの下で，上記のショットオーバー川やダート川のジェット・ボート会社の他，フランツ・ジョセフ氷河ガイド（Franz Josef Glacier Guides）やハリフォード・トラック（Hollyford Track），2007年にナイ・タフ・ツーリズムに併合された南島最北端に位置するアベル・タスマン国立公園（Abel Tasman National Park）のアベル・タスマン・カヤック（Abel Tasman Kayak）など，数多くの観光事業が運営されている．

ナイ・タフ・ツーリズムの事業は南島での観光事業にとどまらない．2011

年8月にナイ・タフ・ツーリズムは，北島の中央部に位置するマオリ観光の一大拠点であるロトルアにあるレインボウ・スプリングス・キーウィ・ワイルドライフ・パーク (Rainbow Springs Kiwi Wildlife Park) に1,000万NZドルの投資を行うことを発表した．この観光事業はかつてショットオーバー・ジェットの経営の下にあったもので，同社がナイ・タフ・ツーリズムの傘下に入ったことで，ナイ・タフ・ツーリズムに経営が移されたのである．

ここで新たに計画された事業は，ウォーター・スライドで9分間のスリルを体験しながら，ニュージーランド固有種の樹木カウリ (kauri：アガチス) やトタラ (totara) の森と固有種の鳥トゥイ (tui：エリマキミツスイ) やケア (kea：ミヤマオウム) の鳴き声の中での，森と鳥の神ターネ・マフタ (Tane Mahuta) の登場に始まり，絶滅したハースト・イーグル (Haast Eagle) が，同じく絶滅した巨鳥モア (moa) を襲う場面，この地域の先住部族のナーティ・ファカウエ (Ngati Whakaue) 族のパやイギリス人入植地の再現場面を疑似体験するという，いわばニュージーランドにおける固有の動植物の生態系とその変化，そしてマオリの移住とパケハの入植による二民族国家成立の歴史をビジュアルに再現する観光施設である[41]．さらにナイ・タフ・ツーリズムは，レインボウ・スプリングス以外にも北島のロトルア周辺を中心に，既存の観光事業に投資を進めつつある．1971年に設立された羊の毛刈りや牧羊犬のショーを中心とした観光施設アグロドーム (Agrodome) の株式の過半数を取得し，アグロドームの所有者が経営しているロトルア湖の外輪船運航会社レイクランド・クィーン (Lakeland Queen) の株式の40％も取得した．

このようなナイ・タフ・ツーリズムによる北島，特にロトルアとその周辺地域の観光事業への積極的な関与に対して，地域の先住部族はどのような反応を示しているのであろうか．この地域の先住部族で構成される部族同盟テ・アラワ (Te Arawa) が，南島のナイ・タフ族による観光事業の拡大によって，自分たちの観光産業への参加の機会が失われることに対して無関心ではないことは明らかである．テ・アラワの一部族であるツホランギ (Tuhourangi) 族の指導者ジョン・ワカ (John Waaka) らは，資力の豊かな南島の部族によって，ロトルア周辺の投資機会が損なわれることに懸念を示し，部族同盟の観光事業の中心となるべきテ・アラワ・グループ・ホールディングス (Te Arawa Group Holdings) はまだ組織が新しく，活力ある事業を発展させるにはなお時間を要する，と焦燥感を表明している．また，テ・アラワの長老のジム・グレイ (Jim Grey) も，テ・アラワが何もしないならば，観光投資という船に乗り遅れる，と危機感を表明している[42]．

　さらにナイ・タフ・ツーリズムの観光事業へのかかわりは，上記のような直接的経営にとどまらない．ニュージーランドのエコ・ツーリズムを代表する南島のカイコウラのホエール・ウォッチ・カイコウラ[43]の株式の43％や，クィーンズタウン近くのスキッパーズ渓谷 (Skippers Canyon) のパイプライン・バンジー (Pipeline Bungee) の株式の50％を取得するなど[44]，南島の先住民族観光のさまざまな事業に出資をしている．

　またナイ・タフ族の領域の中では観光事業にかかわるいくつかの新しい試みが行われている．カンタベリー平野の南部に位置するティマル (Timaru) の周辺は，ヨーロッパ人との接触以前の先住民族の岩絵（写真3）が，国内で最も高密度に残されている地域である．ナイ・タフ族の領域全体では580か所に岩絵が残されており，その一部は16世紀に遡る．そのうちの250か所以上がティマル地域にある[45]．2010年にNgai Tahu Maori Rock Art Trustによって，ティマルの歴史的な石造りの旧荷役業務所 (Landing Service Building) の中にテ・アナウ・ロック・アート・センター (Te Anau Rock Art Centre) が開設された．同センターは岩絵関係の展示とともに，ガイド付きでティマル周辺の岩絵をめぐるツアーを運営し，南カンタベリーの新しいマオリ文化観光の拠点として期待されている．

　南島最大の都市であるクライストチャーチは，カンタベリー平野の中心的な植民都市として発展した．ネオ・ゴシック建築の古い町並みなど，旧宗主国イギリスの都市景観を随所に残す南島観光の一大拠点である．また，クライストチャーチの中心部を緩やかに蛇行して流れるエイボン (Avon) 川の

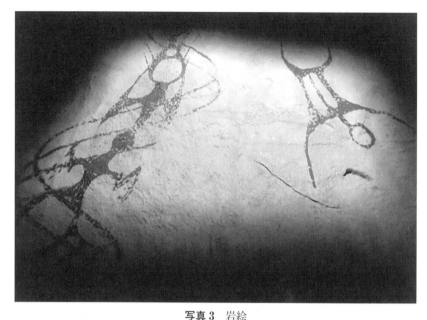

写真 3　岩絵
テ・アナウ・ロック・アートセンターに展示されている岩絵のレプリカ（筆者撮影）．

　パンティングは，イギリス風の都市景観を特徴としてきた同市の観光を象徴する風景となっているが，このエイボン川ではマオリの伝統的な彫刻を施した 15 人乗りのワカに乗って，ツーリストも自ら櫂をあやつり，川を上り下りする姿が見られるようになった[46]．このワカの体験は，よりインタラクティヴなマオリ観光を求めるツーリストにとって魅力的なものとなっている．しかしながら，2011 年 2 月 22 日に発生したクライストチャーチを中心とした激しい地震は，それ自体が貴重な観光資源であった市中心部の大聖堂やネオ・ゴシック様式の面影を残すレンガ造りの街並みを破壊し，この地域のマオリ観光はもとより，市の経済の一大支柱であった観光産業に多大な損害をもたらした．交通や宿泊などの都市機能の早期回復が観光産業の復旧にとっても待たれるところである．

　ナイ・タフ族の豊富な資金を背景とした経済活動は，観光事業だけではな

く，水産業や不動産経営など多方面に及んでいる．2006年のマオリ発展省 (Ministry of Maori Development) の報告書によると，全国のマオリ事業資産92億ニュージーランド・ドルのうち，南島の部族は21%を所有していた[47]．その大部分がナイ・タフ族のものと考えられる．しかしながらナイ・タフ族のマオリ人口に占める割合は10%強であり，このことからナイ・タフ族の観光産業をはじめとするさまざまな経済活動が，他の部族にくらべていかに旺盛であるかが推察できる．

3. ナイ・タフ族の文化と観光

南島の観光にとって，その豊かな自然環境は魅力的な観光資源となっている．ナイ・タフ族はこの自然環境の中での狩猟採集によって伝統的な生活を営み，部族の神話や伝説も南島の山々や湖や海をその舞台としていた．ナイ・タフ族にとって，観光，特に自然観光あるいはエコ・ツーリズムは，部族と南島の自然の結びつき，ひいては南島のタンガタ・フェヌアとしての部族の存在を，パケハや外国人ツーリストに対して示すことに他ならない．そこには，商業主義的な観光の論理と部族の伝統的な価値観が必ずしも合致しない場合が生じうる．

1985年にロトルアで開催された観光産業へのマオリの一層の参加について討議するマーナキタンガ・フイで採択された，Maori Tourism Task Force Reportは，それまでのマオリ観光について，マオリのイメージが，「100年間にわたって観光産業の普及促進におけるマーケティングの道具として使われてきたことは，マオリにとって重大な関心事であった．マオリはまた自らがガイドやエンターティナー，彫刻家，そして自然風景の構成要素として，ステロタイプ化されることに抵抗を感じている．このことについては何の相談もなく，マオリの人々にさして商業的な利益をもたらすこともなかった」と，従来の商業主義的なステロタイプ化されたマオリ観光に対して批判的な姿勢を明らかにしている[48]．

また，非マオリ主導のエコロジカルな観光産業の論理とは一線を画す，マ

オリ独自の価値観にもとづいた自然観光に関する主張もある．ナイ・タフ族の有力な指導者オレーガンは，Treaty of Waitangi Fisheries Commissionの議長として，海洋哺乳類の利用に関して，マオリの環境保全の倫理はその持続的な利用を目指すものであり，西洋的な知的植民者（Western intellectual colonists）によって喧伝される，エコロジカルな絶対主義とは異なると主張している[49]．また南太平洋にクジラの聖域を設ける問題に関して同氏は，ナイ・タフ族は南島におけるホエール・ウォッチング観光事業の既得権を有しており，聖域を設けることについて一般論としてはそれを支持することを表明している．同時に同氏は，ある場合にはクジラの捕獲と利用も含め，先住民族の文化的アイデンティティの表現を維持する責務も有しているとも主張している[50]．

おわりに

　先住民族観光は，世界的な観光産業の発展を背景として，多民族国家，二民族国家でマイノリティとして社会的・経済的に周辺化されて暮らす先住民族が，雇用やビジネスなどの経済的な利益を得る貴重な機会の一つとなっている．またツーリストへの先住民族の伝統的な歌やダンスなどのパフォーマンス，美術品や工芸品，食などの提供により，衰退・消滅の可能性がある固有の文化の維持・発展が図られることが期待されている．そのためには，先住民族が自らの観光資源や観光事業を外部の観光産業に支配されることなく，自らコントロールし，同時に観光市場における競合に打ち勝つ商品を作り出すことが求められている．さらに重要なことは，ツーリストの求めに応じて商品化された先住民族の伝統的文化や慣習が真正性を失い，「本物」とはかけ離れたものとなれば，先住民族文化に関する誤解を招き，あるいはその文化がもっている固有性の喪失につながりかねないのである．

　今日のマオリ観光は，世界市場において，ニュージーランドが豊かな自然景観とともに，観光地としての魅力ある個性を強調することのできる有力な

特徴となっている．そのことは先に述べたように，観光省の戦略がマーナキタンガとカイチャキタンガをキーワードとしていることにも示されている．そして，マオリ観光はニュージーランドの基幹産業の一つである観光産業の不可欠な一部分を担っているのである．

しかしながら，マオリ観光はさまざまな制約に直面し，必ずしも順調な発展を遂げているとは言いがたい．北島のロトルア，南島のカイコウラをはじめとするいくつかのマオリ観光の中心地では，先住民族文化観光やエコ・ツーリズムに対する，主として外国人ツーリストの強い関心を背景としたマオリ観光が，地域の重要な観光部門として確立されている．他方，ニュージーランドの多くのイウィやハプは，観光産業に新たに参入するために必要な資金やビジネス経験が十分ではなく，自ら観光資源を商品化して市場に結びつけ，ビジネスとして確立するにはなお多くの障害がある．またインフラの整った都市の観光拠点や主要な観光ルートから離れた地域で暮らすマオリにとっては，ビジネスの機会においても雇用機会においても，地理的隔絶性が大きな障害となっている．

これまでのマオリ観光は，パッケージ・ツアーのアトラクションの一つとして，ステージでの比較的短時間の歌やダンス，あるいはティキ（tiki：首飾り）のような定番の土産物の販売に代表されるような，ステロタイプ化された商品の提供が少なくなかった．このような観光商品は，「本物」のマオリ文化や実際の文化に触れる経験を求める外国人ツーリストにとっては必ずしも満足のいくものではない．またマオリの側からも，ステロタイプ化した観光は，各々の部族がもつ伝統や文化の特徴を画一化するという懸念が生まれている．固有の伝統や文化の真正性を保ちつつ，観光市場での商品化を実現することが，真の意味での先住民族観光の発展に必要なことであろう．

南島のナイ・タフ族は，観光産業を，政府との補償交渉で得た資金や譲渡された不動産の運用から得られる資金の投資対象の一つとしている．その中心的役割を担っているのがナイ・タフ・ツーリズムである．その積極的な活動は，既存の観光事業の買収や株式への投資をはじめ，ナイ・タフ族の領域

である南島の観光事業に対する支援,特に観光産業に携わる若者のスキルや技術の向上に関する施策など,多岐にわたっている.ナイ・タフ・ツーリズムの戦略や施策には,マオリ観光を非マオリの事業者の支配から自らのコントロール下に置くこと,そして旧態のマオリ観光に止まることなく,観光需要に対応し,イウィの領域を超えた新しい観光事業への挑戦を見て取ることができる.それと同時にナイ・タフ・ツーリズムは,領域の中の未開発の観光資源に光を当て,イウィの若者による伝統的な美術や工芸の継承を奨励し,イウィとしての固有性の維持と発展に力を注いでいるのである.

ナイ・タフ族の先住民族観光に対するこのような積極的なかかわりは,ロトルアへの多額の投資にみられるように,その豊富な資金の投資対象の一つという側面があることは否定できない.一方では,ナイ・タフ族が都市化によって希薄化するイウィの伝統や文化を維持しつつ,新たな観光事業を作り出し,二民族社会でその存在を確立するための戦略の中心にナイ・タフ観光を位置づけていると考えることができよう.

注
1) Tourism Export Council of New Zealand の HP (http://www.tourismexportcouncil.org.nz/).
2) The Ministry of Tourism (2004): *Demand for Maori Cultural Tourism-Te Ahu Mai-He whao tapoi Maori-*, p. 2.
3) この発言は国内旅行事業者協議会議長によるものである.1996年5月24日付の *Dominion*〔Wellington〕には,この議長の発言に対して,そのようなコメント自体が観光産業にダメージを与えかねないこと,あるいはマオリ観光,特にマオリが運営するエコ・ツーリズムは,ニュージーランド観光のクリーンなイメージの維持に大きな貢献をしているなどのマオリ観光事業者からの反論が掲載されている.
4) Mahuta, Robert T. (1987): *Tourism & Culture-The Maori Case*, Centre for Maaori Studies & Research (University of Waikato), p. 1.
5) The Stafford Group (2000): *Closing the Gaps in Tourism-He matai tapoi Maori key findings report*, pp. 10-11.
6) Taylor, John Patrick (1998): Consuming Identity: Modernity and Tourism in New Zealand, *Research in Anthropology & Linguistics*, No. 2, Department of

Anthropology, The University of Auckland, p. 21.
7) Zygadlo, Frania Kanara, Alison McIntosh, Hirini Paerangi Matunga, John Fairweather and David G. Simmons (2003): Maori Tourism: Concepts, Characteristics and Definition, *Tourism Recreation Research and Education Centre Report* (Lincoln University), No. 36, p.1.
8) The Ministry of Tourism (2004): *Measurement of Maori in Tourism Summary Report*, Appendix A: Concepts of Maori Cultural Tourism, Products and Business, p. 53.
9) Butler, Richard and Tom Hinch (eds.) (2007): *Tourism and Indigenous Peoples -Issues and Implications-*, Butterworth-Heinemann, p. 5.
10) The Ministry of Tourism (2004): *Measurement of Maori in Tourism, full report*, p. 54.
11) The Stafford Group (2001): *A Study of Barriers, Impediments and Opportunities for Maori in Tourism*, p. 25.
12) マーナキタンガ (manaakitanga) は人に対する愛情やホスピタリティの表現を意味するが,現代的な使用例では互恵的な助け合いも意味する.カイチャキタンガ (kaitiakitanga) は先祖から託された聖なる場所を守る精神を意味する.マオリと自然との共生を象徴し,自然環境の持続的管理の精神を表す概念である.
Barlow, Cleve (1991): *Tikanga Whakaaro-Key concepts in Maori culture-*, Oxford University Press, p. 34, 63.
13) The Minister of Tourism (2007): *New Zealand Tourism Strategy 2015*, p. 1.
14) Carr, Anna (2007): Maori nature tourism businesses: connecting with the land, In *Tourism and Indigenous Peoples-issues and implications-*, edited by Richard Butler and Tom Hinch, Butterworth-Heinemann, p. 115.
15) 上掲,p. 114. ホエール・ウォッチ・カイコウラについては,注43も参照.
16) ポウナムについては,第2章第2節第5項アラフラ地域の買収を参照. 今日では,ポウナムやクジラの骨を素材としマオリの伝統的な彫刻を施した作品は,マオリ観光の代表的な土産物として人気を集めている.
17) Sole, Steve (2006): Maori Tourism, *New Zealand Geographic*, No. 82, p. 88.
18) The Ministry of Tourism (2009): *Maori Cultural Tourism Profile*, p. 1.
19) McIntosh, Alison J. and Chris Ryan (2007): The market perspective of indigenous tourism-opportunities for business development-, In *Tourism and Indigenous Peoples-issues and implications-*, edited by Richard Butler and Tom Hinch, Butterworth-Heinemann, p. 74.
20) The Stafford Group (2001), p. 8.
21) The Ministry of Tourism (2004), *Measurement of Maori in Tourism Summary Report*, pp. 6-15.
22) Zygadlo, Frania Kanara, Alison McIntosh, Hirini Paerangi Matunga, John R.

Fairweather and David G. Simmons (2003): The Values Associated with Maori -Centred Tourism in Canterbury, *Tourism Recreation Research and Education Centre Report* (Lincoln University), No. 35, pp. 12-13.
23) 例えば南島のナイ・タフ族の観光部門を統括するナイ・タフ・ツーリズムは，2007年からクライストチャーチのリンカーン大学と連携し，部族のメンバーを対象として，観光経営を専門とする学士の養成を目的とした奨学金制度を発足させた．この制度では，在学中の実習と卒業後の就職に関しても，ナイ・タフ・ツーリズムでの受け入れを図っている．
24) *The Press* 〔Christchurch〕 15 Feb. 2001.
25) *The Press* 〔Christchurch〕 30 July 1999.
26) The Ministry of Tourism (2009), p. 1.
27) The Ministry of Tourism (2004), *Demand for Maori Cultural Tourism*, pp. 83-86.
28) *The Press* 〔Christchurch〕 10 Dec. 2005.
29) *Travel Trade Gazette* 〔U.K. and Ireland〕 28 May 2001.
30) Durie, Mason H. (1995): Te Hoe Nuku Roa Framework -A Maori Identity Measure-, *Journal of the Polynesian Study*, Vol. 104, p. 464.
31) Amoamo, Maria (2007): Maori Tourism -The representation of images-, *Alternative: An International Journal of Indigenous Scholarship*, Issue Three, p. 71.
32) O'Regan, Tipene (1990): Maori control of the Maori heritage. In *The Politics of the Past*, edited by Gathercole, P. and D. Lowenthal, Cambridge University Press, pp. 95-106.
33) *Dominion* 〔Wellington〕 24 May 1996.
34) *Taranaki Daily News* 〔New Plymouth〕 8 Sep. 1997.
35) The Ministry of Tourism (2007): *Effectiveness of the Interactive Traveller (IT) Strategy in delivering yield outcome*, p. 7.
36) Ngai Tahu Holdings Group には Ngai Tahu Tourism, 株式投資を主要な業務とする Ngai Tahu Capital, 所有する不動産の開発・経営を主とする Ngai Tahu Property, 部族の持つ漁業権をもとにし，国内最大規模の水産会社に成長した Ngai Tahu Seafood の4つの部門がある．
37) リソース・コンセントは，ニュージーランド資源管理法（New Zealand Resource Management Act, 以下，資源管理法）の下で，地域計画や都市計画に従って，天然資源や土地利用に影響を与える可能性のある活動に対して求められる許可のことである．
38) *The Southland Times* 〔Invercargill〕 10 Sep. 2001.
39) *The Wall Street Journal Asia* 〔Hong Kong〕 22 Mar. 2001.
40) *The Southland Times* 〔Invercargill〕 28 Sep. 1999.

41) *Otago Daily Times*〔Otago〕18 Aug. 2011.
42) *The Daily Post*〔Rotorua〕18 Aug. 2011.
43) ホエール・ウォッチ・カイコウラは南島東海岸中部のカイコウラ半島にある。1980年代後半には，地域の経済的な不振やマオリの若年層の失業を打開する一つの試みとして，地元のナイ・タフ族のハプであるナーティ・クリ（Ngati Kuri）の小企業として運営されていた。その後1990年代半ばには年間20万人を超えるツーリストを集める，ニュージーランドの代表的な観光地の一つに成長した。ここを訪れるツーリストの90%は外国人ツーリストであり，世界的な知名度の高さを表している。1997年にはブリティッシュ・エアウェイズのTourism For Tomorrow Global Awardと，Pacific Asia Travel Association Culture and Heritage Award を受賞している。
44) *The Southland Times*〔Invercargill〕28 Sep. 1999.
45) *The Press*〔Christchurch〕6 June 2011.
46) *The Press*〔Christchurch〕4 Apr. 2007.
47) *The Press*〔Christchurch〕24 Feb. 2006.
48) Manaakitanga Conference (1985): *Maori Tourism Task Force Report, 1985*, Manaakitanga Hui, p. 25.
49) *Dominion*〔Wellington〕14 June 1997.
50) *The Nelson Mail*〔Nelson〕16 Nov. 2000.

第 3 篇　先住民族と自然環境

第6章
ナイ・タフ族の伝統的資源利用と
植民地化によるその影響

はじめに

　資源の過剰開発・枯渇とそれにともなう環境問題は，現代社会では地球規模の様相を呈している．一方では持続的発展の必要性が叫ばれ，環境に対する負荷の少ない資源消費技術の開発と，省資源社会の確立が急がれている．歴史的にみるならば，近代工業発展以前の社会では，少なくとも今日大量の資源を日々消費する先進工業国にくらべて，資源の開発と消費ははるかに少なく，「持続的」であったはずである．そのような資源や環境との「持続的」なかかわりを支えた知識や技術は，各々の地域の自然環境の諸特徴を反映して地域的な特色を有するとともに，資源が賦存する環境に対する総体的な理解の上に成立していたと考えられる．とりわけ安定した農耕や牧畜が困難であった寒冷地，乾燥地などの環境で暮らす民族は，食料をはじめ生存に必要とされる物資の多くを，自らが暮らす一つの生態系の中の動植物資源に依存した．そのような環境中の動植物資源の生息環境，生育条件，あるいは繁殖，再生のサイクルに関する知識や，資源の捕獲・採集・保存の技術は，それらの人々の生存にとって必要欠くべからざるものであった．
　そのような知識や技術は，大量生産，大量消費，あるいは工業化，都市化の波に浸食されて，その多くが忘れ去られるか，消滅に瀕しているのが現状であろう．先住民族と動植物の密接な関係も，それらの人々の資本主義的な

経済循環への包摂や,現代的な生活様式の浸透などによって,希薄化し寸断されつつある.そこには2つの重要な局面があると考えられる.1つは先住民族が利用してきた環境中の資源が商業主義的な開発利用の対象となり,伝統的な利用の権利が蚕食され,あるいは過剰開発の結果,枯渇に直面している場合である.他の1つは,先住民族が密接な関係をもっていた自然環境や生態系そのものが,大規模な農牧業用地の開発,森林資源・鉱産資源の開発や都市化,工業化にともなう水汚染などの外的な要因で破壊される場合である.ニュージーランドにおける前者の典型的な例を沿岸海域の漁業資源に,後者の例を,19世紀半ば以来のヨーロッパ人入植者による農場,牧場開発にともなうマオリの狩猟採集環境の改変にみることができる.

　一方では,伝統的な資源利用や環境管理の知識や技術がもつ現代社会における有効性に対する再評価の動きがあることも事実である.このような知識や技術は,現代の社会経済における先進的な国々,あるいはその中核的な地域にではなく,しばしばそれらとは対極的な位置にある,周辺化された地域やそこに暮らす少数民族・先住民族によって維持されてきた.環境問題の深刻化や資源をめぐる対立が世界的に深刻化するにつれて,先住民族社会の知識や技術は,環境保全や生物多様性の維持にとって,一段とその重要性を増してきている.このことは近年,自らの領域の中の天然資源の保護と維持を求める先住民族が,環境管理にかかわる公的機関や環境保護運動と接点をもちつつあることにも反映されている[1].

　しかしながら,先住民族の環境に関する知識の再生と現代社会におけるその再評価は必ずしも期待された結果をもたらしているわけではない.そもそも先住民族の伝統的な知識や技術は,現代の科学技術に裏づけられた資源利用や環境管理とは異なり,ともすると現代社会では「非合理的」「非効率」「非生産的」として,あるいは現代の法制度の下では,彼らの環境や資源に対する伝統的なかかわりは,時として「不法」なものとして排除され,消滅の危機にさらされてきたのである.とりわけ太平洋の諸島のような,人口の大部分が漁業資源と決して豊かではない農業資源に依存してきた脆弱な島嶼

的環境にある地域では，資源や環境に関する微細な知識と技術は持続的な資源利用において不可欠であった[2]．しかし，これらの地域の近年の都市化・観光化，伝統的な部族の領域で暮らす人々の高齢化，あるいは出稼ぎなどによる若年層を中心とした都市や他地域への人口流出は，そのような知識や技術の継承と存続を危うくしている．

したがって，そのような知識や技術が保護の対象である「消えゆく文化」としてではなく，現代社会の環境問題の解決・軽減に資する生きた知識や技術として「再生」されるためには，自然環境に対する先住民族の価値観の理解や，先住者と非先住者の間の天然資源の利用に関する政治的・経済的な対立の克服が前提となると考えられる．

今日，ニュージーランドでは，先住民族マオリの天然資源や環境に関する伝統的な知識や技術が，これまでのその衰退傾向や，非効率的・非合理的という批判や排除を経て，現代の持続的な資源利用や生物多様性の維持に貢献するものとして徐々に再評価されつつある．一方で，マオリの伝統的な資源の利用や管理に関する知識や技術が，ニュージーランドの資源の持続性や自然環境と人間の調和的関係の維持にこれまで果たしてきた役割について，懐疑的な見方があることも事実である．例えばマクドワル（R. M. McDowall）は，ヨーロッパ人との接触以前の，淡水魚をめぐる環境との持続的な関係は，当時のマオリの人口圧の低さや，漁労などの資源利用の技術的未熟さによるものであり，必ずしもマオリ自身によって自然環境との調和的な関係が当初から意志的に保たれてきたものではないとの考え方を示している[4]．

マオリの資源や自然環境に関する知識は，自然界と精神世界を全体として理解するために不可欠なものとして，世代を超えて口承で伝えられてきた．このマタウランガ・タイアオ（matauranga taiao）[5]はマオリの環境適応の過程を通じて発展してきた知識と慣習と信仰の累積体である[6]．したがって，マオリのこのような資源や環境に関する知識や慣習は，長年にわたって継承され累積し変化してきたものであり，決して時代を超えて不変なものではなかった．また，それらはニュージーランドの多様な自然環境の中で形成され

たものであるが故に,必ずしも全ての知識や慣習がマオリ全体で普遍的に共有されるとは限らず,イウィやハプなどそれぞれの集団が暮らす自然環境の特徴を反映して,一定の地域差が存在していた.一方では,持続的な資源利用における自然環境と人間の相互依存性や,天然資源をツィプナ(tipuna：先祖)からモコプナ(mokopuna：子孫)への預かりものとみなす,すなわち過去から受け継いだものを損なうことなく未来へ渡す責務のような普遍的な観念がマオリ社会に存在することも事実である.

ところで,このような共存関係ともいうべきマオリの自然環境との関係は,マオリがニュージーランド南北両島へ移住してきた当初からそなわっていたのであろうか.とりわけ,マオリの移住者たちが携えてきたポリネシアの熱帯的な農耕がある程度可能であった北島とは異なり,より冷涼な気候の故に,農耕に多くを依存できなかった南島での狩猟採集活動は,移住当初から自然環境と調和的であり,持続的なものであったのであろうか.モアをはじめとした固有種の陸鳥の乱獲による絶滅に象徴されるように,あるいは焼畑耕作による原生林の衰退のように,南島に定住したナイ・タフ族の当初の狩猟採集活動と農耕は,動植物の生息・生育環境に対して破壊的であったと考えられている.そのような容易に獲得できた食料資源の喪失が,ナイ・タフ族に生存のためのより持続的な資源利用を余儀なくさせ,自然環境と調和的な価値観や持続的な狩猟採集活動の慣習を生み出したのである.

本章では,太平洋諸島からの移住者としてのルーツをもつニュージーランドの先住民族マオリが,無文字時代から口承で伝え発展させてきた人々と土地および資源との関係,そしてその利用や保全に関する詳細な知識・技術[3]が,自然環境や生態系に対する彼らのどのような価値観にもとづいたものであったのか,そして資源の利用に対するマオリの伝統的な社会秩序がいかなるものであったのか,またヨーロッパ人による入植・開拓の過程で,それらの知識や技術,社会的秩序がどのように蚕食されていったのか,ナイ・タフ族の領域である南島を中心に考察する.

第6章　ナイ・タフ族の伝統的資源利用と植民地化によるその影響　　155

第1節　ナイ・タフ族の伝統的な資源利用

1. マオリの移住とニュージーランドの自然環境

　ニュージーランドの先住民族であるマオリは，近年の考古学的な研究の成果によれば，13世紀前後に東ポリネシアの一角からいくつかのカヌー船団に分かれて，波状的に移住してきたと考えられている．移住者はニュージーランド北島の北部から東部の海岸に上陸し，各地に部族的な集団を形成するとともに，次第に北島南部，さらに南島へと居住地を拡大していった．

　移住者たちが，かつて住んでいた熱帯から携えてきたクマラ，タロ，ウフィ，フエ，マイカ（mika：バナナ）などの食用作物は，北島北部の温暖な気候の地域を除けば，必ずしも彼らに十分な食料を約束してくれるものではなかった．マオリは自然環境に制約された農耕に加えて環境中の鳥類や魚類，貝類などの動物資源，あるいはシダの根の澱粉やツィ・コウカの新芽などの植物資源に依存した狩猟採集で必要な食料を獲得した．マオリの最も重要なカロリー源であったクマラに関していえば，19世紀に捕鯨業者やアザラシ猟師によって持ち込まれた比較的耐冷性のある新しい品種は，南島北部でも栽培可能であったが，マオリが古くから栽培していたクマラは南島では安定した栽培は困難であった．のちに冷涼な気候に適応した品種や集約的な栽培方法が普及するまで，南島東海岸中部のバンクス半島以南においては，栽培期間中の降霜の頻度が高まるためにクマラの栽培は不可能であった．

　マオリの先祖であるポリネシア人が最初にニュージーランドに到着したとき，南北両島の面積約27万平方キロメートルの約8割を占める20万平方キロメートルは原生林におおわれていたと考えられている．ヨーロッパ人の入植・開拓が本格化する前の1840年頃までに，マオリによってそのうちの6万平方キロメートルの森林が焼畑などによって破壊された．マオリの移住が自然環境に与えた第二の影響は，過剰な狩猟や生息域の縮小による固有種の鳥類の減少，絶滅であった．例えばモアをはじめとする27種から40種の陸

上鳥類が，マオリのニュージーランド到着後，ヨーロッパ人が到着するまでの間に絶滅したといわれている[7]．

マオリのニュージーランドへの移住にともなう自然環境の改変は，19世紀以降のヨーロッパ人の入植と開拓による原生林の伐採，沼沢地の排水，あるいは外来生物の導入などによる改変にくらべ，その規模においては限定的であったのかもしれない．しかし，自然環境中の動物資源に食料を依存したマオリの動物相に与えた影響は，ヨーロッパ人の入植とくらべてどちらがより破壊的であったか，議論のあるところである[8]．

マオリの部族の北島から南島への移住については，ワイタハ (Waitaha)，ナーティ・マモエ (Ngati Mamoe)，ナイ・タフの3つの波が知られている．ここで取り上げるナイ・タフ族は，18世紀から数世代にわたって北島の東海岸から南島のマールバラやカイコウラに移住してきた第三波の移住者の子孫であり，南島の主要部をその領域とした．その他多くの部族の領域がクマラの栽培が比較的容易な北島にあったのに対して，南島の冷涼な環境を領域としたナイ・タフ族は，必要な食料資源を狩猟採集に依存する度合いが高かった．そしてナイ・タフ族をはじめ南島に移住してきた人々の狩猟採集活動は，島の動植物の生態に少なからず影響を及ぼした．飛翔能力のないモアをはじめとする多種類の鳥類は，格好の蛋白源として容易に捕獲され，特に大型の鳥類は短期間のうちに南島から姿を消していった．またニュージーランドへ移住する際にマオリがともなったネズミや犬も，鳥類を捕食する動物のいなかったニュージーランドにおける固有の鳥類の減少，絶滅を早めたといわれている[9]．またマオリの移住者たちによる焼畑耕作も，南島を覆っていた広大な原生林の一部を焼き払い，特に森林の再生能力の低い冷涼な環境では鳥類の生息域を縮小させることとなった．

食料資源の枯渇は，栽培作物に多くを依存することのできないマオリの移住者，特に北島にくらべて冷涼な環境のために，農耕への依存度が低く，狩猟採集により多くの食料資源を依存した南島のナイ・タフ族にとっては生存にかかわる大きな脅威であった．そのことが，ハプやファナウの中で，持続

的な資源の管理や利用に関する微細な知識や技術の発展，厳格な社会的慣習や秩序の形成，あるいはのちに述べる自らをカイチャキ[10]とみなす観念を生み出す要因となったと考えられる．

2. 南島の自然環境と狩猟採集資源

ニュージーランド南島は，北端のフェアウェル（Fairwell）半島の南緯39度30分から，南島の南のフォーボー海峡沖に浮かぶラキウラ（スチュアート島）南端の47度15分まで約1千キロメートルと南北に長く，島の西側をサザン・アルプス山脈が南北に走る．山脈から流れ出すハルヌイ（Hurunui），ワイマカリリ（Waimakariri），ラカイア（Rakaia），ランギタタ（Rangitata），ワイタキ（Waitaki）などの主要河川は，山脈中の氷河湖などを水源として東流し，流域にニュージーランドで有数のカンタベリー平野などの広大な平地を形成し，南太平洋に注ぐ．山脈の西側の斜面とタスマン海沿岸の狭長な平地は降雨量が多く多湿なのに対して，山脈東側の平地は偏西風の風下に位置しているため比較的降雨量が少なく，夏には弱い乾季がある．マオリの移住以前には，平地からサザン・アルプス山脈の山麓地域は密度の高い原生林やタソックの草原に覆われていたと考えられている．

南島での農耕は移住してきたマオリに対して北島北部のような豊かな恵みをもたらしてはくれなかった．移住者が持ち込んだ熱帯ポリネシアの園芸耕作技術は，冷涼な南島においては，作物の成長と気候の季節的変化にうまく適合しなかった．またポリネシアでは森林や丘陵が焼き払われ園芸耕作用の畑に作りかえられても，植生の再生はすみやかで，土壌侵食はコントロールされ，沃土はほどなく回復した．しかしニュージーランド，特に南島のカンタベリー平野とその周辺の丘陵地帯では，農耕のための森林や原野の過剰な焼き払いは，植物の再生能力を超え，土壌浸食などにより植物相に大きな変化を与えた[11]．

南島の自然環境は，地形的・気候的な特徴を反映して，特に森林や河川，湖沼，湿地，沿岸海域において多様で豊かな動植物資源を有していたが，そ

の分布は広範囲にわたり，かつ季節性があった．このことがナイ・タフ族の狩猟採集活動をその領域全体に及ぶ移動をともなうものとした．

　マオリにとって，畑であれ，狩猟採集をする原野や森林，そして川，湖，海などの水域であれ，食物をはじめ生活に必要な物資を獲得するあらゆる場所や活動はマヒンガ・カイと呼ばれた．食料の全てを農耕に依存することができなかった南島のナイ・タフ族にとって，自然環境中のマヒンガ・カイは生存にとって重要な意味を有していた．

　自然環境の中で，とりわけ水はマオリ社会の全ての活動の中心であった．水は輸送手段であり，魚類や貝類を養い，宗教的な儀礼においても重要な役割を果たした．マヒンガ・カイの多くは湖沼，河川などの内水域やその周辺の低地，そして沿岸海域に分布した．このような理由から，丘陵の先端に設けられ要塞化された集落パとは別に，常住するカインガは主要な河川，湖沼のほとりか近接したところに設けられた．水から得られるカイ・モアナ（kai-moana：海産物），カイ・アワ（kai-awa：河川の水産物），カイ・ロト（kai-roto：湖の水産物）などの水産物は，今日でもマオリにとっての重要な関心事である．特に1800年代半ば以降のCrownへの土地売却ののち，多くのナイ・タフ族の家族は，彼らに残された保留地が面積，質ともに不十分であったこともあり，海や河川，湖沼などから得ることのできる食料に多くを依存することを余儀なくされた．またこれらの水産資源は，のちにパケハの農場や牧場，あるいは土木工事などで賃金を得て生活をするようになったナイ・タフ族の人々にとっては，不景気など生活が困難な時期には，賃金収入を補うためになお一層重要性を増した[12]．

　南島の山岳地域から川，湖水，河口近くのラグーンなどの湿地，そして沿岸海域の自然環境は，狩猟採集に依存したナイ・タフ族にさまざまな食料を提供した．狩猟採集の対象となった食用可能な動植物は200種以上に及んだ．原生林を生息地とする鳥類，特に固有種のモアなど飛翔能力のない鳥類は捕獲が比較的容易であった．あるいは南島の南のスチュアート島周辺に飛来するティティやその他の鳥類も森林や水辺で捕獲された．鳥類の用途は広く，

肉は食用に，羽は装飾用に，骨は釣り針や銛先に使われた．また，サザン・アルプス山脈付近の氷河湖などの湖水，河川，あるいはラグーンなどの沼沢地に棲むツナ（tuna：ウナギ），ピハラウ（piharau：ヤツメウナギ），コーウラ（kooura：ザリガニ）などの淡水の魚介も貴重な食料資源であった．特にウナギは南島の湖沼や河川など広い範囲に生息し，ナイ・タフ族にとって最も重要な水産資源の一つであり，川や湖水に仕掛けられた簗や筌などで捕獲された．南島のナイ・タフ族にとっては，マラ（mara：語義的には cultivation あるいは garden）と呼ばれた沿岸海域の漁場の魚類，貝類，海藻類などの水産資源も重要な食料資源であった．沿岸に居住する集団は，大陸棚の漁場を山脈の山頂や沿岸の島を標識として厳格に区分し，双胴のカヌーなどを用いて共同で漁を行った．ナイ・タフ族が河川や湖沼，沿岸海域から獲得する食料は，漁による魚介類ばかりではなかった．特に何種類かの貝類は，他の地域から運ばれた優れた品種の稚貝をそれに合う水質の場所に播き，繁殖を管理して適切な時期に収穫した．南島の東海岸で播かれる稚貝は，遠くは南島の西海岸あるいは北端の入江からも運ばれた．また親貝を海藻で作ったポハ（poha：籠）に入れて海のしかるべきに場所に沈めると，稚貝が波の力で籠から海中に押し出された．このような貝類の養殖とともに，収穫されたクク（kuku：ムール貝）やパウア貝（paua：ヘリトリアワビ）などの一部は，集落近くの満潮で海水が流入するルア（rua：岩の窪み）に貯蔵し，食料の保存と種の管理を行った[13]．

比較的多湿な環境に分布するシダ類から採集されるアルヘは，クマラなどの栽培作物に大きく依存することのできない南島では貴重な澱粉であった．こうした澱粉は，自然の植生の中のシダからだけではなく，原生林を焼き払った跡地に再生するシダからも採集された．ツィ・コウカもしくはファナケ（whanake）と呼ばれたキャベツの木は根や新芽が食用にされ，幹からは糖分が抽出された．ラウポ（raupo：フトイ）は根が食用となり，葉は屋根や壁の材料となった．ニカウ（nikau：ヤシ）は新芽が食用にされた．

天然資源に依存したのは食料ばかりではなかった．マオリが衣類やマット，

漁網などの材料とした繊維は湿地に自生するハラケケを原料とし，ピンガオ（pingao：スゲの一種）ではさまざまな用途の籠が編まれた．トタラは，耐久性がありカヌーや家屋の用材として好適であった．もちろん病気や外傷の治療に使用されたさまざまな薬草も自然環境中に自生する植物であった．カウマツアがもつ薬草に関する効能や用法に関する知識も，マオリの生活にとって欠くことのできないものであった．

彼らはカインガ，すなわち主たる居住集落の周辺での狩猟採集活動のみならず，季節に応じて南島の各地に狩猟採集のために長距離の移動をし，捕獲・採集したさまざまな食料や素材を集落へ持ち帰った．その狩猟採集活動についての考古学的な研究は，南島全体で4,000か所に及ぶマヒンガ・カイを明らかにしている．そしてナイ・タフ族のこの移動性に富んだ活動は，南島各地の集団間に物々交換の機会と，集団間の婚姻関係によるネットワーク形成の機会を与えた[14]．

このような自然環境中のマヒンガ・カイ，すなわち有用資源を採集，捕獲できる場所とそこに至る経路は，ハプやファナウなどのマオリの社会集団の中で世代を超えてその知識が継承されていった．これらの場所を識別するために分水嶺や河川，岬などの明確なランドマークが重要な役割を果たした．そして無文字であったマオリにとって，記憶と口承が継承・伝達の手段であり，地名はしばしばその必要不可欠な媒体となった．例えばマガウェカ（Mangaweka）はウェカがたくさんいるマガ（manga：小川）を，マガファラリキ Mangawharariki はファラリキ（wharariki：フラックスの一種）が育つ小川を意味し，ロトカワウ（Rotokawau）はカワウ（kawau：鵜）が棲むロト（roto：湖）を意味する地名であった．

しかし，これらの資源は豊かではあったが，南島全域に広範囲に分散し，強い季節性があった．したがって，南島のナイ・タフ族は，有用な動植物の生息地や生育地，そしてそれらの動植物が豊富に収穫できる季節や月，再生や繁殖のメカニズム，それらを持続的に利用するのに適した収穫量や方法などについて，詳細な知識を必要とした．ナイ・タフ族をはじめ，ニュージー

ランド各地のマオリの集団では，各々の領域の中の利用可能な資源に応じて，収穫のための最善の期間を示す狩猟採集活動のカレンダーが記憶されていた[15]．

　ナイ・タフ族の各集団にとって，年間を通して最も重要な狩猟採集活動の一つはティティの捕獲であった．ラキウラの東に位置するティティ諸島でのティティの捕獲は晩秋の4，5月に始まった．繁殖のために北半球から豊かな栄養分を蓄えて移動してくるティティは，ナイ・タフ族にとって重要な食料資源であり，ここでティティを捕獲する権利は，ファカパパで相互に結びついた南島各地に居住するハプやファナウによって代々継承されてきた．アヒル，カレイ，ウナギ，白魚はそれぞれ一年の違った季節に大量に獲れた．ウェカとケレル（kereru：ハト）は少量しか採れなかったが，季節を問わず捕獲することができた．例えば南島の東海岸のほぼ中央部のカイアポイでは冷涼な気候の5月から10月にかけてはウェカやカカポ（kakapo：キジインコ）などの森林の鳥や，キオレの捕獲の季節であり，海ではパティキ（patiki：カレイ）の漁が行われた．ウナギは1月から4月にかけてラグーンなどに集まり，4，5月に河川を遡上し，春先（9月）から川を下り，ほぼ年間を通じて捕獲可能であった．南島の広い範囲に分散して居住していたハプやファナウは，集団の居住地周辺で食料を獲得するだけではなく，狩猟や採集のために場所から場所へと季節ごとに移動をした．マヒンガ・カイでの狩猟採集活動の間，人々は湖岸や河岸などのノホアンガで暮らした．そのため，春から秋にかけては集落の人口は一時的に減少し，狩猟採集の機会の少ない冬から初春にかけては，多くの人々が集落で暮らした．

　これらの食料の多くは温暖な季節に得られたので，長い冬を生き抜くのに食料の保存にもさまざまな工夫がこらされた．ティティやアヒルから得られる脂肪は，それぞれの食用部分や他の食物を密封し保存するために利用された．マンガ（manga：カマス）やツナのような魚類は乾燥させ，冬の食料や長い旅の携行食として保存された[16]．

　これらの資源の過剰な捕獲や採集，あるいは捕獲量・採集量の不足は時と

して南島のマオリの生活を不安定にした．そのため主に狩猟採集に依存したナイ・タフ族の人口は，ヨーロッパ人との接触以前には1万人を超えることはなかったと推測されている[17]．そして数世紀にわたる試行錯誤ののちに，天然資源の持続的な管理や利用に関する微細な知識や技術が蓄積され，それぞれの資源の再生産を確保するための社会的な規制や慣習が生み出された．

第2節　マオリの持続的資源管理と社会

1. マヒンガ・カイの解釈とその範囲

　マオリ語でカイ（kai）は食物一般を意味し，マヒンガ・カイ（mahinga kai）は耕作や畑，農園を意味する．しかし，食料をはじめ，生存に必要な物資の多くを狩猟採集に依存したマオリ，特に南島のナイ・タフ族にとって，マヒンガ・カイは食物・繊維原料などを獲得する彼らの領域の中の場所を指し，同時に，それらの資源の狩猟採集活動を指していた．天然資源，特に動植物資源は，単に利用をするだけではなく，常に保全をすることで食料やその他の有用な資源となるとマオリは考えていた．狩猟採集に多くを依存して暮らしたナイ・タフ族にとって南島の自然環境そのものが「畑」であり，資源の管理と狩猟採集活動が「耕作」であったのである．

　1840年にマオリの首長たちとイギリス国王の代理人の間で結ばれたワイタンギ条約のマオリ語版第2条で，マオリにその所有が保証されたタオンガ・カトア（taonga katoa：字義的には katoa は全ての，taonga は財産・財宝を意味し，英語版では all their property となっている）にこのマヒンガ・カイが含まれるか否か，条約締結から現代に至るまで，その解釈をめぐって議論が続いてきた．

　Crown の解釈では，条約によってマオリの財産として所有が保障されたマヒンガ・カイは，cultivation, すなわち耕作であり，狩猟採集される動植物やその場所は保障の対象ではなかったのである．しかしながら，入植初期の1845年から1853年までニュージーランド総督を務めたジョージ・グレイ

は，先住民族の生活が農業だけで支えられているのではなく，広範な移動をともなう狩猟採集が彼らにとって不可欠の食料獲得手段であり，彼らから「未開」の土地を奪うことが，彼らを重要な生存手段から切り離すことになるのを承知していたといわれている．そしてまたグレイは，先住民族に急に農耕民になることを強いることはできないとも考えていた[18]．

　ナイ・タフ族がそのほとんどを領域とする南島では，1840年代から入植地建設のために，Crown やニュージーランド会社による先住民族からの土地買収が始められた．土地買収に際して，売り手のハプなどに対して保留地の確保が約束されたが，与えられた保留地の多くは農業や牧畜に不向きで，彼らが新しい植民地経済の中で自立的な経済を営むには全く不十分であった．ナイ・タフ族は与えられた保留地が質的・量的に不十分であること，そしてマヒンガ・カイの場所も，条約が保障したタオンガとして保留分に含まれるべきであると土地買収の直後から主張してきた．

　Crown の代理人，ケンプによって行われたカンタベリー地域（Kemp's Block）の買収では，ナイ・タフ族とその子孫による全てのマヒンガ・カイの継続的な利用が約束された．しかしながら，その後 Crown は，マヒンガ・カイを耕作地と固定されたウナギの簗に限定した[19]．このようにマヒンガ・カイを cultivation あるいは plantation と狭義に解釈するならば，ナイ・タフ族が重要な食料獲得の場所とした河川，湖沼，あるいは沿岸海域は保留地に含まれないことになる．1848年に土地買収のために派遣されたウォルター・マンテルは，マヒンガ・カイにウナギの漁場，沿岸の漁場などを含める広い解釈を採ったが，実際には河川に設けられていたウナギの簗場は，パケハ農民の入植にあたり湿地の排水の妨げになるとして，保留する数を制限した[20]．

　またマヒンガ・カイの解釈については，マオリとパケハの間だけではなく，マオリの間にも地域差が存在した．特に南島では，その北部のハプはクマラなどの作物栽培が可能であったのに対して，南島中部以南，とりわけ南部のムリヒク地域のハプは冷涼な環境により農耕が困難であったために，狩猟採

集が食料獲得の主要な方法であった．したがって，南島北部のハプにとっては，マヒンガ・カイつまり食料獲得の場所は耕作地を含むものであったのに対して，ヨーロッパ人がジャガイモを持ち込むまで安定した作物栽培が存在しなかった南島南部のハプにとってのマヒンガ・カイは，狩猟採集の場所そのものであったのである[21]．

　ナイ・タフ族の多くのハプが領域とした南島東海岸のカンタベリー平野からオタゴ地域北部にかけては，マヒンガ・カイが最も多く分布した．その数に関する正確な記録は存在しないが，南島全域で数千か所に及んだとみられている．1879-81 年の Crown によるナイ・タフ族からの南島東部の土地買収に関連して，1880 年に実施されたフイでの聴き取り調査によれば，南島の東部から南部にかけて 1,700 か所以上，114 種の食物をはじめとする動植物資源のマヒンガ・カイが確認されている[22]．

　南島のナイ・タフ族の領域では，おおよそ 19 世紀末にはイウィの土地の多くが Crown やニュージーランド会社に買収され，ナイ・タフ族は広大な土地を手放し，質量ともに不十分な保留地だけが残され，河川，湖沼，沿岸海域の水産資源をはじめとする環境中の動植物資源への依存の度合いは一段と増した．そして土地買収ののちも，ナイ・タフ族は彼らの居住地のまわりだけではなく，南島をそれまでと同じように自由に移動し，多くのマヒンガ・カイで狩猟採集活動を続けたのである[23]．

　しかしながら，ヨーロッパ人入植者の牧場・農場の拡大は先住者の狩猟採集活動に著しい制約を加えることとなった．その後マヒンガ・カイの権利の回復を求めて，ナイ・タフ族による幾世代にもわたる議会への請願が行われるとともに，ワイタンギ条約やケンプの買収で保証されたタオンガやマヒンガ・カイの解釈をめぐって，ナイ・タフ族とパケハの議論が続くこととなった．

2. カイチャキタンガの意味

　生存に必要なものを狩猟と採集に求めた伝統的なマオリの社会は，生態系

の持続性に依存した社会であった．そのため，生態系の持続性を乱す資源の過剰な利用や，無計画な利用を規制する秩序が形成された．また資源を占有するハプやファナウなどの間では，資源利用の権利をめぐる集団間の厳格なルールが確立された．

　マオリ語のカイチャキタンガ（kaitiakitanga）は語根のツィアキ（tiaki）と接頭辞のカイ（kai）と接尾辞のタンガ（-tanga）とよりなる．ツィアキ（tiaki）は世話をする，救う，保護するという意味を表す動詞である．kaiは動詞の動作者を示し，-tanga は動詞の名詞化を表す接尾辞で英語の -ship に相当する．kaitiaki は通常 stewardship あるいは guardianship などと英訳され，保護者，守護者，救済者を意味する．しかし stewardship あるいは guardianship はカイチャキタンガがもつ精神性を包含しない．カイチャキタンガは単に自然環境の保護というよりも，自然環境をエコロジカルな総体とみなし，人間もまたそれを構成する一要素と考え，人間とその他の自然環境を構成する諸要素との持続的な相互関係に価値を置く理念である．したがってカイチャキタンガが stewardship や guardianship と同等の意味と理解されると，マオリが主張する環境や資源にかかわる責務や権利をともなう，伝統的で全体論的な考えが，過去にヨーロッパ人入植者と接触して間もない時代においてそうであったと同様に，現代のニュージーランド社会においても十分な整合性をもって受け入れられないことになるのである．

　ファナウやハプは，彼らがマナ・フェヌアとしてかかわる地域，すなわち彼らの先祖が幾世代にもわたって守ってきた土地や川や海のカイチャキ（保護者）である．特にトフガやカウマツア，クイアは，若い世代への資源の管理や保護に関する知識の伝承者として，集団の中で重要な役割を果たした．彼らは自分たちのカイチャキタンガとしての十分な責務を怠ると，自分のマナがなくなるばかりではなく，ファナウやハプの他のメンバーを傷つけることになると考える[24]．

　このカイチャキタンガの理念は，1つにはマオリの創造神話に由来するといわれる．それによれば，あらゆる生物・無生物はパパトゥーアヌク

(Papatuanuku, Mother Earth) とランギ (Rangi, あるいはランギヌイ Ranginui, Sky Farther) の間に生まれた神々を先祖とし，人間もまたその一部として存在すると考える．

　土地はマオリの先祖を生み出した大地の母パパトゥーアヌクを象徴するという．「土地の人」を意味するタンガタ・フェヌアの語が，人々を意味するタンガタ (tangata) と，土地や地面を意味するとともに胎盤あるいは後産をも意味するフェヌア (whenua) からなるのは，そのことを象徴的に表していると考えられている．そこには「人間と環境」という二元的な観念はなく，「環境」もまた個別的な要素の集合としてではなく総体的なものと考えられていた．environment（環境）の訳語として当てられるタイアオ (taiao) が，二元的な意味での「環境」ではなく，むしろ universe，すなわち「宇宙」あるいは「森羅万象」を意味しているのもそのことを示している．カイチャキタンガはそのような自らも含む総体としての「環境」に，持続的にかかわる人間の「責務」と考えることができる．またカイチャキであることは，それぞれの集団が幾世代にもわたって暮らしてきた環境の「保護者」であることを意味し，同時にカイチャキとして自らの領域の環境に対して慣習に従って正しく振る舞うことは，その環境に暮らす集団への帰属の表明でもあった．カイチャキとしての知識と技術は集団の中で世代を超えて口承で伝えられるとともに，実際の狩猟採集活動の経験を通じて継承されていった．

　カイチャキタンガがマオリと環境とのかかわりを律する強い理念となったもう1つの理由は，先に述べたように，地域差はあれ，食料確保の手段を狩猟採集に依存したマオリにとって，資源の過剰利用や，食料資源としての動植物の生息・生育環境の脆弱性，それらへの自然災害の影響などによって，しばしば生活が脅威にさらされる事態が存在したからである．このことは自然界の動植物資源を継続的に安定して利用するための精緻な知識や技術の発達を促し，資源を利用する集団による管理や規制を厳格なものとした．鳥や魚の捕獲はそれぞれのライフサイクルを熟知した上で行われた．例えばティ

ティは繁殖期にある成鳥よりも若鳥が多く獲られ，ウナギは繁殖に適した年齢やサイズの個体は捕獲しても稚魚とともに自然に戻され，環境が許容する範囲での資源の再生産の最大化が意図された．この方法は家畜の再生産を最大化する近代的な牧畜システムと類似している[25]．このようにカイチャキタンガは，世代を超えて継承，蓄積されてきた知識や技術をともなった持続的資源利用の観念ということができよう．

　自然との共存関係ともいうべきこのような伝統的な観念を，マオリが本来的にもっていた固有の文化の重要な一側面であるとする考えに対して，批判的な立場も存在する．先に述べたようにマクドワルは，ニュージーランドへ移住後のマオリがその環境に対して致命的な悪影響を与えなかったのは，特にマオリが重要な食料資源の一つとしていた淡水魚に関していえば，初期の人口規模の小ささや，漁業技術の未熟さによると主張する[26]．マオリの自然環境との共存的な「価値観」とそれにもとづいた持続的な資源利用の慣習や厳格な秩序は，過剰利用や自然災害によって必要な資源量が獲得できなかった過去の経験の積み重ねの上に形作られたものと考えられる．

3. 資源利用の社会秩序

　資源の管理および利用と配分は，マオリのハプやファナウの中で集団としての決定を必要とする最も重要な事項の一つであり，政治的・経済的な事柄の統率者であるラガツィラ（rangatira：首長）やカウマツアによってその決定が行われた[27]．そして，土地や資源の利用権を保つためには，ファカパパ（家系）を通じてその権利を持つ個人やファナウによって継続的に利用されなければならなかった[28]．ハプは山脈や川などの自然境界で区切られた各々の領域を持っていた．領域の中の資源を利用する権利を得るには，領域に対してマナをもつラガツィラから利用の許可を得なければならなかった．しかし，生活に必要な食料や材料を南島の全域に及ぶ狩猟採集活動で獲得していたナイ・タフ族は，地域間の移動を通じて，ハプやファナウなどの集団間の婚姻関係を拡大し，広範囲にファカパパのネットワークを形成した．その結

果，マオリ社会が男女両系社会であることともあいまって，複雑なファカパパを通じて土地や狩猟採集の権利が継承され，南島の動植物資源のマヒンガ・カイに対する利用権は，ハプやファナウの主たる領域や居住地域を超えて複雑に分布することとなった．

　持続的な資源利用や環境の管理のために，マオリのイウィやハプの社会では，厳格な社会秩序が形作られた．ラフイ（rahui）は森林や漁場のマウリを不注意な，あるいは害意ある干渉から守るための，政治的・社会的な統制をともなうマオリ社会における慣習的な制度である．ラフイは何かがタプ（禁制，神聖）になったり，あるいは通常の利用が制約されたり禁止される場合に設けられた．ラフイには3つのタイプが存在した．第一のタイプは資源の持続性を保つために，あるいは一定の資源量を蓄える必要があるときに，必要な対象，期間，場所を定めてその利用を制限するために設けられた．第二のタイプは部族間の戦争や溺死など，不慮の死に際してタプが生じた場所への立ち入りを禁じ，肉体的・精神的な穢れを避けると同時に，死者に対する尊敬を表すものである．第三のタイプは，ある集団の資源の所有や資源の利用権を他の集団に対して主張する際に設けられた[29]．

　ラフイは集団の中でその権能をもつ人によって，一定の期間，特定の資源や地域に対して課され，解除された．その権能をもつ人は普通，それにふさわしいマナをもつラガツィラやトフガ（tohunga：聖職者，あるいは薬草などの有用な資源に関する知識に長けた専門家）である．ラフイの有効性はそれを設ける人のマナの強さ次第であり，特定の場所にラフイを課すのも解除するのも，トフガによって唱えられるカラキア（karakia：祈禱）やラガツィラのマナの力によった[30]．そしてラフイは精神的・物理的な懲罰をともなうことで，厳格に守られた．ラフイが課される場所は，川岸や森の入り口に，その期間中の侵入に対して警告をするポウ・ラフイ（pou rahui）すなわちポストを立てることで示された．

　持続的な資源利用にかかわる第一のタイプのラフイは，ある種類の魚介類の産卵の季節に，あるいは動植物・魚介類に枯渇の兆しが現れたとき，そし

て食物の貯蔵にそなえ，個体数を増やす必要が生じたときに課された．資源量の変動は常に注意深く監視され，ラガツィラやトフガは動植物資源の減退のトフ，すなわち兆候について，豊富な知識をもっていなければならなかった．南島における資源の狩猟採集は，動物の移動や繁殖，植物の成長の季節的なサイクルに合わせて行われた．持続的な資源管理を必要としたナイ・タフ族の各集団は，各々の動植物の季節的サイクルに応じてラフイを定め，また解除した．例えば，ティティ諸島におけるティティの捕獲は4月から5月に限られ，それ以外の期間は決して島を訪れることはなかったし，そのことは現在も同様である．またラフイは食料資源だけではなく，彫刻に用いられる特別な樹木，織物の原料となるハラケケの茂み，染料のオークルが手に入る場所などにも課された．

　特定の場所の資源保全のために課されるラフイは，その資源のマウリ，すなわち本質的な生命力が十分に回復し，再度の利用が可能となるまで継続された．ラフイの解除，すなわちノア（noa）は，ラガツィラやトフガが回復の兆候を慎重に監視した上で実施した．マウリが強い限りは植物や動物は繁栄し，その資源に依存する人々のマウリも健全な状態を保ち，逆にある地域の重要な資源のマウリが衰退すると，その周辺の自然の総体，いわばエコシステム全体が衰退すると考えた[31]．

　マオリは長年，彼らのタオンガを守るためにラフイを行い続けてきた．そのことが，彼らがニュージーランドのさまざまな環境に対して適応し存続することを可能にしてきたからである．ラフイが課されると，集団内においてはその場所と期間，資源の利用が厳格に禁じられた．また設けられたラフイを他の集団が侵害することは，集団間の争いを引き起こす可能性があった．しかし，ヨーロッパ人との接触後の宣教師の影響は，ラフイの慣習を変化させた．ラフイを犯した人間に対する死のペナルティや，ラフイの侵害による集団間の厳しい対立は，宣教師たちによって抑止されてきた[32]．そして今日のラフイは強制力のないものへと変化してきたが，それは宣教師との接触に加え，マオリの伝統的な社会秩序を左右したトフガの影響力を排除し，パケ

ハ社会の法秩序に置き換えることを意図した，Tohunga Suppression Act 1907の影響によるものと考えられている．また，植民地化されたのち，今日に至るまで，マオリによるラフイは続けられてきたが，その範囲や期間は狭められ，対象となる資源も限定され，「強制力のない」，より穏健な形に変化してきた[33]．今日ではラフイは水産資源の管理手段としては法的に一定の合意を得ているが，溺死にともなう文化的な意味でのラフイは，法的な裏づけはないものの，その水域にかかわる人々によって尊重されている[34]．

4. 食料資源の継続的占有

マオリは，彼ら自身をそれぞれの土地や資源の所有者というよりも，むしろ使用者と考えていた．土地や資源はイウィやハプによって保有され，それらの支配はラガツィラのリーダーシップに属したが，土地とそれに含まれる資源の利用は，ウナギの簗場での漁や沿岸海域での漁のような共同で行われる場合を除いて，ファナウや個人によって行われた[35]．しかし，イウィやハプによる土地や資源の保有は，決して無条件に可能であったわけではない．何らかの理由での利用の長期的な中断は，その保有の権利がそれまで利用していた集団から，他の集団に移る可能性を意味していた．土地や資源の保有の権利は，その場所の「火を絶やさないこと」，すなわちアヒ・カ（ahi ka：ahihaは「火」を，kaは「燃える」を意味する）という語で示され，何世代にもわたってその土地や資源を継続的に使用することで，その土地や資源のカイチャキであることで保たれた．

ところで，マオリの社会ではマヌヒリ（manuhiri：客人，ゲスト）を接遇する際に，タンガタ・フェヌア，つまりホストが，自分たちの領域で得られる最善の食物を，その集団の集会の場であるマラエで提供することでゲストを歓待する伝統がある．このマーナキタンガの習慣は，客人に対する単なるホスピタリティの表現ではなかった．提供可能な最善の食物を供することは，ホストのマナを高めると同時に，食物を収穫する領域とその資源を占有していることの表明であり，ゲストがもてなしを受けることはホストの土地や資

源の占有権を承認することであった．マーナキタンガは権威や地位を維持するための贈与の考えが中心にある儀礼であり，この贈与の程度はホストのマナの程度にかかわり[36]，高いマナをもつホストは最善の食物でゲストをもてなし，そうしたもてなしはホストのマナをさらに高めた．また地域的な特徴のある食物によるもてなしはホスト集団のアイデンティティの表明でもあった．

第3節 パケハの植民・開拓とそのマオリ社会への影響

1. パケハの入植と環境変化

ニュージーランドにはじめてヨーロッパ人が来住したのは，19世紀初頭以降，主に南島で活発に行われた捕鯨やアザラシ猟のためであった．捕鯨業者やアザラシ猟師は沿岸部に拠点を建設し，マオリから食料や燃料の供給を受けるなど，恒常的に接触をもったが，鯨やアザラシの減少とともにステーションは閉じられ，マオリ社会に同化した少数の例を除けば，ヨーロッパ人が集団的にそこに永住することはなかった．

ヨーロッパ人が本格的にニュージーランドに入植農民として居住し始めたのは19世紀に入って，比較的温暖な北島の北部においてであった．初期の入植は自営農民による農耕適地の小規模な開拓にとどまり，ニュージーランド固有の自然環境に対する影響はさほど大きなものではなかった．

ヨーロッパ人の入植以前のニュージーランドで最も豊かな生物多様性を有していたのが，河川の氾濫原や海岸の低地帯であった．今日では，標高300メートル以下の土地の大部分は農地，牧場として，主としてヨーロッパ系住民によって私的に所有され，絶滅を逃れた固有種の動植物の生息域や群落も断片的に存在するにすぎなくなっている[37]．これら低地の森林や原野の多くはニュージーランドの固有種を含む鳥類の生息域であり，河川や河川沿岸の湖沼，河口近くのラグーンは水鳥や淡水魚の生息域であった．これらの鳥類と魚類は，ペカペカ（pekapeka：オオコウモリ）を除き，陸生の哺乳類が生

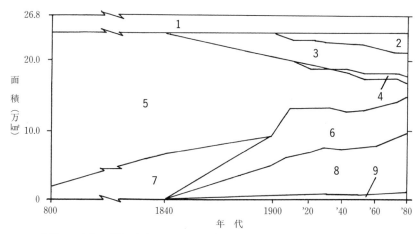

凡例：1. 山岳・露岩・水域　2. 公園および自然環境保護区　3. 管理された原生樹林
4. 外来樹林　5. 原生樹林　6. 放牧用原生草地　7. 原生草地・乾燥地・湿地
8. 外来草地　9. 都市・耕作地・果樹園
出典：Waitangi Tribunal (1991): *Ngai Tahu Report* Vol. 3, p. 887. を一部修正.

第5図　ニュージーランドにおける植生の変遷

息しなかったニュージーランドにおいては，先住民族の重要な蛋白源となっていた．

しかし19世紀半ば以降，農耕から牧畜へ切り替える入植農民が増え，南北両島で商業的な牧羊業が本格的に発展し，大規模な牧場の拡大が低地のみならず丘陵地，山麓の固有の植物相も一変させる事態となった．とりわけ低地の森林と湿地は，農地，牧場拡大のための伐採と排水で今日までにその85%が失われ，本来の動物相，植物相に広範で深刻な影響を与えた．森林の伐採は土壌浸食を引き起こし，河川や湖沼への土砂の流入は水域の環境変化を招き，魚類や水辺の鳥類の生息域に著しい影響を及ぼした．また森林の伐採は開拓のためばかりではなかった．船舶，家屋，牧柵などの用材として使用するための，固有種の樹木のトタラやカウリなどの伐採も，ニュージーランド固有の森林相に著しい影響を与えた（第5図参照）．

一方，海抜高度の低い河川沿岸の低地や海岸の低地は排水を改良することで牧草の生産力が増し，優れた牧場となった．各流域の管理機関や入植農民

による排水改良は河川や湖沼の水位を下げ，淡水魚類や水辺の鳥類の生息範囲を狭め，マオリの狩猟採集の場を脅かす大きな要因の一つとなった．

また入植地の拡大にともない，牧場や農場の柵やゲートがマオリによるマヒンガ・カイへの立ち入りを妨げ，先住者の狩猟採集活動はしばしば不法侵入として排除された．そして1865年にはカンタベリー地域の一部のヨーロッパ人入植農民が，ナイ・タフ族がウェカ（コバネクイナ）を捕獲するために牧場や農場に立ち入るのを阻止する動きに出た．オタゴ地域では19世紀末までに，大部分のマヒンガ・カイの資源は破壊されるか，入植農民の土地で囲い込まれてしまったのである[38]．

一方，ヨーロッパ人のニュージーランドへの移住は，固有の動物相をもったこの土地に，家畜や栽培作物以外にも多くの外来種をもたらした．娯楽としての狩猟や釣魚のために持ち込まれた赤鹿，マガモ，ブラウントラウトなどはその例である[39]．これらの外来種は，毛皮用にオーストラリアから導入され，ニュージーランド全域に生息地を広げたポッサム（possum：フクロギツネ）とともに，ニュージーランド固有の植物相・動物相に，ひいてはマオリのマヒンガ・カイの環境に影響を及ぼした．

ニュージーランドへのヨーロッパ人の移住がマオリと自然環境の関係に及ぼした影響は，農業，牧羊業のためのマオリからの土地買収や開墾，排水改良などによる自然環境そのものの改変ばかりではなかった．土地買収やマオリ戦争での土地没収で土地から疎外されたマオリの多くは，20世紀半ばには，若年層を中心にイウィやハプの固有の領域から，就業の機会を求めて都市部へと移住した．このこともまた，領域の中の部族的なコミュニティの高齢化とともに，地域の自然環境の利用や保全に関する各々のマオリの集団がもっていた慣習，知識，技術の継承に悪影響を及ぼし始めた[40]．

2. ワイタンギ条約と土地・資源の権利

ワイタンギ条約第2条では，イギリス国王がマオリに対して土地，森林，漁場，その他の財産の，排他的で侵されることのない所有権を，彼らがそれ

を保持することを望む限り認めることが定められている．条約の英語版とマオリ語版，そしてマオリ語版の英訳版には，条文のいくつかの部分で必ずしも一致しない部分があり，今日においてもしばしばその解釈上の違いが問題にされる．第2条の英語版でマオリに認められた権利は，"the full exclusive and undisturbed possession of their Lands and Estates Forests Fisheries and other properties" と表されているのに対し，マオリ語版の1869年のある英訳版では "the full chieftainship of their lands, their settlements, and all their property" となっている．英訳版の "chieftainship" はマオリ語版の「ラガツィラ」の訳語として当てられている．ラガツィラタンガは首長を表すラガツィラ（rangatira）に接尾辞のタンガ（tanga）がついて kingdom, principality, sovereignty などを意味する．英語版の "other properties" はマオリ語版では「ラトウ・タオンガ・カトア」（ratou taonga katoa：彼らの財産の全て．ratou は彼ら，taonga は財産・財宝，katoa は全てを意味する）と記され，このマオリ語版の英訳版では "all their property" とより広い意味に訳されている．第二次世界大戦後のマオリ・アカデミズムの有力な指導者の一人，人類学者カーファルによるマオリ語版の英訳では，この「ラトウ・タオンガ・カトア」は "all their treasures" と訳されている．タオンガは有形の財産だけではなく，無形の価値あるものも含み，「マオリにとって全ての価値あるもの」と解釈されるのである．

19世紀後半から20世紀前半にかけて，マオリの各部族の領域で Crown によって広大な土地が買収，ヨーロッパ人入植者に売却され，多くの場合，マオリには，農業生産力が期待できない，タオンガと呼ぶにはほど遠い土地や，断片的な地片が保留地として残されるだけとなった．そして今日に至るまでしばしば議論されるのは，ラガツィラタンガの権能とそれが及ぶ範囲であり，またラトウ・タオンガ・カトアの示す対象である．

領域の土地の大半を手放したマオリにとって，狩猟と採集は彼らの経済生活の上でヨーロッパ人との接触以前と変わらず重要なものであり，加えて自然環境中から獲得される食物は，彼らの伝統的な文化の存続にとっても不可

欠なものであった．土地の多くを Crown に売り渡したとしても，各部族のロヘ（rohe），すなわち領域の自然環境の中にある狩猟採集の対象となるマヒンガ・カイ（食料獲得の権利）を Crown は正式に獲得したわけではないので，条約の第2条で保証されたラトウ・タオンガ・カトアに含まれるマヒンガ・カイを制約なく利用することは，彼らのラガツィラタンガの行使であると考えるのがマオリの立場である．しかしながら，Crown は長くマヒンガ・カイを「耕作」とのみ解釈し，土地の売却・買収ののちに，狩猟採集の対象となる資源に対するマオリの権利を積極的に認めようとはしなかった．

おわりに

　狩猟採集を主要な生存の手段としてきた先住民族の多くは，工業化，都市化された現代社会の中で，その伝統的な固有の生活の手段を失うか，あるいは狩猟採集に関する知識や技術を，現実の経済生活に不可欠な手段としてではなく，伝統的な文化の一つとしてかろうじて存続させているのが現状であろう．確かにその知識や技術は，もはや先住民族の現代社会での経済的・物質的な生活にとって不可欠なものとは言いがたいかもしれない．それ故にこそ，今日，文化としての狩猟採集の知識と技術，あるいはそれにともなう儀礼や慣習は，先住民族固有の文化の具体的な表現として重要な意味をもっているのである．

　この先住民族の伝統的な狩猟採集活動は，彼らの領域の中の生態系に関する総体的な理解と，個々の動植物の生息・生育環境や生育条件，繁殖サイクルや再生のメカニズムなど，精緻な知識を土台としたものであった．そして天然資源の持続可能性は，それに依存して生きる民族の生存にとって欠かせないものであった．しかしながら，欧米先進諸国による植民地化にともなう商業主義的な資源の開発・利用の拡大は，先住民族の持続的な資源利用を脅かしてきた．また現代の経済循環の中で生きる多くの先住民族にとって，彼らの自然環境に関する知識は日常的な経済生活においては不可欠なものでは

ないが故に，今日その継承が危ぶまれている．だが一方では，先住民族の一つの文化として今日かろうじて継承されている天然資源の管理や利用に関する知識や技術が，現代の自然環境管理や持続的な資源利用，あるいは生物多様性の保全におけるさまざまな課題に対して多くの示唆を与え，それらの解決に寄与する可能性を有していると考えられているのも事実である．ニュージーランド南島のナイ・タフ族は19世紀後半以降のCrownによる土地買収，その後の大規模な農場や牧場の拡大過程で，部族の領域の中に広範に存在した伝統的な狩猟採集の場や動植物資源を蚕食され続けてきた．しかしながら工業化，都市化の進む今日においても，狩猟採集活動はイウィやハプの伝統的な文化の具体的な表現としてその存続の努力が続けられている．

　入植植民地国家としてのニュージーランドでは，ヨーロッパ人入植者による大規模な環境改変の結果，本来の自然環境中に狩猟採集資源を求めた先住民族の伝統的な生活様式の土台が著しく蚕食されてきた．しかし，第二次世界大戦後の環境保護運動のたかまりや，それを背景とした環境保護政策の前進の中で，先住民族マオリの持続的な資源管理に関する価値観や知識，技術が再評価されてきつつある．

注
1) Ulluwishewa, Rohana, Nick Roskruge, Garth Harmsworth and Bantong Antaran (2008): Indigenous knowledge for natural resource management-a comparative study of Maori in New Zealand and Dusun in Brunei Darussalam-, *GeoJounal*, Vol. 73, p. 274.
2) Frances, Rachaelle, Rangimarie Barclay and Hukanui Marae (2001): Kaitiakitanga, Raahui & Ra' Ui-Traditional Resource Management Ethics in Aotearoa and the Cook Islands-, *TE TAARERE AA TAWHAKI* (Journal of the Waikato University College), Vol. 1, Koroneihana, p. 106.
3) King, Darren N.T., James Goff, and Apanui Skipper (2007): Maori Environmental Knowledge and Natural Hazards in Aotearoa-New Zealand, *Journal of the Royal Society of New Zealand*, Vol. 37, No. 2, June, p. 60.
4) McDowall, R.M. (2011): *Ikawai: Freshwater fishes in Maori Culture and Economy*, Canterbury University Press, p. 399.

5) マタウランガ (matauranga) は knowledge あるいは education などと英訳され,タイアオ (taiao) は universe, environment などと訳される.ここでは「環境に関する知識」の意味である.
6) King, et al. (2007), p. 60.
7) Gillespie, Alexander (1998): Environmental Politics in New Zealand/Aotearoa-Clashes and Commonality Between Maoridam and Environmentalists-, *New Zealand Geographer*, Vol. 54, No. 1, p. 22.
8) Freitas, Chris R. de and Martin Perry (2012): *New Environmentalism -Managing New Zealand's Environmental Diversity-*, Springer, p. 19.
9) Miller, Caroline L. (2011): *Implementing Sustainability: The New Zealand Experience*, Routlege, pp. 145-146.
10) カイチャキ (kaitiaki) の語は,本来,マオリ語で自然環境の守護を意味するが,近年のニュージーランドではマオリの間だけではなく,広く「持続的発展」や「環境保全」を象徴する言葉としても聞かれる.
11) O'Regan, Tipene (2001): NgaiTahu and the Crown-Partnership Promised-. In *Rural Canterbury -Celebrating its History-*, edited by Garth Cant and Russell Kirkpatrick, Daphne Brasell Associations, p. 7.
12) Tau, Te Maire, Anake Goodall, David Palmer and Rakiihia Tau (1990): *Te Whakatau Kaupapa-, Ngai Tahu Resource Management Strategy for the Canterbury Region-*, Aoraki Press, p. 4-12, p. 4-13.
13) 上掲 p. 4-18, p. 4-19. パウア貝については第7章注12も参照.
14) Waitangi Tribunal (1991): *Ngai Tahu Report, Vol. 1*, Brooker and Friend Ltd., p. 151.
15) Ulluwishewa, et al. (2008), p. 276.
16) O'Regan (2001), p. 8.
17) Evison, Harry (2006): The Ngai Tahu Deeds-A window on New Zealand History-, Canterbury University Press, p. 17.
18) Ward, Alan (1989): *A Report on the Historical Evidence: The Ngai Tahu Claim, wai 27*, Waitangi Tribunal, p. 168.
19) Tau, et al. (1990), p. 4-22.
20) Ward (1989), p. 170.
21) 上掲,p. 172.
22) Williams, Jim (2010): Mahika Kai: The Husbanding of Consumables by Maori in Precontact Te Waipounamu, *The Journal of the Polynesian Society*, Vol. 119, No. 2, p. 158.
23) Waitangi Tribunal (1991), *Ngai Tahu Report, Vol. 1*, p. 151.
24) Department of Conservation (1994): Maori Conservation Ethic: A Ngati Kahungunu Perspective, *Conservation Advisory Science Notes*, No. 93, p. 20.

25) Ulluwishewa et al. (2008), p. 279.
26) McDowall (2011), p. 399.
27) Kawharu, Merata (2000): Kaitiakitanga: A Maori Anthropological Perspective of the Maori Socio-Environmental Ethic of Resource Management, *The Journal of the Polynesian Society*, Vol. 109, No. 4, p. 359.
28) Tau, et al. (1990), p. 3-11.
29) McCormack, Fiona (2011): Rāhui-A Blunting of Teeth-, *The Journal of the Polynesian Society*, Vol. 120, No. 1, p. 44.
30) Kawharu (2000), p. 357.
31) Ulluwishewa, et al. (2008), p. 282.
32) Maxwell, Kimberley H. and Wally Penetito (2007): How the use of rahui for protecting taonga has evolved over time, *MAI Review*, 2, Intern Research Report, p. 12.
33) 上掲, p. 12.
34) McCormack (2011), p. 43.
35) Tau, et al. (1990), p. 3-11.
36) Kawharu (2000), p. 360.
37) Morad, Munir and Mairi Jay (2000): Kaitiakitanga-Protecting New Zealand's Native Biodiversity-, *Biologist*, Vol. 47, No. 4, p. 3.
38) Waitangi Tribunal (1991): *Ngai Tahu Report*, Vol. 3, Brooker and Friend Ltd., p. 844.
39) Wright, Shane D., Graham Nugent and Hori G. Parata, (1995): Customary Management of Indigenous Species: A Maori Perspective, *New Zealand Journal of Ecology*, Vol. 19, No. 1, p. 85.
40) Ulluwishewa, et al. (2008), pp. 272-273.

第7章
ナイ・タフ族によるテ・ワイホラの利用と管理

はじめに

　ニュージーランドでは現在，先住民族マオリとパケハによる資源や環境の持続的な共同管理システムの構築が模索されている．異なる生活様式や文化をもっていた両者は，一つの国土の上で，これまでにも環境や資源をめぐってさまざまな利害の衝突や摩擦を経験してきた．マオリは，生活に必要な物資を農耕だけではなく動物や植物の狩猟採集に依存し，それらの資源を持続的に利用するための伝統的な資源管理の仕組みは，19世紀初頭に始まるヨーロッパ人との接触以後も根強く残されてきた．特に寒冷な気候のために，クマラやタロを中心とした農耕が温暖な北島にくらべて不安定であった南島では，狩猟採集の対象となる資源に対する厳格な管理秩序が維持されてきた．持続的な資源利用に関するさまざまな秩序や慣習は，自らを自然環境がもたらす資源の利用者としてではなく，そのカイチャキ，すなわち守護者と考える環境倫理的な価値観と結びついていた．
　ヨーロッパ人の入植は，ニュージーランドの南・北両島へヨーロッパ式の農耕と牧畜をもたらし，彼らは固有の樹種を含む豊かな森林や原野の開墾，湿地の排水，湖の干拓などで農場や牧場を広げていった．この森林や原野，湿地や湖水の大幅な減少は，シダの根の澱粉や鳥類・魚類を食料資源の重要な一部分としていた先住民族の生活を脅かすものであった．言い換えれば，

先住者にとって豊かな資源をもたらした森林や原野，湿地やラグーンや湖水は，牧草地と可耕地を求めるヨーロッパ人入植者にとっては改変し開墾すべき対象であった．このような先住民族とヨーロッパ人入植者の資源や環境をめぐる対立は，両者の接触後，早い段階から顕在化したのである．

1840年にイギリス国王とマオリの首長たちとの間で結ばれたワイタンギ条約は，マオリが主権をイギリス国王に譲り渡すこと，そしてイギリス国王はマオリに対して土地，村落，その他全ての財産を保障することを定めている．「その他全ての財産」に，マヒンガ・カイ，すなわち森林や原野，湿地や湖水，河川，沿岸海域などにおける狩猟採集活動，あるいはその場所が含まれるか否かについては，先にも述べたようにワイタンギ条約締結以来Crownとマオリの間で解釈の違いがあった．この解釈の違いはその後，動植物などの天然資源の利用に関するマオリの慣習的な権利の存否をめぐる議論の重要な争点の一つとなった．

今日のニュージーランドでは，資源管理法（Resource Management Act 1991）の制定を契機に，森林，河川，湖沼，沿岸海域などさまざまな場所について，開発の規制，持続的な環境の管理と資源の利用が積極的に検討され，さまざまな地域レベルで管理計画が策定・実施されている．計画の策定に当たって地域の先住者と協議する場合，彼らの伝統的な資源管理の考え方や方法が計画の方向性と常に合致するとは限らず，先住者が守ってきた自然環境とのかかわり，特にマヒンガ・カイの存続が困難になる可能性も考えられる．

本章ではニュージーランド南島の先住者であるナイ・タフ族の伝統的な食料資源の持続的管理と，ヨーロッパ人の入植・開拓によるその蚕食の経緯，そして，今日における資源の管理をめぐる，ナイ・タフ族と管理計画の策定と実施を担当する諸機関との協議，およびそこに生じる問題について考察する．ここで取り上げる南島中部のテ・ワイホラ（Te Waihora，エレズミア湖，ここではマオリ名のテ・ワイホラを用いる．Teはthe，Waiは水，horaはspread outを意味する）においては，ナイ・タフ族の持続的・伝統的な資源管理の方法と，ヨーロッパ人入植者の土地や水の開発とその利用法が著しく

異なり，これまで数多くの問題が生じてきた．テ・ワイホラを舞台とした二民族間の対立解消のための努力と，ナイ・タフ族の伝統的な文化の尊重は，二民族社会ニュージーランドにおける，持続的資源管理の一つの方向性を示すものと考える．

第1節 ナイ・タフ族の伝統的生活と資源利用

1. 南島の自然環境と食料資源

 北島にくらべて冷涼な気候の南島は，クマラやタロなどの暖地性の作物の栽培にとっては必ずしも恵まれた環境ではなかった．南島のカンタベリー平野の東岸に位置するバンクス半島あるいはテ・ワイホラ周辺以南では，クマラの栽培は困難であり，そのため南島の主要部を部族の領域とするナイ・タフ族にとって，植物や魚類，鳥類は食料資源として重要な役割を果たしていた．ナイ・タフ族の中でもとりわけ南島南部のムリヒク地域で暮らすナイ・タフ族（この地域の発音に従えばカイ・タフ Kai Tahu）は，狩猟採集だけが食料の獲得手段であった．シダの根からは澱粉が，ツィ・コウカからは新芽などが採集された．ティティやウェカなどの鳥類，キオレなどの動物も欠かせない食料資源であったが，ナイ・タフ族にとっては沿岸海域や河川，湖水で獲得される魚類や貝類はとりわけ重要な食料資源であった．河川や湖沼のツナや，海で獲れるマンガ，パティキなどが代表的な食用魚であった．

 これらの動物の生息地，植物の生育地を保全するために注意深い管理が行われ，その結果，動植物やそれを取り巻く環境に関する詳細な知識が蓄積され，資源の利用と管理の慣習は倫理的な規範となり，儀礼と信仰によって強化された[1]．

 これらの資源を利用する権利はイウィ，ハプ，ファナウ，個人の権利に分けられたが，大部分の経済的な資源はハプによって排他的に保有されていた[2]．ハプは多くの場合，大きな河川の集水域を単位とする領域を支配し[3]，上流の山地の森林から河川流域の湖水や原野，河口近くのラグーンなどの水

面，沿岸海域の資源を排他的に保有した．それらは主としてハプの成員によって利用されたが，一部はハプの領域を超えて広がるファカパパのネットワークを通じて，権利を持つ他のハプの成員によっても利用された．沿岸海域での漁労や，ウナギの簗場のような共同作業を必要とする規模の大きな資源利用を除いて，日常的な資源の利用は個々のファナウを単位として行われた．ファナウのラガツィラは，耕作のための土地はもちろん，漁を行う場所，ネズミや鳥を捕獲する場所，食用のツィ・コウカやシダの根の採集場所，繊維原料のハラケケが茂る湿地など，さまざまな資源とその場所に関する知識を継承し，それらの資源の権利をファナウの成員に分配した[4]．捕獲された魚や鳥は次のシーズンまで一定の期間保存しなければならなかった．例えばティティの可食部分はそれ自体の脂肪で包んで，ポハの中に保存し，ウナギは乾燥させて保存した[5]．これらの保存の技術も集団の安定した食料調達に欠かせないものであった．

2. マヒンガ・カイとナイ・タフ族の社会

　南島を領域としたナイ・タフ族は，北島の諸部族にくらべて，早い段階からヨーロッパやアメリカの捕鯨業者やアザラシ猟師と接触した．彼らがもたらしたジャガイモや小麦は，南島の気候にも適合し，ナイ・タフ族の耕作に広く取り入れられ，南島沿岸で活動するヨーロッパ人との主要な交易品となり，ある時期はオーストラリア植民地へ供給するほどにその栽培が拡大した．外来のジャガイモの栽培と豚の飼育は，1820年代には南北両島のマオリの経済の主要な一部分を構成するまでになった．しかしながらナイ・タフ族自身は，ヨーロッパ人との接触後50年たった1850年頃でも，彼らの食料の多くをマヒンガ・カイに依存していたといわれている[6]．

　19世紀末に，1879-81年の南島の土地売却に関するスミス／ネルン王立委員会（Smith / Nairn Royal Commission）の審問に対する証言のために，南島のラガツィラの一人であったタイアロア（Taiaroa）が，詳細なマヒンガ・カイのリストを作成している．このリストには，南島のカンタベリー平

第7章 ナイ・タフ族によるテ・ワイホラの利用と管理　　　183

野のカイアポイからオタゴ地域にかけて分布した1,700か所以上，114種類に及ぶ動植物のマヒンガ・カイが記録されていた．今日ではそれらの所在地や地名の多くは忘れ去られ，特に湖水の干拓や低湿地の排水による農地化，牧場化，あるいは河川流路の変更が行われたところではこれらのマヒンガ・カイの多くは消滅してしまった[7]．

　マヒンガ・カイは，南島を領域とするナイ・タフ族にとって食料獲得に不可欠の手段であり，対象となる多様な資源の保全と利用に関して，詳細な知識と厳格な秩序や慣習を生み出した．時期が限定される狩猟や採集のための移動や労働は，ハプやファナウの共同社会の中で調整され，南島の中でもクマラなどの作物栽培が可能な北部では，農耕の期間と狩猟採集の期間も調整しなければならなかった．

　狩猟採集の対象となる動植物は多岐にわたったが，各々の狩猟や採集の時期は慣習的に定められていた．南島南部を定住地とするナイ・タフ族を例にとると，海での漁は10月から5月までのハプク（hapuku：ベラ）や3月から8月のパティキのような長い漁期のものから，8月だけの短い漁期のアウア（aua：ニシン）などがあった．淡水の魚類を代表するウナギの漁期は7月から4月に及び，休漁期は短期間であった．さまざまな種類の野鳥の捕獲は夏の12月から初冬の6月まで続いた．遠距離の移動をともなう，フォーボー海峡に位置するティティ諸島でのティティの捕獲は，秋から初冬の4，5月に限られた．植物もまた慣習的に採集時期が守られた．澱粉源であったシダの根は3月から9月にかけて採集され，ツィ・コウカの可食部分の採集は9月から1，2月の間に行われた．その他の魚類，鳥類，植物も捕獲や採集の時期がそれぞれ定められ，年間を通じてさまざまな食料，材料の確保のために南島各地のマヒンガ・カイが利用された．

　各地のハプは，南島とその沿岸に広範囲に分布する食料資源とともに，各々の領域の環境の特徴に応じたマヒンガ・カイをもち，捕獲・採集されたそれらは異なる集団の間で交換された．食料資源確保のための十分なマヒンガ・カイの権利を持たない集団は，食料の運搬や保存に使用する籠や袋を作

る樹皮の繊維や，ハラケケを交易品とすることがあった[8]．余剰物資の交易のための地域間の移動に加え，ティティの捕獲，西海岸に産出するポウナムの採集のために，人々は幾世代にもわたって継承されてきた経路を通って長距離を移動し，目的の土地ではノホアンガに一定の期間滞在して狩猟や採集に携わった．これらの広範囲にわたる移動は集団間の通婚を促し，それによってハプ間に血縁のネットワークが生まれ，地域間のファカパパのつながりを形成していった．

マオリの社会は父母両系の社会であり，そのために父系，母系双方の血縁で相続されるファナウや個々人が持つ資源の利用権は，集団間の通婚によって南島の広い範囲に分散し，複雑な権利関係を形作っていた．ある集団の資源の利用権は，定住地とその周辺だけではなく，特に，ティティやウナギの捕獲，ポウナムの採集などは南島の各地で権利が錯綜し，人々はそれらの地域を定期的に訪れて狩猟や採集を行った．そのための季節的移動は主として春から秋にかけて，南島の広い範囲に及んだ．狩猟採集に訪れる場所の自然環境と資源に関する知識はもちろん，移動経路や適切な野営場所，移動の際に捕獲・採集可能な食料に関する知識は，南島での生存にとって不可欠であり，ハプやファナウの集団内で伝えられていった．これらの権利は継続的に利用すること——アヒ・カ，すなわち「火を絶やさず暖かく」していること——で維持されたが，普通は3世代にわたって利用が途絶えると，その権利は消滅し，他の集団によって権利が主張されることがあった．

マヒンガ・カイで獲得された食料は，各々の集団の食料として消費されるとともに，余剰は交易にまわされたが，他の集団に対するマーナキ（mana-aki：歓待）にもそれらの食料が消費された．特にその土地の特色ある食物を用いた気前のよいもてなしは，饗応する集団のマナを高め[9]，その食物のマヒンガ・カイの継続的な利用の意思を示す明白なデモンストレーションともなった．したがって，資源管理の失敗や不徹底などによって起こるマヒンガ・カイの喪失は，集団の食料の減少のみならず，その集団のマナの低下を招くことにもなったのである．

3. 沿岸海域と内水面のマヒンガ・カイ

　南島の沿岸海域，海岸近くに発達したラグーン，そして南島の脊梁山脈サザン・アルプスを水源とする河川，南島南部の山間に点在する氷河が形成した湖などの内水面の水産資源は，ナイ・タフ族の伝統的な生活にとって欠かせない食料源であった．特に，冷涼な気候のために作物栽培によって十分な食料を調達することができなかったナイ・タフ族は，狩猟採集への依存度が高く，そしてまたCrownによる土地買収の際に，ナイ・タフ族のために確保された保留地が質量ともに不十分であったこともあり，土地売却後の水産資源の重要度は以前にも増して高まった．

　長い期間にわたってナイ・タフ族は南島の彼らの領域の中の，これらの内水面の資源に関して多くの知識を蓄積し，継承してきた．同じ種類の魚でもライフサイクルによって異なる名称で呼び，あらゆるカイ・モアナ（海産物）とカイ・アワ（河川の水産物）の生息場所はもとより，繁殖や移動の時期，採餌の習性などについて詳細な知識を有していた[10]．水産資源への依存は，資源量を維持するために，魚介の種類ごとに，漁場や漁期，漁具や漁法などに関して厳格で複雑な慣行を生み出した．ナイ・タフ族の漁業では，ねらった魚に合わせて漁場や漁具・漁法が選ばれ，それ以外の捕獲された魚は放たれた[11]．

　ナイ・タフ族の漁業は水産資源の漁獲だけによらなかった．特に貝類の養殖に関しては，伝統的な方法を継承していた．優れた品種の稚貝を他地域から運び，新しい沿岸海域に播種した．あるいは品質のよいククやパウア貝[12]の稚貝は，ハプやファナウが管理するルアの中に保管された．また，他の貝を餌とするエゾバイ貝の一種を取り入れることで，過剰な増殖の抑制が行われた[13]．貝類の養殖も，収穫時期や収穫量の制限など，集団の中の厳格な統制の下に行われてこそ，安定した食料資源として効果を発揮するものであった．

　ナイ・タフ族のこのような水産資源への密接なかかわりは，水に関するさまざまな固有の区別やタプをともなった．水はそれ自体のマウリをもった生

命あるものとみなされ，それに従って水には3つの状態があると考えられた．ワイオラ（waiora：生命の水）は雨や涙，泉，特別な場所の水で，ワキアノ（wakiano：悪い水）は急流や危険な場所の水，精神的・物理的に汚染された水，ワイマテ（waimate：字義的には「死の水」）はマウリを失った水である[14]．したがって，漁業にも資源の保全のための制限や秩序だけではなく，この水の状態に応じた場所や期間に関する制限があった．

もちろん人が消費する水，あるいはさまざまな食料をもたらす水は人間の廃物によって汚染されることは許されなかった．例えば月経中の女性が水に入ることは精神的な水の汚染と考えられ，溺死者が出た水域はそのタプ（禁忌あるいは喪）が解けるまでは利用が厳しく制限された．またこの水の状態は一つの河川の上流から下流に至るまで変化し，漁業や水の利用を制約した[15]．

4. タプとラフイがマヒンガ・カイにもたらす制限

マオリの社会では，資源の利用やその地域への立ち入りを禁止，あるいは制限して，資源の保全を図る慣習が存在した．タプとラフイは，個人や集団の活動を制限して，資源の利用を統制する役割を果たした．個々の資源や場所に対するタプやラフイは，集団のラガツィラ（首長），あるいはトフガ（聖職者）によって決定された．

タプは，ある人や物に触れること，あるいは埋葬地などの場所への立ち入りの禁止であり，マオリの生活や思考を律する重要な要素をなし，人の誕生から死に至るまでさまざまな場面にかかわっている．食料資源の獲得に関しては，人が溺死した水域など，何らかの理由でタプとなった場所や資源は，そのタプが解かれるまで利用することができなかった．故意に，あるいは偶然にタプが犯された場合，その結果としての病気や災い，あるいは死が恐れられたが，その状況を回避するための行動を指示することができたのはトフガだけであった．タプの下にあるマヒンガ・カイへの立ち入りとその利用の再開には，トフガによって定められた場所で執り行われる，資源によって異

なるティカンガ（tikanga：儀礼）によるタプの解除，すなわちノア（noa：free from tapu）が必要とされた[16]．

　水もまた，他の水，あるいは他の対象物との関係でタプとなり，あるいはノアが必要となった．タプが犯されるとその水のマウリも傷つけられた．また異なるマウリをもつ水を混ぜることは，双方の水のマウリを犯すこととなった．例えば調理や洗濯，その他の活動に使われた水を他の用途に利用するためには，その能力をもったトフガによって儀礼的に浄化することが必要とされた[17]．あるいは魚の内臓を満潮位以下の海面に投棄することは，その海をタプの状態に置くこととなり，ふたたび利用するためには浄化する必要があった．

　ラフイは資源の持続的な管理にとって重要な役割を果たした．ラフイは資源のある場所への立ち入りや利用に関する一定期間の制限であり，普通，対象となる動植物の種類ごとに定められた．資源が適切に再生された場合，ラフイは解かれ，その資源は通常の利用に供された．ラフイは多くの有用な資源に対して適用され，魚類，鳥類，シダの根，栽培作物などの食料資源のみならず，マオリの伝統的な彫刻に用いる樹木，繊維原料のハラケケ，染料のオークルなどにも，不適切な時期の採集や収穫を制限するために課された．社会的なラフイは集団のラガツィラのような，十分なマナを備えた人間であれば誰でも課すことができたが，多くの場合，このようなラフイによる制限と解除は，動物や植物の成長や習性を熟知したトフガによって決定された[18]．

　タプやラフイを犯した個人や集団は，イウィやハプの中での精神的・物理的な懲罰の対象となることへの畏れが，これらの制限を効果的なものとしていた[19]．

第2節 ヨーロッパ人の入植・開拓にともなう環境改変とマヒンガ・カイへの影響

1. 南島におけるヨーロッパ人の入植・開拓

　南島東海岸に位置するカンタベリー平野は，1840年代に始まるヨーロッパ人の入植以前にはその大部分が原生林と原野で覆われていた．カンタベリー地域では，Crown が先住のナイ・タフ族から獲得した広大な土地が入植者に売却，あるいは貸し付けられていった[20]．その結果，平野の低平地の大半は 1855 年頃までに入植者によって占有され，その後，サザン・アルプス山脈の東麓の，イネ科の固有種タソックで覆われた原野へと入植地は拡大していった．入植・開墾の過程で平野の原生林は切り払われ，タソックの原野は焼き払われて，農地や牧場，羊の放牧地と化していった．海岸近くのラグーンや河川下流部の低湿な土地には排水路や堤防が設けられ，湿地の一部は干拓されて農場となった．一方，乾燥した土地では山脈から供給される豊富な地下水を汲み上げて利用する一方，一部の地域では 1860 年代から河川の水を引き灌漑が行われ，この水は家畜の飲用水としても利用された[21]．また森林の伐採と開墾は土壌の流失を招き，南島の山地を水源とする各河川の流況に大きな変化をもたらし，土砂の堆積による河床の上昇など，新たな問題を発生させた．

　Crown による土地買収の際にナイ・タフ族のために残された保留地は，ヨーロッパ人が支配する新たな経済の下で彼らが農耕や牧畜で生活してゆくためにはあまりにも少なく，その場所も主に土地のやせた山地斜面や丘陵地で，豊かな農業生産を期待できるものではなかった．また，これらの保留地にはナイ・タフ族の伝統的な生活にとって不可欠であった狩猟採集の場所，すなわちマヒンガ・カイの多くが含まれていなかったことは，その後 Crown とナイ・タフ族の間にマヒンガ・カイの解釈やその権利をめぐる問題を生じさせる原因となった[22]．ワイタンギ条約第2条でその所有が保障さ

れたタオンガを有形・無形の広義の財産と理解するナイ・タフ族と，耕作された土地のような，継続的に占有された物的財産と解釈する Crown との間には根本的な相違があった．

　領域の広大な土地を手放したナイ・タフ族の多くは，商品経済の発展の中で，道路建設や森林・原野の開墾，牧場の牧柵作り，あるいは羊の毛狩りなどの臨時的・季節的な賃労働に生活の手立てを求めることになった．しかしながら，食料の獲得手段としてのマヒンガ・カイの役割が消滅することはなかった．むしろ経済的な不況に見舞われた時代には，賃労働による収入の減少を補うための生活手段として一段と重要性を増した．

2. 環境改変とマヒンガ・カイ

　1850年前後に南島東海岸中央部を買収した，いわゆる「ケンプの買収」をはじめ，南島各地で Crown によるナイ・タフ族からの土地買収が行われたが，当初はそれ自体がただちに先住者のマヒンガ・カイを妨げるものではなかった．しかしながらカンタベリー平野では，19世紀後半になって，Crown から土地を購入，もしくは借り入れた入植農民が本格的に居住・開拓を始めた．それとともにヨーロッパ人の農場主や牧場主は，ナイ・タフ族が食料の獲得のために農場や牧場へ自由に立ち入り，通過することを拒み，彼らの狩猟採集活動をしばしば妨げるようになった．その結果，ナイ・タフ族のそれまでのような自由なマンヒガ・カイは著しい制限を受けることになった．また入植者による原生林や原野の開墾は，鳥類や野生のラットなどの生息域，シダ類などの食用植物やハラケケなどの繊維植物の分布域を狭め，湿地の排水や干拓はラグーンや湖の魚類や水鳥の生息地を改変し，ナイ・タフ族の狩猟採集のための環境に大きな影響を与えた．すでに1870年代にナイ・タフ族は，植民地政府に対して，魚類の生息域の破壊とその結果としての漁獲量の減少について，改善策を求めて陳情を始めている[23]．

　ナイ・タフ族の狩猟採集活動に影響を与えたのは農業や牧畜ばかりではなかった．19世紀半ばに南島各地で起こったゴールドラッシュや，その後の

石炭採掘などの鉱業も，採鉱活動や洗鉱の結果生じる懸濁水の河川への流入により，淡水の水産資源に悪影響を及ぼした[24]．

　ヨーロッパ人との接触後に生じた，ナイ・タフ族の狩猟採集活動に対するこのようなさまざまな阻害要因は，狩猟採集に関する知識や技術，慣習，禁忌などの世代間継承を危うくし，狩猟採集で得られた伝統的な食料で客をもてなすマーナキの慣習の存続を困難にするなど，マヒンガ・カイの文化的価値や精神的価値にも負の影響を与えた．

第3節　ワイタンギ条約とマヒンガ・カイ

1. ワイタンギ条約が保障したタオンガとは

　1840年に北島のワイタンギで，ニュージーランド総督代理ウィリアム・ホブソンと，北島のマオリの首長たちとの間でワイタンギ条約が結ばれた．条約の第2条でマオリによる所有が保障された「その他の財産」は，条約の英語版では other properties と表記された．しかし，条約のマオリ語版ではタオンガ・カトア taonga katoa，すなわち「全ての (katoa)」「財産・財宝 (taonga)」と訳されている．マオリやナイ・タフ族の主張に従えば，彼らの伝統的な狩猟採集の活動，およびその場所であるマヒンガ・カイは，保障されたはずのタオンガの一部なのである．これに対してCrownは，マヒンガ・カイを「耕作 (cultivation)」と捉え，集落や耕作されている土地，あるいはウナギの簗のような固定的な施設と解釈した．

　19世紀前半からCrownが先住民族の土地を買収し，ヨーロッパ人入植者に配分した結果，南北両島のマオリの部族はそれぞれの領域の土地の多くを手放すことになった．しかしながらナイ・タフ族にとっては，売り渡したのは土地だけであり，自然環境中に存在する食料資源の狩猟採集の権利やその場所は手放した記憶はないのである．それどころか，南島のサザン・アルプス山脈の分水嶺から沿岸の海域に至るまで，その自然環境中にある全ての食料資源は，ナイ・タフ族が先祖から受け継ぎ，子孫へと伝えるタオンガであ

るとともに，マヒンガ・カイはナイ・タフ族固有の伝統的文化を構成する重要な一要素であると考えているのである．この点でナイ・タフ族のマヒンガ・カイは，クマラやタロなどの作物栽培を食料獲得の主な手段としていた北島のマオリ諸部族にとってのそれとくらべて，経済的な役割，そして文化的な重要性において，より大きな意味をもつものであったと考えられる．

南島東部の主要部分をナイ・タフ族から買収したケンプは，買収に当たってナイ・タフ族とその子孫にマヒンガ・カイを保障することを約束した[25]．しかし，ここでも Crown は，マヒンガ・カイを集落周辺の常時耕作されている土地と，「ウナギを捕獲するための固定された堰」に限定し，南島の広い範囲に及ぶマヒンガ・カイを土地買収の際の補償の対象とすることはなかった．また，1848年に Crown からナイ・タフ族の保留地を定めるように指示された土地買収官ウォルター・マンテルは，マヒンガ・カイ保障のための保留地確保の手立てを取らなかったのである[26]．

2. ワイタンギ審判所とマヒンガ・カイ

各地のイウィやハプから提訴される事案に対するワイタンギ審判所の立場は，ワイタンギ条約の前文にある「先住者の権利と財産が保護され，平和と良き秩序を享受することを切望する」という，条約締結時の Crown の姿勢を尊重するものである．例えば審判所は，北島のオークランド市に隣接する内湾のマヌカウ港（Manukau Habour）における，農業排水と汚水処理場からの廃水による汚染と漁業権をめぐる提訴に関する報告で，「ワイタンギ条約はそこに規定されたマオリの利益を認めるばかりではなく，積極的に彼らを保護する責務を Crown に課している……保護の提供の怠慢は，権利を積極的に排除する行動と同じように条約に対する重大な侵害である」と記している[27]．

ワイタンギ審判所は設立以来，言語と水と土地を事案として扱ってきた．土地をめぐる復権要求は，特に1985年以降，重要な問題となっていったが，水に関しては，農牧業の排水や都市廃水による河川や沿岸海域の汚染，水力

発電や農業用水など，水資源利用に関する利害の対立，漁場をめぐる商業的漁業との対立など，各地の先住者のマヒンガ・カイと結びついて早くから取り上げられた．

現在，各地の部族など，先住者の集団から審判所に提訴される事案は，土地をはじめ地熱や鉱産資源などの物的なものや，マオリ語，放送の周波数など無形のものまで，その対象はさまざまである．もちろんマヒンガ・カイも審判所に提出される重要な事案の一つである．特に河川や湖沼の内水面，沿岸や内湾の海面は，各地のマオリの伝統的な食料獲得の場所であったために，しばしば審判の対象となり，先住者の権利の侵害の有無をめぐって議論が重ねられた．河川・湖沼では，農牧業の拡大にともなう森林の減少による表土の流出，河道・湖底への土砂の堆積，河川流況の変化，あるいは肥料や家畜の排泄物による水系の富栄養化が，沿岸や内湾では，都市や工業の発達にともなう有害物質を含む排水による海の汚染などが，マヒンガ・カイの環境の悪化を招いている．

ナイ・タフ族はワイタンギ審判所に対して，マヒンガ・カイの本来の意味は，「耕作されている土地」ではなく，「食料や生存に必要なその他の資源を捕獲し採集する場所」であると主張した．それどころか，ヨーロッパ人との接触以前は，マヒンガ・カイは単に食料を獲得する場所ではなく，「最も適切な定義は，部族や準部族や拡大家族によって，動物や植物，岩石などの管理が行われている場所」であったと，オタゴ大学のマオリ研究者ジム・ウィリアムズ（Jim Williams）は述べている[28]．

第4節　テ・ワイホラの自然環境とナイ・タフ族

1．テ・ワイホラの自然環境

テ・ワイホラは，南島東海岸の中央部に位置する東西約24キロメートル，南北約11キロメートルの三角形の形をした湖で，国内で第5位の面積を有する．湖は，海岸に発達したカイトレテ砂州（Kaitorete Spit）で太平洋と隔

てられている．湖面が海抜1.06メートルの場合，水面の面積が約2万ヘクタールで平均水深2.1メートルの浅い湖である．湖は南島のサザン・アルプス山脈を源流とし，その集水域は太平洋に注ぐワイマカリリ川とラカイア川の河間地域にあり，約780平方キロメートルの丘陵地・山岳地域と約1,300平方キロメートルの平野で成り立っている．湖には大小32の河川が流れ込んでいる．これらの流入河川のうち，山脈に水源をもつ河川はセルウィン（Selwyn）川だけであり，その他の流入河川は湖から約20キロメートル以内の平野部や丘陵部を水源とする短い河川である．湖には，これらの河川からの流入水とは別に，ワイマカリリ川とラカイア川から供給される地下水が流入している．地下水位はセルウィン川最下流の沿岸から湖岸の低地で5メートル以内と，湖の周辺には低湿な環境が広がっている[29]（第6図参照）．

湖はヨーロッパ人との接触以前から，地域のナイ・タフ族によって水位の調節，堆積土の海への排出が行われていた．また，湖の西南端に位置するタウムツ（Taumutu）の集落周辺の内水の排除などを目的として，年に一度ほどの頻度で，カイトレテ砂州の南端近くの狭隘部が切り落とされ，湖水が海へ排出されていた．この人工的な排水は，湖底の泥を嫌うパティキなどの魚類の生息環境を改善し，漁業資源の保全にも役立った．また湖水の排出により湖の水位が下がり，海水面と均衡状態になると，潮の干満に応じて再閉塞前の開口部から海水とともに，パティキやその他の海水魚が流入した．流入する海水によって湖水に塩分が補給され，汽水湖としての性質が維持された．開口部が閉じられると，流入する淡水によって塩分濃度は徐々に低下していった．このような海への定期的な排水によって泥土を取り除き漁場を改善する習慣は，カンタベリー地域の海岸の河口部に多く見られる大小のラグーンでも同じように行われていた．

テ・ワイホラと海を隔てるカイトレテ砂州は，バンクス半島のつけ根から湖の南西端のタウムツまで長さ24キロメートル，面積約1万2,000エーカーの長大な砂州である．この砂州はかつてテ・ワイホラが現在の2倍近くの面積であった時代には，バンクス半島からテ・ワイホラ北岸の広大な沼沢地

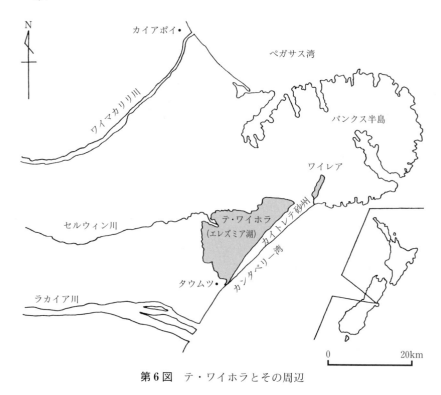

第6図 テ・ワイホラとその周辺

を避けて，南島南部へ通じる重要な交通路であった．また砂州には湖の沿岸に暮らすハプのウルパ（urupa：墓所）が点在している．

2. テ・ワイホラの資源とマヒンガ・カイ

テ・ワイホラは古くはテ・ケテ・イカ・オ・ラーカイハウツー（Te Kete Ika o Rakaihautu）と呼ばれていた．これは「ラーカイハウツーの魚籠」を意味し，ラーカイハウツーとは，この地域の土地をコ（ko：掘り棒）を用いて作った，マオリの伝説上の先祖である．この名称が示すように，テ・ワイホラはナイ・タフ族にとって最も重要なマヒンガ・カイであった．湖は豊富な水産資源に恵まれるとともに，水鳥を捕獲する場所としても重要な場所で，水面と沿岸の湿地帯は多種類の水鳥やその他の鳥類の生息地域となっていた．

そして南島に数多く分布したマヒンガ・カイの利用は，特定の季節に限られていたのに対して，テ・ワイホラではほぼ年間を通じて，季節ごとにさまざまな魚類や鳥類を捕獲できたために，ナイ・タフ族にとって特別な価値のあるマヒンガ・カイであった．

この湖は豊かな水産資源をもっていたが，その中でツナとパティキは，この地域のナイ・タフ族にとって最も重要な食料であった．その他に食用とされた水産資源は，イナカ (inaka：シラス)，カナエ (kanae：ボラ) やコーウラ，ピピ (pipi：ザル貝) など多種類にのぼった．ウナギは湖に流入する河川にも生息し，簗で捕獲された．また湖はカモ類をはじめとする渡り鳥の飛来地でもあり，沿岸に生息する鳥類とともに，人々の食料資源として欠かすことができなかった．特にテ・ワイホラは，かつてはニュージーランド南北両島で最大のウナギの産地で，ピークの 1976 年には，年間の全国水揚げ高の 56％ に相当する 800 トンを生産した[30]．しかしその後，乱獲と後述するような水質汚染などにより水揚げ量が減少し，漁獲制限が行われるようになった．

テ・ワイホラ周辺の低地やカイトレテ砂州に自生する植物も，ナイ・タフ族にとって重要な資源であった．特に，湖の沿岸の低地に分布するハラケケは繊維原料として広く利用され，魚網の材料としても使用された．ピンガオはマオリの実用的な籠やカーペット，装飾用のパネルなどを編む材料として利用された．特に，カイトレテ砂州は南島で最大のピンガオの産地であり，他地域との交易品としても珍重された．また砂州では繊維の染料として用いられたパルパル (paruparu：黒色土) が採集された．

テ・ワイホラのマヒンガ・カイの権利はナイ・タフ族のいくつかのハプによって分割・保有されていた．北部の水域はハプのナーテイ・トゥーアーフリリ (Ngati Tuahuriri) が，南部の水域はハプのナーティ・ルアヒキヒキ (Ngati Ruahikihiki) がそれぞれ保有し，湖の東部の水域は，バンクス半島のハプが権利を持っていた．また湖から隔たった地域に暮らすナイ・タフ族の他のハプやファナウも，ファカパパのネットワークを通じて，湖の資源に

対する何がしかの権利を持っていた[31].

3. ヨーロッパ人の入植と湖の環境変化

　カンタベリー平野は，その大半が原生林や原野で覆われていたが，ヨーロッパ人の入植によって，広大な平野や丘陵の森林と原野は，農場や牧場と化し，それにつれて表土の流出が進んだ．その結果，河道や下流の湖やラグーンへ土砂が流入し，かつては砂や砂利で覆われていたテ・ワイホラの湖底にも土砂が堆積した．同時に，流入河川の下流部の低地や海岸の低湿地，湖沼，ラグーンでは農場や牧場のための排水や干拓が進み，一部では河川から取水して灌漑も行われた．テ・ワイホラの沿岸にもポンプ・ステーションが設けられ，周辺の湿地の排水が行われ，ヨーロッパ人の入植が始まる以前に存在した湖周辺の湿地の約8割が消滅した[32]．湿地の排水や干拓を行い，牧場や農場を良好な状態に保つために，水位は低く保たれ，湖とその周辺の魚類や鳥類の生息地は狭められた．現在，湖の周辺には私的な農場や牧場の所有者80～100人程度と，牧畜のために環境保護局から土地を借り入れた約10人の農民が，小麦の生産や集約的な牧羊業を営んでいる[33]．

　湖周辺の湿地は湖への栄養価の高い水の流入に対するフィルターの役割を果たしていたが，湿地の縮小は湖水の富栄養化の一因となった．また湖面の一部が干拓されて農地や牧場と化し，堤防が築かれたことにより，湖の面積そのものも縮小していった（第7図参照）．またこの湖と沿岸の湿地の縮小は，河川水量の調節機能を低下させ，豪雨の際に湖へ流入する河川水は，湖岸の鳥類の採餌地や繁殖地への溢水の危険性を高めた．

　湖岸の農地化・牧場化は湖の水位調節にも影響を与えた．入植農民にとっては，湖の水位を低くコントロールすることで，かつて湖岸の湿地や湖面であった農場や牧場，あるいは流入河川の沿岸の農場・牧場において，良好な排水状態を保つ必要があった．一方，ナイ・タフ族の湖でのウナギやその他の水産資源や水鳥などの捕獲，沿岸の湿地のハラケケなどの採集にとっては，水位はある程度高く維持されることが望ましかった．この水位をめぐる両者

第7章　ナイ・タフ族によるテ・ワイホラの利用と管理　　197

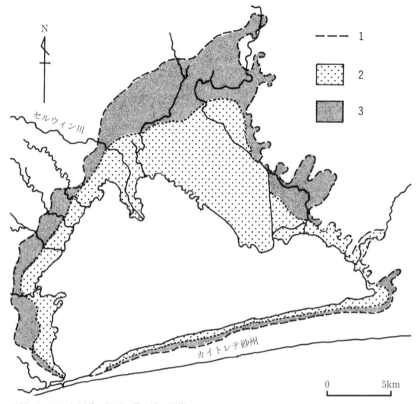

凡例：1. 1840年以前　湖面の最大時の湖岸
　　　2. 1840年代から1940年代の湖水の開放によって消滅した湖面
　　　3. 1840年代から1940年代に排水され，農場・牧場となった湿地
出典：Eric Pawson (2001): Transforming the Environment, In *Rural Canterbury -Celebrating its History-*, Garth Cant and Russel Kirkpatrick (ed.), Daphne Brasell and Associates Ltd. and Lincoln University Press, p. 126 より修正・作図．

第7図　テ・ワイホラと沿岸の排水・干拓

の利害の不一致は，湖水の開放の頻度や開放期間の決定に影響することとなった．ヨーロッパ人との接触以前には，湖は水位が満潮位よりも高くなったときに，2年に1度ほどの割合で開放されていたが[34]，接触後，湖の周辺に入植地が拡大するにつれて，低湿地の開拓と洪水の防止のために水位を低く保つよう湖を開放する頻度は高まっていった．つまりテ・ワイホラの環境や

資源をめぐって,湖に対して異なる利害を有する先住のナイ・タフ族とヨーロッパ人入植農民という集団間の対立が顕在化していったのである.

1947年には湖の水位が「固定され」,そのコントロールの権限を持つNorth Canterbury Catchment BoardとEllesmere Lands Drainage Boardの間で,9月から4月の間は湖面が中間海面水位に対して1.05メートルを超えたとき,5月から8月の間は1.1メートルを超えたときに,湖水の開放をすることを取り決めた.その結果,それまで年平均1.6回程度であった湖水開放の回数が,1947年以降は年3回を上回るようになった[35].このことによって,湖の水位と流入河川の溢水のコントロールが強化され,農場や牧場の良好な排水条件が維持できるようになったのである.

すでに1865年には,カイアポイのナイ・タフ族はカンタベリー当局がテ・ワイホラの水位を低く維持していること,その結果,ナイ・タフ族のウナギ漁が被害を受けていることを政府に陳情し,その補償として農地の提供を求めた.これに対して政府は,ケンプの買収の際に保障されたマヒンガ・カイは「耕作地」であり,湖における漁業の権利は含まれないとの理由でナイ・タフ族のこの要求を退けた[36].

水位の問題とは別に,湖の富栄養化も進行していった.今日では湖の70万エーカー余の集水域の大半は,農場や牧場などの私的所有地である.これらの農場や牧場で使用される肥料や農薬,あるいは牧場から排出される家畜の排泄物とその処理水は,湖と湖に流入する河川を汚染した.特に肥料に含まれるリン酸塩と硝酸塩による湖の富栄養化の進行は,水生植物や藻の発生を助け,その枯死・腐敗により湖水の酸素含有量は低下し,漁業資源と沿岸の鳥類の採餌環境に深刻な影響を与えるようになっていった.特にテ・ワイホラの東,バンクス半島の西南にあるワイレワ(Wairewa, Lake Forsyth:フォーサイス湖)はラン藻の繁茂で著しく富栄養化し[37],テ・ワイホラがこれと同様の状態になることが懸念された.

第二次世界大戦後,テ・ワイホラでは商業的な漁業が発展し,とりわけウナギはニュージーランドで一番の漁獲高を誇った.しかし魚体のサイズを制

限しない商業的なウナギ漁による乱獲は，小型の若いウナギの市場が形成されたこともあり，湖のウナギの減少に拍車をかけた．ナイ・タフ族は資源の保全のために，伝統的に成魚を繁殖用として残す慣習があったが，商業的な漁業はこの慣習と相容れるものではなかった[38]．

このようなウナギをはじめとしたテ・ワイホラの水産資源の乱獲により，資源の枯渇が懸念され，1984年に湖を管轄していたNorth Canterbury Catchment Boardによって，商業的漁業のライセンス制度が設けられた．この制度はごく少量の自家用程度の漁獲を除き，湖での漁業による収入が，所得の80%以上を占めるものだけがライセンスを獲得し，商業的な漁業を営むことができるというものであった．ナイ・タフ族のテ・ワイホラにおける漁業は専業ではなく，羊の毛刈りや農場・牧場，食肉の冷凍工場などでの不規則な賃労働と組み合わせた兼業的なものであった．その結果，ナイ・タフ族の漁業はこの規定を満たすことができず，テ・ワイホラにおけるマヒンガ・カイは強い制約を受けることとなった．1999年4月にワイタンギ審判所の勧告を受けて行われたCrownによる包括補償[39]によって，テ・ワイホラがナイ・タフ族に返還されるまで，湖での商業的なウナギ漁は主に10名前後のパケハのライセンス所有者によって行われてきた．

このように，集水域における農牧業の発展にともなう湖の水位の変化と富栄養化，あるいは湖における商業的漁業の拡大によって，ナイ・タフ族の大きな「魚籠」，テ・ワイホラにおけるマヒンガ・カイは，その存続が危ぶまれるようになったのである．

第5節　テ・ワイホラの返還と共同管理

1. テ・ワイホラをめぐる利害関係

テ・ワイホラのあるカンタベリー平野北部は，1848年のケンプの買収でCrownのものとなった．テ・ワイホラがこの買収の範囲に含まれていたのか否かが，この湖をめぐるナイ・タフ族とCrownの論争の最大の争点とな

った．同時に，湖における狩猟採集の権利がワイタンギ条約第2条で先住者に保障されたタオンガに含まれているか否かも，湖をめぐる両者の対立の背景にあった．しかしながら今日では当事者はナイ・タフ族とCrownだけではなく，さまざまな公的機関や集団，個人が，湖に関する多様な利害関係の下にある．

　ナイ・タフ族以外の，テ・ワイホラの利用と管理に利害関係を有する機関，組織，団体とそれらの湖に対するかかわりは次の通りである．①環境保護局：湖そのものに関する行政，野生動植物の保護や科学的保全地域に関する行政，②漁業省：商業的漁業，養殖漁業の管轄，③Canterbury Regional Council：湖岸地域の排水，水位のコントロール，水利権の認可などを含む湖の水管理計画の立案・実行，④North Canterbury Fish and Game Council：資源管理法上の責務，スポーツ・フィッシングとスポーツ・ハンティングの管理およびそのライセンスの発行，環境保護局の所有する自然保護区の管理，⑤湖に接するSelwyn District CouncilとBanks Peninsula District Council：資源管理法上の責務，湖岸の公共用地等の管理，⑥商業的漁業者：ウナギ，カレイ，ボラなどの商業的漁業，⑦農民・土地所有者：堤防，排水計画，干拓，⑧レクリエーション利用者：湖およびその周辺での釣りや狩猟．

　ナイ・タフ族とこれらの機関や組織・集団の間には，これまでも湖をめぐってさまざまな利害の対立や一致が存在した．例えば，湖の水位はナイ・タフ族にとっては高く維持されることが水産資源や湖岸の湿地の維持の上で望ましく，一方，湖岸に住む農民は，農場・牧場の良好な排水や，溢水の防止のために低い水位を望んだ．また，ナイ・タフ族と環境保護局は，湖の魚類，鳥類の保護，水生植物の保全に関して，多くの場合共通する利害を有している．あるいは湖の一部に，ナイ・タフ族だけが利用可能な漁業のための指定水域を設ける要求は，スポーツ・フィッシングを楽しむ市民の希望とは相容れないものであった．

2. ワイタンギ審判所の裁定と湖の返還

ワイタンギ審判所は，1988年4月に南島の沿岸漁場を含む，広い範囲のマヒンガ・カイに関する集中的な現地調査と，ナイ・タフ族の長老や，考古学，歴史学，地理学，動物学などの専門家からヒアリングを行った[40]．

それらの結果をもとに，審判所は1991年にテ・ワイホラの帰属やマヒンガ・カイについて，その見解を示した．そこでは，テ・ワイホラはケンプの買収の際に売却された地域に含まれていたが，マヒンガ・カイは売却対象外だったこと，そして長年にわたるナイ・タフ族の強い抗議にもかかわらず，ナイ・タフ族にとっての湖の価値を無視し，ナイ・タフ族の湖における狩猟や採集の権利を守るために，これまでいかなる指定水域も設けなかった結果，ナイ・タフ族がワイタンギ条約第2条で定められた，湖に対するティノ・ラガツィラタンガを奪われてきたことが認められた[41]．

ワイタンギ審判所はNgai Tahu Report 1991で，テ・ワイホラがナイ・タフ族にとってマヒンガ・カイの重要な場所であることを認め，ナイ・タフ族およびCrownに対して次のように勧告し，原告であるナイ・タフ族の選択肢として2つの案が提示された．

第1案は，Crownはナイ・タフ族にテ・ワイホラを単純不動産権（fee simple）として譲渡し，同時にナイ・タフ族とCrownは漁業環境改善のための水位の維持，鳥類の個体数のコントロール，湖やその周辺の土地利用，廃水の排出コントロールなど，環境の悪化を食い止めるための共同管理事業に着手する．そのために必要な資金と技術をCrownが提供する．

第2案は，Crownはテ・ワイホラの受益所有権（beneficial ownership）をナイ・タフ族に譲渡するが，受託者（trustee）としての権限をCrownに残す．そしてナイ・タフ族とCrownは協議して，湖とその周辺の環境のコントロールと管理のための法制度を作るというものである[42]．第2案はナイ・タフ族の重要なマヒンガ・カイであるティティ諸島の帰属や管理・利用問題と同じ解決方法である．

ナイ・タフ族によってこの勧告の第1案が選択され，テ・ワイホラはナ

イ・タフ族に返還されることとなった．テ・ワイホラの返還は，1991年2月から開始されたワイタンギ審判所によるナイ・タフ族の広範な復権要求に関する調査，報告，勧告を受けて，ナイ・タフ族とCrownの間で行われた包括補償交渉の一部として取り扱われた．1997年10月にCrownから提示された補償案に関して，ナイ・タフ族の18歳以上の成員による投票で受諾が決定された．同年11月にCrownとナイ・タフ族の間で，Ngai Tahu Deed of Settlementの調印が行われ，関連法が議会を通過したのち，1999年4月に補償交渉が終結し[43]，テ・ワイホラ はその補償の一環としてナイ・タフ族に返還されたのである．

3. ナイ・タフ族とCrownの共同管理

ナイ・タフ族には南島各地に18の地域パパティプ・ルナガがある（p.85 第3図参照）．テ・ワイホラに直接的な利害をもつルナガは，テ・ハプ・オ・ナーティ・フェケ，テ・ナイ・トゥーアーフリリ・ルナガ，テ・タウムツ・ルナガ，テ・ルナガ・オ・コウコウラーラタ，ワイレワ・ルナガの5つだが，環境保護局などの政府機関やCanterbury Regional Council，Selwyn District Councilなどの地方機関との協議などでは，これらの地域ルナガだけではなく，テ・ルナガ・オ・ナイ・タフも中心的な役割を果たす．

テ・ワイホラ共同管理計画（Te Waihora Joint Management Plan）の策定は，環境保護局と，ナイ・タフ族側からはテ・ルナガ・オ・ナイ・タフとテ・ワイホラ管理委員会（Te Waihora Management Board）が参画した．同委員会はテ・ワイホラに直接かかわるルナガの代表によって構成されている．委員は各ルナガからそれぞれ1名であるが，タウムツのルナガからは，テ・ワイホラとの緊密なかかわりを重視して3名の委員が参加するとともに，Boardの議長を務めている．テ・ワイホラ共同管理計画は，2005年12月にテ・ルナガ・オ・ナイ・タフと環境保護局の間で調印された[44]．共同管理計画には，マヒンガ・カイと環境保全のために，天然資源と，マオリとパケハの歴史的遺産を統合的に管理する長期的目標と，そのための詳細な政策や方

法が含まれている．この共同管理計画は，ニュージーランドにおいて，Crownと先住部族の間で締結されたはじめての法的な共同土地管理計画となった．

　テ・ワイホラの管理に関して，ナイ・タフ族が解決や改善を求める問題は広範囲に及ぶが，要約すると次のような諸項目となる．

　①湖と流入河川の沿岸の植生の回復，②マヒンガ・カイ地域の保全，③湖の固有種の魚類の復原，④タンガタ・フェヌアによるマヒンガ・カイのための湖への立ち入りの許可，⑤水葬地への排水の禁止，⑥水質・水量の改善，⑦湿地の創出と拡大，⑧湿地のさらなる干拓の禁止，⑨水質を低下させ，動植物に影響する農薬散布の禁止，⑩地域のパパティプ・ルナガの湖の管理への参加である[45]．

　今日，テ・ワイホラと流入河川，あるいはその集水域にかかわる活動は，ウナギなどの淡水域での漁業，農牧業のための取水・排水，都市や工業の排水，洪水制御，環境保全，レジャーなど多岐にわたる．これらの諸活動は各々の機関や組織によって個別に管理・運営されてきたが，ナイ・タフ族への湖の返還後，環境保全と，前述のような部族の利益や要求を優先する共同管理計画の策定・実施の中で，統一的に管理されることになった．

　湖の管理上，重要な側面の一つをなすのが，湖の開放による水位のコントロールである．湖岸や流入する河川の沿岸にある農場，牧場にとっては，低い水位で良好な排水が維持されること，そして洪水の結果生じる溢水や，塩害が防止されることが求められる．他方，湖とその周辺を魚類，鳥類の捕獲場所として，そして水辺の植物の採集場所として利用するナイ・タフ族にとっては，高い水位と湖岸の湿地の維持が望ましい．また環境保護主義者や，カモ猟などのレジャーや水上スポーツで湖を利用する人々も，これ以上水位が低くなることは湖のさらなる破壊だとみている．

　現在，湖の開閉に要する費用は，Canterbury Regional CouncilのEnvironment Canterburyに供託され，牧畜農民に貸し付けられたカイトレテ砂州の地代によってまかなわれている[46]．しかし，水質の監視やニュージーラ

ンド固有の動植物の保護など，湖の環境管理のために必要な費用を全て負担できるほど豊かな財源が，今日のナイ・タフ族や各地域のパパティプ・ルナガにあるわけではない．湖の管理費用の負担と受益の問題は，共同管理の下での一つの課題となるであろう．

　テ・ワイホラは，国際自然保護連合 (International Union for the Conservation of Nature) が，世界的に重要な湿地を認定するために定めた8つの規定の全てを満たしている[47]．しかしながら，湖の富栄養化や湖底への泥土の堆積などが湖の魚類や鳥類，植物の生息・生育条件に与える影響は深刻で，環境の維持・改善が望まれている．この環境悪化の主たる要因が，集水域の産業が排出する汚染水，廃水の流入にあることは先に述べた通りである．ナイ・タフ族と Crown の共同管理計画は，湖の環境保全と集水域の産業という，これまでの二律背反的な湖とのかかわりを，いかに統合的に解消するかという重大な課題に直面しているのである．

おわりに

　ナイ・タフ族は，Crown との長年にわたる補償交渉を1999年に終結した．その結果，テ・ワイホラは補償の一環としてナイ・タフ族に返還されることとなった．しかしながら現段階では，湖の管理に必要とされる資金や技術，人材の全てを，ナイ・タフ族が独自に担うことはできない．また今日のテ・ワイホラはナイ・タフ族のマヒンガ・カイをはじめ，環境保全，農牧業，洪水制御，地域の産業排水，商業的漁業，レクリエーションなど，諸機関および個人のさまざまな利害にかかわっている．ナイ・タフ族と環境保護局などの政府機関や，Canterbury Regional Council などの地方機関との湖の共同管理は，そのような多岐にわたる利害を調整する上でも重要な役割を果たすであろう．

　一方，ナイ・タフ族のマヒンガ・カイとしてのテ・ワイホラは，これまでの湖とその周辺における農牧業の拡大をはじめとする環境の改変や，商業的

漁業によって,その存続が危ぶまれるほどの影響を受けてきた.ナイ・タフ族への湖の返還は,存立基盤が弱体化したマヒンガ・カイの回復の大きな契機になるであろう.返還を契機としてテ・ワイホラに建設が構想されているマヒンガ・カイ・カルチュラル・パーク (Mahinga Kai Cultural Park) は,ナイ・タフ族の文化としてのマヒンガ・カイの復原と継承にとって重要な働きをすることが期待される.また,マヒンガ・カイの復原は,今日では若年層を中心として部族の人口の半ば近くがその領域外で暮らし,希薄化するイウィあるいはハプのアイデンティティを再認識する契機となるかもしれない.またマヒンガ・カイ・カルチュラル・パークの建設は,ナイ・タフ族のテ・ワイホラにかかわる伝統的文化に対するパケハの理解を助け,部族による湖の管理の尊重を促すことにもなるであろう.

さらにナイ・タフ族の伝統的な持続的資源管理に対する姿勢は,環境保護局などとのテ・ワイホラ共同管理計画を通じて,湖とその周辺の環境保全に関する政策の策定や実行において少なからず貢献するに違いない.他方,湖水の富栄養化など,ナイ・タフ族だけではなくテ・ワイホラの集水域の全ての住民にとって短期的に解決を迫られている問題や,マヒンガ・カイの復原のような,部族の世代を超えた持続的な努力を必要とする問題など,時間的にも空間的にも錯綜した諸問題の解決が,湖の権利を回復したナイ・タフ族に期待されている.それらの問題の解決は二民族社会としてのニュージーランドが目指している,持続的な環境と資源の管理に一つの指針を示すことになるに違いない.

注

1) Williams, Jim (2002): Traditional Resource Management in Te Wai Pounamu -the Kai Tahu Experience-, *Pacific Ecologist*, Issue 2, p. 20.
2) Firth, Raymond (1929): *Economics of the New Zealand Maori*, A.R. Shearer, Government Printer, reprinted edition (1972), p. 378.
3) Morgan, Brian (2007): Wairoa and Cultural Identity: Water quality assessment using the Mauri Model, *Alternative-An International Journal of Indige-*

nous Scholarship-, Issue 3, p. 57.
4) McCan, Cindy and David McCan (1990): Water: towards a bicultural perspective, *Information Paper*, No. 3, Centre for Maaori Studies and Research (University of Waikato), p. 15.
5) Tau, Te Maire, Anake Goodall, David Palmer and Rakiihia Tau (1990): *Te Whakatau Kaupapa-Ngai Tahu Resource Management Strategy for the Canterbury Region*-, Aoraki Press, pp. 3-2.
6) Evison, Harry C. (2006): *The Ngai Tahu Deeds: A Window on New Zealand History*, Canterbury University Press, p. 272.
7) Williams, Jim (2010): Mahika Kai-The Husbanding of Consumables by Maori in Precontact Te Waipounamu-, *The Journal of the Polynesian Society*, Vol. 119, No. 2, p. 154, 158.
8) Dacker, Bil (1990): *The People of the Place-Mahika Kai*-, New Zealand 1990 Commission, p. 14.
9) McCan and McCan (1990), p. 32.
10) Tau, et al. (1990), pp. 4-13.
11) Williams (2002), p. 21.
12) パウア貝はニュージーランド原産のヘリトリアワビで，食用に供されるとともに，装飾品や釣り針の素材としても価値があり，地域間の交易品の一つともなっていた．
13) James, Bev (1991): A Bicultural Partnership for Te Waihora (Lake Ellesmere) -A Case Study in Management Planning-, *Science & Research Series*, No. 41, Head of Office, Department of Conservation, pp. 3-4.
14) Williams, Jim (2006): Resource Management and Maori attitudes to water in southern New Zealand, *New Zealand Geographer*, Vol. 62, No. 1, pp. 74-75.
15) Williams (2006), pp. 74-75.
16) Dacker (1990), p. 16.
17) McCan and McCan (1990), p. 20.
18) 上掲, pp. 17-18.
19) Tau, et al. (1990), pp. 3-14.
20) 第2章参照．
21) Pawson, Eric (2001): Transforming the Environment, In *Rural Canterbury -Celebrating its History*-, edited by Garth Cant and Russell Kirkpatrick, Daphne Brasell and Associates Ltd. and Lincoln University Press, pp. 127-128.
22) Ward, Alan (1989): *A Report on the Historical Evidence, The Nagi Tahu Claim wai 27*, Waitangi Tribunal, pp. 170-172.
23) Tau, et al. (1990), pp. 4-11, 12.
24) 上掲, pp. 4-3, 4.

25) 1848年に植民地政府の先住民担当長官ヘンリー・タシー・ケンプによって，南島北部のネルソンからカンタベリー平野の南部までの東海岸の土地の主要部分が，ナイ・タフ族から買収された．買収に当たってケンプは，病院や学校の建設，マヒンガ・カイの保障，保留地の十分な確保などを約束した．しかしこれらの約束は反故にされるか，十分に果たされることはなかった．植民地政府による南島の土地買収の詳細については第2章参照．
26) Tau, et al. (1990), pp. 4-10, 11.
27) 上掲，pp. 2-2.
28) Williams (2010), p. 151.
29) Hughes, Helen R., R.H.S. McColl and D.J. Rawlence (1974): *Lake Ellesmere, Canterbury, New Zealand -A review of the lake and its catchment-*, DSIR Information Series, No. 99, 1974, pp. 5-17.
30) Dacker (1990), p. 35.
31) Waitangi Tribunal (1991): *Ngai Tahu Report*, Vol. 3, Brooker and Friend Ltd., pp. 863-864.
32) Tau, et al. (1990), pp. 5-47.
33) James (1991), p. 5.
34) Atkinson, Coral (1994): Waihora / Lake Ellesmere-a local Maori view-, In *Waihora Lake Ellesmere past present future*, edited by J.D.G. Davies, L. Galloway and A.H.C. Nutt, Lincoln University Press and Publishing Services, p. 26.
35) Hughes, et al. (1974), p. 8.
36) Evison (2006), p. 276.
37) Tau, et al. (1990), pp. 5-52.
38) 上掲，pp. 5-55.
39) 第3章参照．
40) Waitangi Tribunal (1991), p. 843.
41) Goodall, Anake (1996): Te Waihora-Te Kete Ika, In *The Natural Resources of Lake Ellesmere (Te Waihora) and its Catchment*, edited by K.J.W. Taylor, Canterbury Regional Council Report, Vol. 96, No. 7, p. 149.
42) Waitangi Tribunal (1991), p. 1063.
43) Crownとナイ・タフ族の補償交渉の経緯と，補償の内容についてはCrown Settlement Offer (1998): *Consultation Document from Ngai Tahu Negotiating Group*, Te Karaka Special Edition, Ngai Tahu Publication Ltd. および第3章参照．
44) Daring, Stan (2007):No Bitter Place, *Tekaraka*, Issue 36, spring, p. 21.
45) James (1991), p. 15.
46) Te Runanga o Ngai Tahu and Department of Conservation (2005): *Te Waihora Joint Management Plan*, p. 17.

47) Davies, J.D.G., L. Galloway and A.H.C. Nutt (eds.) (1994): *Waihora Lake Ellesmere past present future*, Lincoln University Press and Publishing Services, pp. 4-5.

第8章
ナイ・タフ族による持続的資源利用と環境政策

はじめに

　先住民族が自らの生存のために追求してきた非西欧的で持続可能な資源利用のモデルが，多様な環境問題に直面している現代社会において価値あるものとして再認識され，いくつかの国や地域では環境保全や天然資源利用にかかわる法律や政策，あるいは環境保護運動に反映されつつある．しかしながら多くの先住民族は，それぞれの国において天然資源の利用や保護，あるいは環境問題に関する政策決定に関与する機会が十分に与えられているわけではない．そしてまた，その持続的な資源の利用と管理の知識や技術が広く，無条件に受け入れられているわけでもない．先住民族の持続的資源利用は，「持続的」であっても「利用」であるが故に，現代社会にみられる希少な環境とその資源に対する「非介入」「不可侵」を原則とするラディカルな環境保護の理念とは相容れない側面を有している．

　ニュージーランドでは，先住民族であるマオリが有能な環境保護主義者であったと理解されてきた．しかし，マオリの持続的な資源利用の知識や技術が再評価され，現代の環境保護運動や環境政策に何らかの形で反映されるようになるまでの道のりは必ずしも平坦なものではなかった．

　ヨーロッパ人との接触以前のマオリによる農耕，そして19世紀半ば以降のヨーロッパ人の入植にともなう農場と牧場の拡大は，多くの固有種を含む

ニュージーランドの動植物相に多大な影響を与えてきた．とりわけ豊かな生物多様性を育んでいた固有の植物が茂る森林や原野，河川沿岸や海岸の低地・湿地は，農場や牧場としてヨーロッパ人入植者に恰好の土地を提供してきた．

生物多様性の衰退はニュージーランドの最も重要な環境問題であり，19世紀半ばに始まるヨーロッパ人の入植と開拓によって，すでに低地の原生林と湿地の85％が主に農耕や牧畜のために失われ，800種と200の亜種の動植物，菌類が絶滅の脅威にさらされている[1]．そして農畜産物に対する需要の高まりが農耕地，牧畜地に適した低地や湿地の動植物の生息域，生育域のさらなる縮小や質の低下を招き，生物多様性の衰退を一段と進めることが懸念されている．加えて1992年のリオ・デ・ジャネイロにおける国連環境開発会議をはじめ，生物多様性の問題を環境問題の重要な一部分に位置づける世界的な傾向も，ニュージーランドにおけるそれまで以上の生物多様性や持続的な資源利用に対する関心の高まりを後押しした．

入植植民地国家であるニュージーランドは，生活に必要な物資の調達を狩猟採集に少なからず依存してきた先住民族マオリと，ヨーロッパ的な農牧業を携えて移住してきたパケハとからなる二民族国家としての歴史を有している．このことがニュージーランドにおける天然資源の利用や環境管理において，これまでしばしば二つの民族の利害の不一致の背景となってきた．

今日のニュージーランドでは，世界的な環境保護の気運の高まりと軌を一にして，政府をはじめ公的な機関や市民の間で持続的な天然資源利用に対する関心がかつてないほど高まり，積極的な天然資源利用や環境管理の改善が推し進められている．

ニュージーランドで環境管理に大きな関心が寄せられるのにはいくつかの理由がある．第一の理由は他の大陸からの物理的孤立性故の環境の固有性，生態系の進化の特殊性である．第二にその固有性とも結びついた「グリーン・ツーリズム」が重要な産業となっていること，そして第三に，ワイタンギ条約にもとづいた先住民族マオリとの共存が，多様な利害にかかわる環境

管理をないがしろにしては実現不可能であるためである．だが一方，あるべき環境管理は二民族間の利害の調整や協議を不可欠とする困難な過程をともなうものである．本章ではこのような二民族社会であるニュージーランドにおける天然資源や自然環境の持続的利用・管理の特色と問題について考察する．

第1節　環境運動と Resource Management Law Reform

1. 環境運動の台頭

　ニュージーランドにおける環境保護に対する関心には長い歴史があり，原生林や固有の動植物の保護に関する積極的な活動を，1870年代の早い時期に既に認めることができる．加えて1960年代以降の世界の環境保全に対する関心の高まりは，ニュージーランド固有の動植物の生息・生育環境の悪化とあいまって，国内の生物多様性の維持を中心的課題とした環境保護運動の発展をもたらした．1970年代以前には，資源の過剰な開発や環境汚染に対する，カイチャキとしてのマオリによる抗議や保全の要求と，国内の環境保護運動の間には顕在的な接触はなかった．むしろこの時期には「環境保護」の名を借りた国立公園や希少動植物のサンクチュアリの設定，あるいはそれにともなう鳥類，魚類，植物などの慣習的な利用の制限などで，Crown によるマオリに対するかなりの不公正が行われたとケリ・ミルズ（Keri Mills）は述べている[2]．

　1970年代から80年代にかけてのマオリの抗議活動は，主に河川や内湾の水質や漁場を汚染から守るためのものであり，北島のワイカト（Waikato）川流域の地熱発電所の建設に対する抗議など，この時代は環境保護運動と一定の協力関係を生み出した．しかしながら，両者の環境保護に対する立場は，マオリがイウィあるいはハプを主体とした彼らの伝統的な領域や漁場に対する分権的な環境保護を求めるのに対して，環境保護運動は公的機関による環境保護のための一元的な制度の改革やシステムの確立を指向する点で根本的

な相違を示していた．このことは，この運動に加わった人々の一部が，のちに設立された国の環境保護の主体の一つである環境保護局のメンバーとなって一元的な環境保護政策に携わり，マオリの分権的な環境保護と相容れない立場をとったことにも表れている．

また，マオリにとって固有の動植物は持続的に管理し利用する対象であり，それらの存続はマオリにとって文化的・精神的価値を有するばかりではなく，時として労働の場や所得を提供するものでもある[3]．一方，環境保護運動においては，固有の動植物は利用の対象ではなく，手をつけてはならない管理・保護の対象であり，この点で両者は異なる立場にある．また将来の生物多様性の保護には，すでに国土の主要部分が農耕や牧畜で利用されているニュージーランドでは，保護すべき動植物のために新たに広大な自然保護区やサンクチュアリを確保することは事実上不可能である．そのため，国立公園や特定の動植物のサンクチュアリのような環境保護を目的に設けられた地域ばかりではなく，農耕地や牧畜地においても固有の動植物の保護に努めなければならないと主張する環境保護主義者も存在する[4]．

このような環境運動の高まりを背景として，1986年には環境省（Ministry for the Environment）が設立され，翌1987年に環境保護局が設立された．環境保護局は，ニュージーランドの面積の約30%に相当する公的な保全地域を一元的な権限を持った保全行政の下に置くことで，固有の動植物の衰退を食い止めることを目的の一つとした[5]．環境保護局の管理下にある保全地域には，希少動物の保護や環境保全のために設けられた自然保護区だけではなく，南島のハイ・カントリーに広がる牧羊業者に貸し付けられた政府所有の広大な土地なども含まれ，その面積は約2,000万エーカーに及び，さらに海洋ほ乳類や海洋の保全地域も管轄対象となっている．加えて有害な動植物のコントロール，山岳救助や国立公園の観光・レクリエーション設備の管理まで，その任務は多方面に及んでいる．環境保護局には，かつて政府に対して生物多様性の維持などを求めて活動した環境保護主義者も加わり，公的機関による一元的な環境保護システムの中心となった．

このような環境保護局の広範な役割にもかかわらず，生物多様性の衰退を食い止めるにはなお不十分であるという認識の下に，2000年に環境省は「生物多様性戦略」を発表した．それは，環境保護局が管轄する国立公園，自然保護区，政府所有のハイ・カントリーの牧畜地など，公的な土地の大部分は海抜250～300メートル以上にあり，豊かな生物多様性を育む河川流域の低地や海岸の湿地に対しては，環境保護局の有効性が及ばないという理由からであった[6]．この生物多様性戦略では，生態系の健全性を維持，回復するための地域社会や私的な土地所有者との協働，マオリのイウィやハプとのパートナーシップの必要性が強調された．

2. Resource Management Law Reform

1960年代までのニュージーランドにおける環境問題は，水，森林，漁場など国土の利用にともなう個別的問題であり，それぞれに対して法律的・政策的な対処が行われた．例えばSoil Conservation & Rivers Control Act 1941は高原の牧羊業地帯における過去数十年にわたる原生林の破壊にともなう土壌浸食や洪水の問題を，Water & Soil Conservation Act 1967はそれまでの無秩序な利水・排水に個別に対処するものであり，Clean Air Act 1972は大気汚染問題への対応であった．そしてマオリの利害を考慮した視点はこれらの法律の中には存在しなかった．環境問題の多角化，深刻化を背景として環境関係法を見直し，関係法律の乱立状態を改善することで環境管理を単純化すること，そして統合された環境管理のための環境基本法の策定を目指したのがResource Management Law Reform（RMLR）であった．RMLRの目的は，環境管理に関係する機関や法律の統合，土地・水・海岸・その他の環境や資源の統合的管理，全国的目標と地方的目標の統合の実現であり，それは持続的環境管理・資源利用にとって不可欠の条件であった．

RMLRはニュージーランド政府が省庁の構造改革に着手した1980年代に着手された．RMLRは環境保護や持続的発展に関する世界的な関心の高まりを背景とし，それまでの搾取的な天然資源利用から持続可能な利用への転

換を意図したものであり,天然資源の持続的な利用を求めるマオリからもRMLRのプロセスには大きな期待が寄せられた[7].RMLRでは先住民族マオリの環境行政への積極的な関与が議論された.その議論の核心の一つは,マオリの環境行政に対する権限の根拠とされたワイタンギ条約第2条である.第2条では,マオリにフェヌア(土地),カインガ kainga(集落),タオンガ・カトア(taonga katoa:全ての財産)に対する te tino rangatiratanga が約束された.te は定冠詞の the,tino は absolute を意味する.条約の英語版では the full chieftainship と表記されたが,rangatiratanga はその他にも sovereignty, principality などと訳され,これまでその解釈はさまざまであり,曖昧であった.

RMLR では,新しい環境法の下でワイタンギ条約にもとづき,部族の領域の資源における,部族の自治権がどのように尊重されるべきかが重要な論点の一つであった[8].

Environment Act 1986 の下,環境省と Parliamentary Commissioner for the Environment(PCE)が設立された.環境省にはマオリの利害を検討するためにより大きな権限が与えられ,1987年には同省内に環境管理や資源管理に関係する,マオリやワイタンギ条約の問題に対して助言などを行う専門的な事務局マルフェヌア Maruwhenua(maru は gentle, whenua は土地を意味する)が設けられた[9].PCE には,中央政府およびその他の公的な機関による環境に影響する計画立案やその管理効果に関する評価と調査の責務が与えられた.そして PCE は,環境管理に関してワイタンギ条約の原則を尊重するために3つの課題が存在することを表明している.すなわち,第1にマオリと Crown のパートナーシップ,第2にマオリの権利の積極的な保護,第3に tribal rangatiratanga,すなわち部族的自治の尊重である[10].

3. Resource Management Act 1991

1991年に国民党政府によって Resource Management Act 1991(RMA)が制定された.RMA はそれまでの個別の問題に対応した環境,資源関係の

法制度にくらべ，天然資源の持続的管理の促進を目的として，その利用，開発，保護に関する諸側面を包括的に対象とした環境基本法である．RMA の成立以前には，政府の環境行政を担当する環境省の下にある前述の環境保護局の管轄対象が国立公園，国有林野など公的な土地，水域に限定されていたのに対して，RMA は全ての私的な所有地に対しても適用され，鉱物資源を除く空気，水，土地，固有の動植物や生態系を含む，関連する天然資源の開発や利用をコントロールするものである．環境保護局によって環境保護行政が実施されてきた国立公園など，公的な管轄下にある保全地域の大半が海抜 300 メートル以上であり，国土の一部分にすぎなかったことを考えると，RMA が私的な所有地を対象とすることは，将来の持続的な環境保護にとって重要な意味を有することとなった[11]．

RMA の目的は，社会の健全な経済的・文化的活動に貢献し，将来予測される必要に見合う天然資源，物的資源の，ある方法，またある割合での利用，開発，保護，すなわち持続的管理を促進することとされている．またその方法として，大気，水，土壌，生態系の生命維持力の保全，環境に対するあらゆる有害な影響の回避，矯正，軽減が挙げられている[12]．

RMA が従来の環境管理関係の法制度と異なる点は，当該地域の計画立案や政策実施のみならず，環境アセスメントの適用決定など，環境管理に関する行政の多くを地方自治体に委譲し，環境管理に対する地方自治体や地域社会の広範な関与を促しているところにある．そのために広域自治体（Regional Council）は Policy Statement を提示し，水資源と土地資源の管理に第一義的な責任を負い，地域自治体（District Council）は District Plan を策定し，土地利用管理に直接的な責任を負う[13]．さらにこの RMA の大きな特徴は，同法の下で権限を行使し，活動する全ての人や機関に対して，ワイタンギ条約の原則に従い，タンガタ・フェヌア，すなわちその土地のカイチャキであるマオリを持続的資源管理のパートナーとすること，彼らの立場や価値観を尊重することを求めていることである．そして，環境に関する意志決定へのマオリの参加拡大を明確な目的としたいくつかの条項を含んでいることであ

る.

　RMAのうち,特にマオリと同法の下で天然資源の利用,開発,保護に関係する役割と権限を行使する者の関係を規定した主な部分はセクション6, 7, 8の3項である.セクション6では同法の目的を達成するために,マオリや彼らの文化・伝統と,彼らの先祖の土地,水,場所,ワヒ・タプ(wahi tapu:墓所などの聖なる場所),その他のタオンガを認識することの重要性を挙げている.セクション7では同法の下で役割と権限を行使する者が特別な注意を払わなければならない事柄の筆頭に,カイチャキタンガ[14]を挙げている.さらにセクション8では,同法の下で役割と権限を行使する者は全てワイタンギ条約の原則に注意しなければならないと規定している.

　さらにセクション33ではRMAの下で役割と権限を行使する自治体は,その役割,権限,責任の一部をその他の公的機関に委譲することができると定められている.この「その他の公的機関」にはルナガなどの部族の組織が含まれる.セクション61では地方自治体は部族の計画文書を尊重すること,セクション74では地方自治体は部族の権限の重大さを認識し,部族が作成した資源管理に関する計画を尊重することが求められている.このようなRMAの中のマオリと環境行政に直接携わる地方自治体との関係の諸規定は,地域のイウィやハプは特別な地位をもっており,環境管理や天然資源の利用にかかわる単なる一つの利害団体と考えてはならないことを明示するものである.このようにRMAのこれらの規定は,マオリと自然環境の特別な関係を認識し,マオリに対して,一般の市民よりも資源管理に関するより大きな権限を約束し,責任を果たすことを期待しているのである.しかしながら,RMAによって先住者であるマオリの土地や資源に対するかかわりを公的な機関が重視する責務が明文化されたとはいえ,リソース・コンセントの承認など,実際の土地開発や資源利用をめぐる紛争はしばしば裁判を通じて決定される.したがって,RMAの下で無条件にマオリの権利が保護されるわけではなく,保護されるか否かはしばしば彼らの発言力や経済的な力にも左右されることを忘れてはならない[15].

第2節　環境管理をめぐる対立と協調

1. マオリの立場とパケハの立場

　マオリとパケハはニュージーランドの自然環境，天然資源の所有と利用をめぐって長年にわたって対立してきた．19世紀後半に始まる低地や森林の開墾によるパケハの入植地の急速な拡大は，動植物の生息域，生育域を縮小させ，マオリの伝統的な資源の利用を脅かしてきた．一方，20世紀半ば以降の環境保護運動の台頭は，環境管理や天然資源利用に関して，パケハの環境保護主義者とマオリの間に協調的な関係を生み出すこととなった．その端緒となったのは，1973年に始まった北島のワイカト川流域における地熱発電所の建設に対する抗議運動であった．パケハを中心とした科学的・法律的な環境問題の専門家集団 Environment Defence Society の強力な支援を得て，発電所の建設に当たって必要となる水利権の申請に対するマオリと環境保護団体の反対運動が繰り広げられた．

　1970年代から80年代はじめまでは，マオリと環境保護主義者は政府の資源開発や環境管理に関する行政の不適切，不十分に対して協調して抗議する立場にあった．この時代の抗議のほとんどが水質や漁場を汚染から守るための抗議や，生態学的に価値のある水系への汚染水流入の差し止め請求など，両者の関心と目的は多くの共通性を有していた．しかし，1980年代半ばになると，ワイタンギ条約締結以後，Crown によって先住者から不公正な方法で奪われた土地や資源に対する返還要求が各地の部族によって繰り広げられた．かつて先住者によって管理・利用されてきた土地や資源の一部がマオリに返還されるに従い，マオリ独自の環境的価値観にもとづく管理や，それにかかわる権利が強く主張されるようになっていった．それと同時にマオリの権利運動は次第に環境保護の域を超えて，自己決定権の要求のように広い政治的課題へと拡大していった．そして，かつてマオリと協調した環境保護主義者の一部が，1987年の環境保護局の設立によって政府内部に包摂され

たことも，マオリと環境保護運動のそれまでの協調関係に変化をきたした要因と考えることができる[16]．

そしてまた，マオリの環境保護に対する価値観や姿勢も，必ずしも全てのイウィ，ハプに共通するとは限らず，全てのマオリが，環境的な持続性を，先祖伝来の土地の存続にとって最も重要なことだとみなしていると無前提に考えることはできない．「保護」を優先すべきか，「開発・利用」を優先すべきか，マオリの間でも違いが存在するのである[17]．

2. ワイタンギ条約の原則と環境保護

1840年にマオリの首長たちとイギリス政府の代理人との間で結ばれたワイタンギ条約と，Crownによる同条約の侵害を調査するために1975年に設けられたワイタンギ審判所とその裁決に言及することなく，今日のニュージーランドの先住民族マオリと環境問題の関係を論ずることはできない．ワイタンギ条約にはマオリとパケハ双方が自然環境の管理に関して果たすべき責務について，具体的な規定は示されていない．しかしながら，ワイタンギ審判所の裁定やその他の判例を通じて，Crownとマオリのパートナーシップと合理的な協働の関係，双方のパートナーシップに対する最大の誠意，協議の重要性などの原則が示されてきた．これらの原則は天然資源の利用や環境管理においても，マオリとCrownに対して求められる基本的な原則である．

資源や環境管理に関する意志決定者が考慮するべき，ワイタンギ条約のこのような原則については控訴裁判所（Court of Appeals）でも指摘されてきた．控訴裁判所とワイタンギ審判所の挙げる3つの原則は先に述べたPCEが挙げた3原則と共通する部分があるが，控訴裁判所とワイタンギ審判所は，より詳細に資源と環境の管理におけるマオリとCrownのあるべき関係について示している．以下に，控訴裁判所とワイタンギ審判所が示した3原則について対比してみよう．

原則の第一として，ワイタンギ条約第1条に定められたマオリによるCrownへの主権の譲渡に関して，控訴裁判所はこの主権（sovereignty）の

譲渡はCrownによるマオリのラガツィラタンガ（chieftainshipあるいはself-government）の承認と交換に行われたものであることを指摘している。この点に関してワイタンギ審判所は，Crownがニュージーランドにおいて法を制定する権利はマオリの利益を守る責務を条件としたものであったと解釈している。審判所は，条約のマオリ語版でsovereigntyの訳語として用いられたカワナタンガ[18]が平和や秩序のためにCrownが法を作り，マオリのマナを守ることを表現していたとみなしている。

　第二の原則の部族的自治（tribal self-regulation）について，控訴裁判所は，マオリは彼らの資源とタオンガに対するラガツィラタンガを保持し，市民としての全ての権利と恩恵を与えられるべきであったと指摘する。ワイタンギ審判所は，Crownは部族的なラガツィラタンガを法的に認める責務を有しているとし，条約で定められたマオリによる土地，住居，その他の財産の所有には，資源や環境の利用・管理の自治的権利が含まれると解釈する。このことは，特定の部族の領域におけるタオンガである希少動植物の慣習に従った捕獲・採集を，持続可能性を条件にその部族のラガツィラタンガの行使として容認するべきか否かという重大な問題にかかわっている。そしてこのラガツィラタンガの行使は物的な権利の行使を意味するばかりではなく，部族のマナの核心をなし，その行使は部族のアイデンティティの源としての重要性をもっている。

　第三の原則はパートナーシップである。控訴裁判所は，ワイタンギ条約はマオリとCrownの双方がパートナーシップを重んじ，合理的かつ誠意ある行動をとることを求めているとしている。ワイタンギ審判所は，条約は最大限の誠意をもって結ばれるパートナーシップを意味し，新しい状況に応じて適用されることが可能な合意であり，それには双方の妥協が求められるとしている[19]。そして，イウィやハプと地方自治体の間の，環境管理や資源利用に関する意味のある協議がパートナーシップの土台をなすと考えている。最高裁判所（High Court）は協議に加わるイウィやハプが正しい判断をすることができるように，十分な情報が提供され，また協議をする双方に十分な時

間が与えられ，そして相互に助言を偏見なく受け入れる姿勢が求められるとしている[20]．

このようなワイタンギ条約の原則の尊重が，マオリの環境問題への積極的な関与，ひいては彼らにとって文化的・精神的価値を有する動植物資源の存続において大きな意味をもっていることは疑問の余地がない．しかしながら，今日，全てのマオリが本来の農村的領域の中で伝統的な慣習に従って生活しているわけではなく，第二次世界大戦後，若年層を中心に都市部への移住が進んだ結果，各々のイウィやハプが領域の中の自然環境のカイチャキとしての役割を果たす機会と，有効な経済的・技術的な手段を十分に持ち合わせていないのが現状である．

第3節 ワイタンギ審判所と環境問題

1. ワイタンギ審判所と wai 262

ワイタンギ審判所は，北島の主要都市オークランドに隣接するマヌカウ港への水処理施設からの都市排水，産業排水の流入にともなう湾内の汚染，あるいはオークランド国際空港の埋め立てによる漁業被害問題や，北島のロトルア湖の富栄養化を避けるための排水路の建設にともなう，沿岸にマオリの埋葬地のあるカイツナ（Kaituna）川の汚染問題，あるいは北島西海岸のワイタラの石油化学プラントからの廃水による汚染問題など，これまで数多くの資源開発や環境管理に関する事案を審理してきた．

ワイタンギ審判所が2011年に発表した wai 262 報告書は，1991年に6つの部族が原告となって審判所に提出した Indigenous Flora and Fauna and Cultural and Intellectual Property Claim に関する報告書である．この提訴にはニュージーランドに存在する固有の動植物とそれらに関するマオリの伝統的知識や文化の知的財産権の保護などが含まれている．報告には，マオリの文化や伝統に影響を与える政府の広範囲に及ぶ法律や政策に関する審判所の見解が示されている．原告たちは，ワイタンギ条約が締結された1840年

以降のほとんど全ての Crown の法律と行動がマオリのティノ・ラガツィラタンガと矛盾し，固有の動植物を含む天然資源に対して，マオリが彼らの権限を行使することを Crown が拒否，あるいは制限してきたとの立場から，固有の動植物の利用やその制限，管理，保護，繁殖，販売など，全ての権限を部族に与えることを要求した．審判所は，環境問題や資源の利用にかかわるさまざまな側面を包含するこの要求を，ワイタンギ条約の原則にもとづいて，単にマオリと Crown 間の問題としてのみならず，ニュージーランド全体にとっての問題として捉えた[21]．

　報告書は *TaumataTaurua* の第1巻と第2巻，および *TaumataTuatahi* の合計3巻よりなり，全体で1,000ページを超える．報告で取り扱われている問題は，知的財産権，遺伝子資源・生物資源の権利，言語など多岐にわたる．この中で *TaumataTaurua* の第3章は環境をめぐるマオリの主張や政府の政策，あるいは関係する RMA など，新旧の法制度の問題を取り扱っている．

　wai 262 で取り上げられた重要な問題の一つは，ニュージーランドの固有の動植物と，マオリがニュージーランドへの移住に際して持ち込んだクマラのような植物の科学的研究や商業目的での捕獲・採集と利用の問題である．マオリは固有の動植物の個体数の減少や生息・生育環境悪化の問題のみならず，彼らが継承してきたこれらの天然資源に関する伝統的知識の衰退，あるいはこれらの資源に関する研究でマオリの知識，すなわちマタウランガ・マオリ（matauranga Maori）が了解なく利用されていることを問題としている[22]．マオリにとっては，固有の動植物やその生息環境，そしてそれらに関する彼らの伝統的な知識も，ワイタンギ条約によって認められたタオンガなのである．

2. ナイ・タフ族と wai 27

　Crown によるワイタンギ条約違反によって失われた諸権利に関して，1986年に南島のナイ・タフ族によってワイタンギ審判所に対してその復権

が提訴された．この提訴は wai 27 と呼ばれている．第3章で述べたようにこの提訴に対する審判所の報告書の公開を契機に，1991年にナイ・タフ族と Crown の補償交渉が始まり，1997年に包括補償に関する両者の合意が成立した．提訴が行われた際に，審判所はオーストラリアのニューカッスル大学のアラン・ワード名誉教授に，審判所の報告書とは別に，提訴に関する調査と報告書のとりまとめを要請した．同教授の報告書では，主に1840年代に始まった Crown によるナイ・タフ族からの土地買収について，買収地域ごとにその経緯と問題について述べられているが，報告書の第5章はマヒンガ・カイの扱いについて当てられ，土地買収にともないナイ・タフ族に残された保留分にマヒンガ・カイが含まれるか否か，詳細な検証がなされている．

ワイタンギ条約が結ばれたのちの1845-53年と1861-68年に，ニュージーランド総督を務めたグレイは，ニュージーランドのマオリの狩猟採集社会が，土地に関して尊重されるべき所有の観念をもっていたこと，そしてまた彼らの生活が農業だけではなく広い範囲の移動をともなう狩猟採集で支えられていることを認識し，さらに安易に，かつ急速に彼らに農耕民となることを強いることはできないと考えていた[23]．

ナイ・タフ族がその大部分を領域とした南島は，1848年に着手されたケンプの買収をはじめ，数地域に分けて Crown によって買収された（第2章参照）．各々の買収では，ナイ・タフ族のための保留地の確保，狩猟採集の権利の存続が約束されたかのようであったが，保留地の確保はその約束が反故にされたり，確保された保留地がしばしば過小であったり，あるいは遠隔地のために，人々の生活に大きく資するものではなかった．買収の際に取り交わされた文書によって，マヒンガ・カイや保留地が指し示すものもさまざまであった．また1879-80年にナイ・タフ族の異議申し立てについて南島各地で調査を行ったスミス／王立ネルン委員会におけるナイ・タフ族の証言でも，ある証言ではマヒンガ・カイは耕作のみを示唆し，他の証言では耕作と食料の捕獲，採集の場所の双方を示すなど，さまざまであった[24]．そしてこれらのことが，その後の，そしてナイ・タフ族と Crown，あるいは今日の

ニュージーランド政府との資源の利用や管理をめぐる議論を複雑なものとしているのである．その背景の一つに，ナイ・タフ族の中でも，南島北部では人々は耕作と狩猟採集で生活し，南部ではほとんど狩猟採集だけが生活の手段であったという地域差があったと考えられる．

　保留地に関しても，買収地区によって，その確保が譲渡文書の中にさまざまに表された．ある買収では，保留地のために一部の土地を買収地から除外して残すことをワイホ（waiho：leave behind，残す）と表現し，別の買収ではファカタプ（whakatapu：consecrate，捧げる）と表現するなど，買収の際の保留地の位置づけの違いを表していたと考えられる．また，マヒンガ・カイとその権利が指し示すものとその範囲も重要な論点であった．マヒンガ・カイが狩猟採集の場所を示す領域的な権利なのか，その活動を示す非領域的な権利なのか，またそれが無期限の権利なのか否かはとりわけ大きな問題であった．これらの解釈の相違も，南島各地のヨーロッパ人の入植地の拡大にともなう湿地の排水，原野や森林の焼き払いによって，ナイ・タフ族の狩猟採集活動と，パケハの牧場，農場の私的権利の間に複雑で対立的な関係をもたらす原因となった．

第4節　ナイ・タフ族と環境・資源管理

1.　ナイ・タフ族の環境政策

　ナイ・タフ族には，部族の領域における天然資源，自然環境の維持が部族のアイデンティティと固有の文化的伝統を守る土台であり，そのために南島の環境管理に対する部族の積極的な関与が不可欠であるとの基本理念がある．2000年にカイコウラで開かれた部族の年次集会で，部族の社会発展の長期計画 Ngai Tahu 2025[25] が発表され，翌年3月に公式のものとなった．この Ngai Tahu 2025 の中で，ナイ・タフ族の価値観と方針にもとづいた資源の利用や管理方法が，環境汚染や動植物の生息域の縮小・種の絶滅，水質の悪化と水量の減少，土地利用の集約化と転換，法的・制度的障害などの影響

を受けていること，そして温暖化と気候変動，遺伝子操作など科学技術の発展などの国際的な新しい影響が生じつつあることを認識すること，そしてナイ・タフ族の価値観や利害に関する情報の収集と監視・報告の必要性などが指摘されている．そして最初の5か年間に部族の包括的な環境管理計画キ・ウタ・キ・タイ (Ki Uta Ki Tai−Mountains to the Sea Natural Resource Management Framework) を策定し，部族，すなわちテ・ルナガ・オ・ナイ・タフと各地域のパパティプ・ルナガが各々のレベルで天然資源目録とワヒ・タプ，タオンガ，マヒンガ・カイの地理情報システム (GIS) データベースを作成し，環境の健全性に関するモニタリングと報告を目的とした State of the Takiwa を作成することとなっている．また天然資源の管理に関する研究資金の設立や，部族の管理能力を高めるためのセミナーの開催，マヒンガカイ・カルチュラル・パークの建設などを実施することとなっている．このような部族独自の詳細な環境管理計画の策定や，それに関連する事業の背景には，包括補償後のナイ・タフ族の豊富な資金や人的資源がある．これは，他の多くの部族や準部族が，それぞれの領域における自然環境や資源利用に関する基本的な考え方や期待を十分に表明することすら容易ではないのと対照的である．

1997年に環境省は State of the Environment Report を作成し，環境の健全性に関するモニタリング指標の設定などを行ってきた．しかしながら，これは必ずしも天然資源や自然環境に対するナイ・タフ族の価値観を十分に反映するものではなかった．これに対して Ngai Tahu 2025 に示された State of the Takiwa は，ナイ・タフ族の人々が自らの文化的な価値に基礎を置き，マタウランガ・マオリ，すなわちマオリの知と現代の科学技術を統合して，天然資源と自然環境の現状について評価し報告することができるように，テ・ルナガ・オ・ナイ・タフによって提案された環境モニタリングのシステムである[26]．2007年に南島の20の集水域の中の100か所の淡水で，State of the Takiwa のより広い範囲での適用のための試験的運用を兼ねて，文化的な観点からその淡水資源の健全性に関する調査が行われた．

この State of the Takiwa 作成の背景にはナイ・タフ族が直面する状況があった．マヒンガ・カイの慣習はナイ・タフ族の文化の一つの中心をなし，部族の領域の自然環境や天然資源と人々との関係を象徴するものである．しかしながら部族にとってのその重要性は，地域の開発や環境保全に関する意志決定機関としての地方自治体や，非マオリの土地所有者，一般の地域社会の人々にはこれまで十分に理解されてはいなかった．またナイ・タフ族の人々は，自然環境中の生物，無生物はともにマウリすなわち生命力を有し，それらのマウリを維持することが自然環境の健全性を守り，そのことが人々とその子孫の精神的・物質的幸福を保障すると考え，タンガタ・フェヌアすなわち土地の人としてのナイ・タフ族は，カイチャキとしてマウリを守り，自然環境の健全性を守る責務があると信じていた．このことも，マヒンガ・カイの慣習と同様に，マオリ以外には広く理解されるものではなかった．

　Canterbury Regional Council の管轄地域におけるワイタンギ条約のパートナーは Canterbury Regional Council およびその管轄地域の District Council, City Ciuncil と，この地域のタンガタ・フェヌアの代表である Nga Upoko Runanga ki Waitaha (Council of Upoko in the Canterbury region) である．各パパティプ・ルナガはウポコ upoko（head：頭(かしら)，長(おさ)）によって率いられ，それぞれの領域の中の資源全般，あるいは特定の資源のカイチャキとしてのラガツィラタンガをもつ．

　現在，ナイ・タフ族，あるいはナイ・タフ族を構成するパパティプ・ルナガによって策定されている数多くの自然環境，天然資源の利用や保護に関する政策や計画がある．これらには，①ナイ・タフ族全体の意志決定機関であるテ・ルナガ・オ・ナイ・タフによって立案され，部族の領域全体を対象とするもの，②領域の中の特定の地域を対象とし，部族を構成するパパティプ・ルナガが複数含まれるもの，③単独のルナガによって策定されたもの，④領域の中の特定の資源に関するものがある．

　Nga Upoko Runanga ki Waitaha はタンガタ・フェヌアによる資源管理に必要なプロセスが，地方自治体の地域政策ステートメントに取り入れられ

るように Canterbury Regional Council と協議を行ってきた[27]．以下，いくつかのレベルにおけるナイ・タフ族の環境政策に対する提言や計画をみてみよう．

2. ナイ・タフ族と淡水資源

　水はマオリの生活にとって，その資源としての価値のみならず，精神的なよりどころとしても重要な存在である．とりわけ南島で狩猟採集を生活の根幹としてきたナイ・タフ族にとって，河川や湖水は彼らの生命を支える土台であった．ナイ・タフ族と水とのかかわりの深さは，河川や湖水そのもの，あるいは生息する水産資源ばかりではなかった．それらの沿岸の原生の環境は，鳥類の捕獲場所として，あるいはハラケケのような湿地性の繊維植物の採集場所としても大きな価値をもっていた．そして河川や湖沼の資源の持続的な利用，その環境の保全は，ナイ・タフ族の経済的な生活とともに，精神生活とも密接な結びつきを有してきたのである．

　ナイ・タフ族にとって最も重要な環境や資源管理の原則はマウリの維持と強化である．河川や湖沼のマウリは，その物理的・精神的な健康によってもたらされ，マウリの状態は水の透明度や水流の速さ，山の水源から海までの水の連続性，固有の動植物の存在とその繁殖力，文化的な利用への適合性などによって表される．マウリの神聖性は奪われてはならず，マウリは自然災害では傷つけられることはなく，マウリを傷つけるのは人間の行為の結果であると考えられている．しかしながらナイ・タフ族は，イウィの領域である南島の主要部は，ヨーロッパ人移民の入植地の拡大，ダムの建設，河川や湖水からの取水，異なる水系の水の混合などによって，河川・湖沼のマウリが傷つけられてきたと主張する[28]．そして，それらの河川や湖沼の周辺の環境も至るところで改変・破壊され，それらの環境とイウィの人々との関係も変質を余儀なくされてきた．

　ワイタンギ条約はマオリが望む限り，彼らの農地，森林，漁場，その他の財産の所有権を認めている．河川や湖水やその資源も例外ではない．しかし

ながら，河川や湖沼の環境と資源の管理に対するマオリによる積極的な関与は長年にわたって否定されてきた．南島のナイ・タフ族に関しては，条約締結以後に失われた諸権利の回復をめぐる Crown との包括的な補償交渉の結果，Ngai Tahu Claims Settlement Act 1998 が制定され，同法の第 11 部と第 12 部にはナイ・タフ族のマヒンガ・カイの権利やその法的地位に関する詳細な規定が含まれている．また Conservation Act 1987 の制定，そして資源の管理者に対して，マオリの文化や伝統，彼らの先祖伝来の土地，水，ワヒ・タプなどを尊重することを義務づけた Resource Management Act 1991 の制定によって，自然環境の管理に対するマオリの積極的な関与の道が開かれた．

　ナイ・タフ族では南島のイウィの領域における河川や湖沼の環境と資源に対するイウィとしての方針を示した Freshwater Policy Statement がテ・ルナガ・オ・ナイ・タフによって立案された[29]．これはイウィの領域内の水資源の管理主体としてのテ・ルナガ・オ・ナイ・タフの基本方針を示し，同時に領域の各パパティプ・ルナガに水管理計画の指針を提供するものである．そして，これにもとづいてパパティプ・ルナガは，河川や湖沼のマウリを守るために，ケースに応じて最小水量の設定，特定の汚染物質の直接的な投棄の禁止，非特定原因の汚染に対する対策，異なる水系からの不自然な混合の禁止，河川・湖沼の沿岸における動植物の生息域，生育域の保全プログラムを決定する．

　Freshwater Policy Statement ではその対象として waterbody の語が使用されている．これはナイ・タフ族の領域の中の大小の河川，湖水，湿地，地下水，その他の淡水の水域を指している．そのカウパパ（kaupapa：戦略，課題）の中で，これらの淡水が部族にとってタオンガであり，その水を汲み，利用し捨てることは環境に対してのみならず，その水域と調和したナイ・タフ族の価値観に劇的な影響を与える可能性があることを強調している．そしてナイ・タフ族やその他の利害関係者の，競合する財である水に対する価値や重要性に関する理解が，今日の消費的な利用を優先し，非効率的な利用を

容認する行動様式から，文化的・生態学的価値の優先性を認める行動様式へと転換される必要性を説く．また，RMA でも確認されているように，このカウパパでは，水をめぐる利害関係者に，部族の領域で暮らす将来の全ての住民をも含めること，さらに水に対する脅威が地域的なものであるが故に，その管理の責務は水の健全性や利用の条件に直接的な利害関係を有するその地域の人々に委ねられるべきであることを強調している[30]．

3. カンタベリー地域におけるナイ・タフ族の環境計画

1) 『テ・ファカタウ・カウパパ』の公刊

カンタベリー地域は南島の東海岸の中央部に位置し，サザン・アルプス山脈の東側の山岳・山麓地域，そして山脈から東流する河川によって形成された広大なカンタベリー平野，そして火山活動で形成されたバンクス半島からなる．テ・ルナガ・オ・ナイ・タフは，部族の自然環境や土地に対するイウィの価値観や規範について，この地域の自然環境と天然資源の管理に関する計画策定や意志決定を行う地方自治体などの公的機関の理解に資するための報告書『テ・ファカタウ・カウパパ』(Te Whakatau Kaupapa) を 1990 年に公刊した[31]．この報告書は 1991 年の RMA の施行に先立つもので，法的な拘束力をもつものではなかったが，その後 1997 年にムリヒク地域について同様の目的で発表された報告書『テ・ファカタウ・カウパパ・オ・ムリヒク』(Te Whakatau Kaupapa o Murihiku)[32] などとともに，ナイ・タフ族全体の環境管理，天然資源利用に関する方針を体系的かつ詳細に示したものである．

RMLR 以前には，マオリが環境管理や資源の利用に関する計画・政策決定に希望や意見を表明する機会は少なく，しかもその意志の表明は，決定された計画や政策がマオリの価値観や希望と相容れない場合の抗議や反発に限られていた[33]．

『テ・ファカタウ・カウパパ』ではナイ・タフ族と南島の環境の関係がその歴史とともに述べられ，次いで環境の諸側面に関するイウィの目標と方針

第8章 ナイ・タフ族による持続的資源利用と環境政策　　　229

が示されている．さらに Canterbury Regional Council の管轄内にあるナイ・タフ族の保留地の事例について，その歴史と現状，そして管理のあるべき姿について説明されている．

　ここでは特に，報告書の中で述べられている土地や資源に対する部族の権利の根拠，伝統的な資源管理に関する主張をみてみよう．

　土地と資源に対する支配はそのイウィやハプの首長のリーダーシップに帰属したが，マオリの人口が増加するに従い，そして資源管理の技術が発達するにつれて，土地や資源の管理にとって知識や技術がより重要となり，指導者にはファカパパ（家系）ばかりではなく，能力が求められるようになっていった．各々の土地の占有とその地域にある資源を利用する権利は，その地域に対してマナをもつラガツィラから許可を得たファナウや個人によって保有されていた．ハプの中で各々のファナウは，明確に区切られた一定の地域の排他的な使用権を有しており，ナイ・タフ族ではこれらの区域はワカワカ（wakawaka：畑，畑の畝）と呼ばれた[34]．

　今日においても，マオリによって所有される土地はヨーロッパ人によるそれとは異なっている．すなわちマオリの所有する土地は経済的な価値だけで判断されることがないということである．ナイ・タフ族にとって，土地は人々の伝統的信仰の土台であるとともに社会的安定の象徴であり，将来の世代に受け継がれるべき財産である．例えば多くのナイ・タフ族の伝統的な集落は，近接した場所に共同の土地区画をもっている．しかしながら，農村の土地利用計画に関する法律が「経済的に成長可能な」基準に満たない小規模な新たな土地の利用を規制しているため，マラエの再建やルナガをベースにした事業のためにそれらの土地を利用することが妨げられている[35]．

　また，今日ではナイ・タフ族の多くの人々が都市的環境で生活しているが，このことが部族における環境管理や資源開発・地域開発に関する計画や政策の策定とその実行において，複雑な問題を生み出す一つの重要な要因となっている．部族的な環境から離れて都市で暮らす多くの人々は，これらの土地や資源の利用に対する利害と関心が少なく，ハプやファナウの共同的な利用

者の意思決定は必ずしも容易ではない．

2) マハヌイ部族管理計画

カンタベリー地域の中心部，ハルヌイ川からハカテレ（Hakatere）川の河間地域の，山脈から海岸に至る地域にそれぞれの領域をもつ 6 つのパパティプ・ルナガ（p. 85 第 3 図の番号 2, 4, 6, 7, 9, 12）は，2013 年に地域の天然資源の利用と環境管理に関する，この地域のナイ・タフ族の目標，問題，方針を示したマハヌイ部族管理計画（Mahaanui Iwi Management Plan 2013）[36]を発表した．この部族管理計画（Iwi Management Plan：IMP）は，地域の資源や環境に対する各ルナガのラガツィラタンガと，各ルナガに所属する人々のカイチャキとしての意志の表明であり，部族全体の権限を代表するテ・ルナガ・オ・ナイ・タフによって承認されたものである．この IMP は先に述べた 1990 年に発表されたイウィの管理計画『テ・ファカタウ・カウパパ』，および Te Taumutu Runanga Natural Resources Management Plan 2003 で示された，カンタベリー地域におけるナイ・タフ族の資源の利用と環境管理に関する原則と方針を継承するものである．そして同時にこの IMP は，RMA の下で国や地方自治体などによって設けられた計画や政策に対応するものである．

この IMP は天然資源と環境の管理に関して，タンガタ・フェヌア，すなわち各ルナガを構成する人々の価値観や方針を，生じる問題に対応して事後的にではなく，先行的に示すことで，人々のカイチャキタンガを表明する手段であり，そして土地や水資源の管理が人々にとって有意義な文化的・環境的結果をもたらすように，タンガタ・フェヌアとタオンガの確かな関係を守る手段である．他方，この IMP は，6 つのパパティプ・ルナガのタキワ（takiwa：領域）を管轄する地方自治体やその他の機関，地域住民に次のことを求めている．タンガタ・フェヌアにとって何が重要で，なぜ重要なのか理解すること，RMA などの諸法律の下での法的責任として，ナイ・タフ族の先祖伝来の土地，水，ワヒ・タオンガとの関係を認識し尊重すること，さらに天然資源と環境の管理に関する重要な活動や場所について，求められる

タンガタ・フェヌアと地方自治体などとの間の協議の範囲と性格，そして天然資源と環境の管理に関する意志決定のプロセスで，タンガタ・フェヌアの価値にしかるべきウェイトを置くことである．

この IMP は，6 つのパパティプ・ルナガから選出された代表によって構成されたワーキング・グループを中心にして進められ，イウィやハプの各分野の専門家よりなるワークショップが調査を担当した．重要な問題に関しては，マラエで地域や流域を単位としたフイがもたれ，広くタンガタ・フェヌアの意見が求められ，同時にこれらのフイは計画の作成に関する情報を広く伝える機会となった．地域の天然資源や環境に関する情報が専門家によって科学的に収集され，同時に地域の資源や環境，それらと結びついた文化的活動に関する豊富な知識と経験をもったタンガタ・フェヌアに対するインタビューによっても収集された．

この IMP は 6 つの部分に分かれている．第 1 部はこの計画の目的と仕組み，第 2 部では計画の実施に対する期待と実施の機会，第 3 部では 6 つのパパティプ・ルナガとタキワの境界が説明されている．第 4 部ではナイ・タフ族の資源管理の方法の文化的な側面と，資源管理へのタンガタ・フェヌアの参加の法的枠組みが，第 5 部では地域的な目標，問題，政策が概観され，8 つの政策区分，すなわち，①カイチャキタンガ，②ランギヌイ（大気），③ワイ・マオリ（淡水），④パパトゥーアヌク（土地），⑤ターネ・マフタ（固有の動植物とマヒンガ・カイ），⑥タンガロア（海洋），⑦ターフィリマーテア（気候変化），⑧ナ・トゥートフ・フェヌア（文化的景観）が検討されている．第 6 部は 6 つのルナガのタキワを 12 の地理的区分に分け，第 5 部の政策区分に従い各々の地域の重要な地域的問題が検討されている．

4. カイコウラ地域の環境計画

カイコウラ地域はカンタベリー地域の最北部に位置し，カイコウラ内陸山脈とカイコウラ海岸山脈の二列の山脈が北東から南西方向に並走し，後者と海岸の間に狭長な平地とカイコウラ半島がある．ワイタンギ条約の締結とそ

の後のこの地域における Crown による土地買収は，この地域を領域とするナイ・タフ族のハプの一つであるナーティ・クリと土地や環境との物質的・精神的な結びつきに大きな影響を与えた．そしてヨーロッパ人の入植と土地の開墾は，外来の動植物の導入とともに固有の動植物の生息域・生育域を狭め，自然の水路への排水や水資源の転用が進んでいった．

ナーティ・クリは今日，ハプの意志決定機関であるテ・ルナガ・オ・カイコウラ（Te Runanga o Kaikoura）を組織している．テ・ルナガ・オ・カイコウラは2005年に，地域の天然資源と環境管理に関するナーティ・クリの価値観と方針の表明であるテ・ポハ・オ・ラウマティ（Te Poha o Tohu Raumati）と題された Te Runanga o Kaikoura Environmental Management Plan[37]を発表し，2007年にその第2版が，2009年に第3版が発表された．計画の作成は2004年2月に着手され，まずカイコウラのタカハンガ・マラエにおけるフイで，領域の中の重要な問題や場所，水系や景観に関するカウパパが確認された．その後，領域の中の天然資源と自然環境に関する既存の資料の収集と検討が行われ，ルナガのメンバーに対するインタビューや集会で意見の聴取が行われた．作成された計画の草稿は二度にわたりルナガのメンバーによって検討され，翌年5月にテ・ルナガ・オ・カイコウラによって，8月にテ・ルナガ・オ・ナイ・タフによって承認された．

この計画のテーマでもあるキ・ウタ・キ・タイ（Ki Uta Ki Tai：「山から海まで」）は，ナーティ・クリだけではなく，ナイ・タフ族全体の天然資源や自然環境の管理理念を象徴するものである．これは，山岳，平野，河川，湖沼，海はそれらが一体のものとして管理されることで健全性を維持することができるという，環境に対する彼らの理解の表明である．

計画の目的は，先祖から受け継いできた持続的な天然資源の利用に関する知識と，それにかかわる慣習や儀礼が尊重され，今日の天然資源の管理にそれが確かに反映されるよう努めることである．そのために計画は，ナーティ・クリと自然環境の関係を支える価値観を説明し，タキワの天然資源や環境管理に関する重要な問題をナーティ・クリの視点から認識し，その価値観

と一致する天然資源の利用と環境の管理に対する方針を明らかにしている．

　この計画の第3部では，天然資源と環境管理に関して，ナーティ・クリが注目する問題と政策が列挙されている[38]．それらは大気の問題に始まり，森林やブドウ農園，分水路や貯水池，取水・排水，植生コントロール，鉱産物，天然資源，生物資源に関する事項，山岳地域に関してはハイ・カントリーの国有地の牧羊業者への貸付の見直し，土木工事，交通手段，内陸の淡水地域とそのマヒンガ・カイ，雑草・害虫のコントロールなど，海洋と海岸地域に関しては，その土地利用と開発，慣習的・商業的漁業，沿岸海域の水質，鉱物資源の採取・石油の探査，座礁海洋ほ乳類，海鳥など，そしてナーティ・クリのワヒ・タプの管理問題など，きわめて多岐にわたっている．これらの諸事項，諸問題に関して，地域の自治体等が政策立案・施行する際に，ナーティ・クリとの協議とその意向の尊重を求めるものである．

　これらを通じてナーティ・クリが望む結果は，テ・ルナガ・オ・カイコウラが領域の中のワヒ・タプとタオンガを効果的に管理することができること，ナーティ・クリのタンガタ・フェヌアとしての，そしてカイチャキとしての立場を強化すること，マヒンガ・カイとその他の全てのタオンガへの立ち入りの権利が維持され，必要に応じて強化されること，地域のその他の計画文書にナーティ・クリの天然資源や環境管理に関する価値観や理念を組み入れることなどであり，ひいては生物多様性，本来の生態系が不適切な利用や開発から保護され，維持強化されることを望むものである．このことがナーティ・クリのマヒンガ・カイ，すなわち伝統的な資源利用と管理に関する価値観，知識，慣習の維持をもたらし，タンガタ・フェヌアの固有の文化の存続を保障すると考えられているのである．

5．タイアプリによる水産資源の管理

　ニュージーランド近海の漁業資源はマオリの生存にとって必要欠くべからざる資源の一つであった．1840年にCrownとマオリの首長たちの間で締結されたワイタンギ条約は，その第2条でマオリが「集団的にあるいは個人的

に所有する，彼らの土地，農園，森林，漁場，そしてその他の所有物の全面的かつ排他的で不可侵の所有を，彼らが彼らの私有の下に保持することを希望し求める限り承認し保障する」と定めている．しかしながら，慣習権の行使の形で行われてきたマオリの沿岸漁業は，近海の漁場に関する諸規定を定めた Fisheries Act 1983 の対象外とすることが 1986 年に最高裁判所で決定されるまで，一般の漁業と同じように同法の制約の下にあり，ワイタンギ条約に定められたように全面的・排他的にその権利が保障されることはなかったのである．

南島を領域とするナイ・タフ族の漁業権に関して，ワイタンギ審判所は 1987 年から 1991 年にかけて実施されたヒアリングをふまえて，ナイ・タフ族が海面漁業に関する部族の排他的権利を他に譲渡しておらず，海岸から 12 マイルの海域に対してはワイタンギ条約にもとづいた排他的な権利を有していること，さらに 12 マイルから 200 マイルの海域については適切な割合の開発権を有していると結論づけた．

また 1986 年に，持続的な漁獲を促進する目的で漁獲割り当て管理制度（quota management system：QMS）が導入され，商業的漁業を営む企業，個人に対して捕獲可能量を配分することとなった．QMS は 35 種以上の主要な魚種を対象とし，過去 3 年分の漁獲量の実績をもとに配分量が決定される．この QMS は企業組織の漁業者によって支持された．QMS ではマオリの慣習的漁業に優先順位を与えてはいるが，漁獲量の実績が少ないため，割り当て量がマオリの慣習的権利を十分に保障するものとはいえず，同年，ワイタンギ審判所はマオリの利益は QMS の導入以前に保障されるべきものであり，QMS はワイタンギ条約に調和するように改定されるべきだと勧告した[39]．翌 1987 年には最高裁判所において，QMS では非マオリに対しては全面的・排他的な権利が割り当てられるのに対して，マオリには許可されるものであり，ワイタンギ条約と本質的に対立するとの裁定が下された．

マオリにとって，QMS の内容は不利益であるという批判を受けて，マオリ漁業法（Maori Fisheries Act 1989）が制定された．同法は漁業の管理への

マオリの参画を強化することで，ワイタンギ条約で約束されたティノ・ラガツィラタンガを承認することを表していた．そして，同法で定められた漁業の管理へのマオリの主体的な参画の一つとしてタイアプリ（taiapure）が実施されることとなった[40]．

マオリ語の taiapure は Maori Fisheries Act の制定に際して用いられた語で，tai は海，a は of，pure は手続きを意味し，「海を扱う手順」の意味になる．またタイアプリ・ラフイ（taia pure rahui, rahui は no trespass，すなわち不可侵を意味する）は sea reserve を表している．このタイアプリは，マオリによるワイタンギ条約にもとづいた漁業に関する異議申し立てに対する暫定的な補償の一部として，1989年に登場した漁業管理の手段である．タイアプリの実施により，タンガタ・フェヌアは，地域の漁場に対して，慣習的な漁業にとっての重要性，あるいは精神的・文化的な重要性を理由に，漁場への立ち入りや漁獲を制限することができる[41]．

2010年現在，ニュージーランド全体で8か所のタイアプリが設けられている．南島では北部のタスマン湾の一部のデラウェア（Delaware）湾，南島東海岸のバンクス半島にあるアカロア港，そして東オタゴのプケテラキ（Puketeraki）に存在する[42]．

タンガタ・フェヌアがタイアプリを設けるためには，まず対象地域の境界，商業的・非商業的利用の現状，タンガタ・フェヌアにとって重要性のある食料，その持続的利用のための提案などの詳細を記載した文書で漁業省へ申請し，漁業省はその申請に同意するか否か，マオリ省と協議する．原則的には，同意が決定されると，その詳細が官報とその地方の新聞に掲載され，地域のマオリ土地裁判所によって調査と報告が行われ，それをもとに漁業省とマオリ省が再度協議を行い，申請に対する最終的な同意が決定されると官報に掲載される．タイアプリの実施が決定されると，漁業省はマオリの推薦でタンガタ・フェヌアを含む，地域の商業的漁業，非商業的漁業などの利害関係者からなるタイアプリ管理委員会を設立し，委員会で制限対象の魚種，サイズ，場所，漁法，季節，期間などが決定される．タイアプリの提案から決定まで

には長い時間を要するのは，その煩瑣な手続きとともに，商業的漁業をはじめとした漁業制限に反対する利害団体の意見の表明の機会などが手順に従って設けられることもかかわっている．

東オタゴのプケテラキにタイアプリを設ける提案が，地域のパパティプ・ルナガであるカティ・フイラパ・ルナガ（Kati Huirapa Runanga）によって漁業大臣に提出されたのは1992年3月であった．このタイアプリ提案の背景には，食用としてだけではなく装飾品の材料としてマオリにとって貴重な，パウア貝の個体数の減少に対するタンガタ・フェヌアの危機感があった．この提案はマオリ以外の住民を漁場から締め出すものとして，地域の多くのコミュニティからの反発を招いた．このタイアプリは数多くのフイやヒアリング，公聴会，議会での議論を経て，イースト・オタゴ・タイアプリとして1999年に官報で告知された．

この東オタゴのタイアプリの海域には，多様な魚類，貝類が含まれ，マオリと非マオリの双方の漁業者に，長い間豊かな水産物を提供してきた．この沿岸海域では，マオリによる慣習的な漁業ばかりではなく，少数の商業的漁業者によって，そして近年ではレクリエーションのフィッシングによって，パティキ，キナ（kina：ウニ），パウア貝などの減少傾向が強まり，持続的な水産資源の利用が危ぶまれるような状況となっていた．タイアプリ委員会はレクリエーションによる漁業への影響を抑えるために，1人1日当たりの漁獲量を一律に制限し，慣習的漁業と商業的漁業に対しても漁獲可能なサイズなどに一定の制限を設けている．また，このタイアプリの範囲の一部であるフリアワ半島（Huriawa Peninsula）沿岸では，パウア貝の捕獲が全面的に禁止されている[43]．

おわりに

ニュージーランドの先住民族マオリは，ヨーロッパ人の入植以前から南北両島で独自の文化を築いてきた．彼らは衣食住に必要な資源を，それぞれの

集団が領域とする地域の自然環境の下での農耕と狩猟採集に依存してきた．そのような彼らの生存にとって，環境中の動植物資源の持続性は欠かすことのできないものであった．特に彼らが南太平洋の一角の，より温暖な土地からこの土地に移住してきたときに行っていた農耕は，冷涼な環境の下では十分な食物を彼らに約束するものではなかった．そのため，南島では農耕のみならず，狩猟採集活動が食料の獲得に不可欠な手段であった．こうして，有用な動植物の繁殖，生育のメカニズム，生息環境や生育環境，それらの動植物資源の捕獲，採集，加工，貯蔵のための彼らの知識と技術は詳細を極めた．幾世代にもわたって語り伝えられてきたこれらの知識と技術は，今日ではマオリの生活が現代化されているにもかかわらず，彼らのアイデンティティのよりどころとして継承され，伝統的文化の根底をなすものとしてその存続が強く求められている．

しかしながら19世紀に始まるヨーロッパ人の入植と開拓は，先住民族と自然環境の密接な関係の存続に対して，深刻で広範な負の影響を与え続けた．その影響は，牧場や農場の拡大にともなう森林の減少や，開墾のための湿地の排水，牧場や農場の廃水の河川や湖水への流入のような，農畜産業の発展にともなうものから，外来の動植物の導入にともなう本来の生態系への影響など，多方面に及んだ．またヨーロッパ的な食生活の普及にともなう伝統的な食習慣の衰退は，狩猟採集の知識と技術の継承を危うくすることにもつながった．

このような環境の改変に対する先住民族マオリの危機感と，ニュージーランドにおいて第二次世界大戦後に台頭してきた環境保護主義的な運動とは，ある期間は利害を共有し，両者は協調的な関係を有してきた．しかしながら，保護的姿勢が環境問題や資源開発に関する国の基本姿勢として強く打ち出されるにつれて，持続的な「利用」のための環境や天然資源へのかかわりを求めるマオリと，自然環境の「保護」のためにいかなる理由であれ，これを排除しようとする環境保護主義者や環境保護局のような国の機関は必ずしも協調的な関係ではなくなっていった．

一方,ワイタンギ条約で約束された先住民族の権利回復のための Crown との補償交渉では,それぞれのイウィやハプの領域の中の,条約締結以降に不当な方法で奪われた土地や水,その他のタオンガに対する失われた権利の回復が最も重要な課題であった.この課題の重要な部分をなすのが,領域の中で伝統的に行われてきたマヒンガ・カイ,すなわち狩猟採集の権利の回復であった.そのためには,商業的利用・開発やレクリエーションによる利用などと競合する湖沼や河川などの淡水とその資源,沿岸海域の水産資源を,先住民族との共同的な管理下に置く必要があった.南島を領域とするナイ・タフ族は,各地区の公的な地域環境管理計画と対応する形で部族や各ルナガの領域の中の独自の環境管理計画を策定し,公的な機関との協議を通じて,環境管理と天然資源利用に関する自らの要求を主張し,持続的利用のために自らの知識と技術を役立てようとしているのである.

注
1) Ministry for the Environment (1997): *New Zealand's 1997 State of the Environment*, chapter 9 The State of our Biodiversity, p. 6.
2) Mills, Keri (2009): The Changing Relationship between Maori and Environmentalists in 1970s and 1980s New Zealand, *History Compass 7/3*, pp. 684-687.
3) Gillespie, Alexander (1988): Environmental Politics in New Zealand / Aotearo: Clashes and Commonality between Maoridom and Environmentalists, *New Zealand Geographer*, Vol. 54, No. 1, p. 22.
4) Morad, Munir and Mairi Jay (2000): Kaitiakitanga: Protecting New Zealand's Native Biodiversity, *Biologist*, Vol. 47, No. 4, p. 4.
5) Jay, Mairi (2005): Recent changes to conservation of New Zealand's native biodiversity, *New Zealand Geographer*, Vol. 61, p. 131.
6) 上掲, p. 131.
7) Waitangi Tribunal (2011): *Ko Aotearoa Tenei Te Taumata Tuarua*, Vol. 1, p. 249.
8) Barns, Mike (1988): A Treaty Based Model−The Principle of Active Protection, *Resource Management Law Reform Working Paper*, No. 27, 変則ページ.
9) Waitangi Tribunal (2011), p. 249.
10) Parliamentary Commissioner for the Environment (1988): *Environmental Management and the Principles of the Treaty of Waitangi−Report on Crown*

第 8 章　ナイ・タフ族による持続的資源利用と環境政策　　　　　239

Response to the Recommendations of Waitangi Tribunal 1983-1988, p. 1.
11) Morad and Jay (2000), p. 5.
12) Waitangi Tribunal (2011), p. 251.
13) ニュージーランドには現在，11 の広域自治体（Regional Council，北島 7，南島 4）と，67 の地域自治体（District Council，北島 43，南島 24）がある。
14) 同法のセクション 2 ではカイチャキタンガの意味は guardianship の行使，そして資源との関係では stewardship の倫理を含むと解釈している。
15) Mutu, Margaret (2002): Barriers to Tangata Whenua Participation in Resource Management, In *Managing our Resources*, edited by Merata Kawharu, Reed, p. 75.
16) Mills (2009), p. 680.
17) Morad and Jay (2000), p. 9.
18) kawanatanga は governor の訳語として作られた kawana に接尾辞の -tanga がついた語である。
19) Crengle, Diane (1993): *Taking into Account the Principles of the Treaty of Waitangi: Ideas for the Implementation of Section 8 Resource Management Act 1991*, Ministry for the Environment pp. 10-15.
20) Canterbury Regional Council (1992): *Policy Directions_towards a Regional Policy Statement*, Consultation Document, p. 9.
21) Waitangi Tribunal (2011), p. 1.
22) 上掲, p. 1.
23) Ward , Alan (1989): *A Report on the Historical Evidence: The Ngai Tahu Claim, wai 27*, p. 168.
24) 上掲, p. 171.
25) Te Runanga o Ngai Tahu (2000): *Te Ao Turoa -Natural Environment Ngai Tahu 2025-*.
26) Te Runanga o Ngai Tahu (2004): *State of the Takiwa -Cultural Monitoring and Reporting on the Health of our Environment-*, p. 7.
27) Canterbury Regional Council (1992), p. 10.
28) Te Runanga o Ngai Tahu（発行年不明）: *Freshwater Policy*, p. 13.
29) 上掲, p. 5.
30) 上掲, p. 8.
31) Tau, Te Maire, Anake Goodall, David Palmer and Rakiihia Tau (1990): *Te Whakatau Kaupapa: Ngai Tahu Resource Management Strategy for the Canterbury Region*, Aoraki Press.
32) Garven, Peter and Marty Nepla, Halord Ashwell (1997): *Te Whakatau Kaupapa o Murihiku: Ngai Tahu Resource Management Strategy for the Southland Region*, Te Runanga o Ngai Tahu (Aoraki Press).

33) Tau, et al. (1990), pp. 1-2.
34) Tau, et al. (1990), pp. 3-12.
35) 上掲, pp. 4-6.
36) Dyanna Jolly Consulting and Nga Papatipu Runanga Working Group (2013): *Mahaanui Iwi Management Plan 2013*.
37) Te Runanga o Kaikoura: Te Poha o Tohu Raumati (2007): *Te Mahere Whakahaere Taiao o Te Runanga o Kaikoura*.
38) 上掲, p. 11.
39) Jackson, Anne-Marie (2008): Towards understanding indigenous knowledge in environmental management practice: A discursive analysis of the East Otago taiapure proposal, *MAI Review*, Intern Research Report 2, p. 3.
40) 上掲, p. 4.
41) Ministry of Fisheries: *Taiapure-Local Fisheries*, p. 1.
42) Jackson (2008), pp. 6-7.
43) East Otago Taiapure Management Committee: *East Otago Taiapure*, ページ番号なし.

あとがき

　商品経済の世界的規模での発展は，資源の産出地域と消費地域を一段と乖離させ，資源の消費地域においては，これまで資源の有限性は語られることはあっても，実際には飽くことなく資源の消費が続けられてきた．しかしながら近年，環境問題の深刻化と，天然資源，特にエネルギー資源，鉱産資源の高騰や不安定供給を背景として，自然環境に負荷を与え続けてきた浪費的な資源利用や，それらの結果としての資源の枯渇や生物多様性の衰退などに対する危機意識が高まるとともに，資源の消費地域においても，持続可能な資源利用の必要性が今までになく広く議論されるようになってきた．

　欧米や日本を中心とした先進諸国の資本主義経済の発展に対して，周辺地域として存在していた非欧米地域では，かつてはそれぞれの地域に存在する天然資源に依存した生活が何らかの程度存続し，地域の自然環境と密接に結びついた固有の文化を維持してきた．中でも，世界経済の資本主義的な発展と疎遠な地域に暮らしてきた先住民族や少数民族の伝統的な生活は，その地域の固有の自然環境や生態系の中の資源にのみ依存するものであり，その自然環境や生態系を衰退させ，破壊する資源の無計画で浪費的な利用や開発は，彼らの伝統的な生活様式や文化の存続を脅かすものであった．

　欧米諸国による非ヨーロッパ世界の植民地化，特に新大陸やオセアニアにおける入植植民地国家の形成は，先住民族が暮らしてきた大地をヨーロッパ式の農牧業のための入植地として占有・開拓することで，著しく環境を変化させていった．そこではしばしば，土地資源や水資源の開発が本来の自然環境や生態系を破壊し，先住民族の持続的な自然環境とのかかわりを脅かした．

　先住民族によって受け継がれてきたこのような自然環境との持続的な関係

は，生物多様性の維持や生態系の保全などを指向する現代の環境保護的な運動や政策などと，ある部分で価値観を共有するものである．しかしながら，両者は根本的なところで異なる立場にある．なぜならば，先住民族の自然環境や生態系とのかかわりは，生物の個体数やそれぞれの生息環境や生育環境を維持しつつ，食料や原料のための資源として継続的に利用することを不可欠としたものである．他方，現代における，特にラディカルな環境保護運動や環境政策は希少な動植物のあらゆる捕獲・採集を禁じ，サンクチュアリを設けるなど，人間によって「侵すべからざる」自然環境や生態系を指向するもので，ましてやそれらの動植物の資源としての利用やそれらが生息，生育する環境の開発を前提とするものではないからである．この根本的な相違は，先住民族の固有の文化としての伝統的な自然環境とのかかわりと環境保護運動や環境政策とが，必ずしもあらゆる場面で協調可能ではなく，むしろその本質においては異なる側面があることを意味する．

　また，先住民族が継承してきた自然環境に関する詳細な知識や環境中の資源を利用する技術は，必ずしもその全てが現代の環境保護や生態系の保全にとって有効であるわけではない．自然環境や動植物に関する彼らの知識や利用の技術は，彼らが暮らしてきた地域や環境において，そして彼らの関心の対象に対して有効なのであり，必ずしも自然環境や生態系全体に対して普遍的な有効性をもつものではない．

　ニュージーランドのマオリもそうであるように，今日では世界の多くの先住民族は，日常的には現代化された社会の中で生活をしている．彼らにとって，伝統的な動植物資源の利用は，現実の日々の生活にとっては欠かせないものではないかもしれない．しかしながら，先住民族が代々受け継いできた慣習や方法による資源の利用，それにもとづいた民族固有の食文化や工芸や衣装の継承は，今日では日常的な生活を構成するものではないとはいえ，あるいはそうではないからこそ，固有の文化の存続にとって大きな存在意義をもっていると考えられる．固有の食や工芸に必要とされる食料資源や原料の伝統的な方法での獲得，すなわちマオリにとってのマヒンガ・カイの重要性

がそこにあり，ナイ・タフ族と Crown の包括補償交渉において，マヒンガ・カイの復活が一つの重要な論点であった理由もそこにあったと考えられる．

　先住民族にとって，領域の自然環境や資源と不可分に結びついた伝統的な食や工芸，ダンスや音楽は，彼らの固有の文化と集団のアイデンティティを表現する重要な機会である．しかしながら，それらの表現の機会や世代を超えた継承は，彼らが幾世代も前から暮らしてきた土地に住む人々の減少や高齢化，そしてそこから離れた都市的環境で暮らす人々の増加などによって次第に少なくなりつつある．

　一方で，近年の世界的な観光産業の隆盛は，先住民族観光の発展の機会となり，伝統的な食や工芸，歌やダンスなどのパフォーマンスは，先住民族が暮らす地域の重要な観光資源としての意義をもつようになってきた．もちろんそこには，自分たちの文化の「商品化」が固有の文化の真正性をそこなうものとみる先住民族側の批判的な立場も存在する．しかし，先住民族の観光産業への主体的な取り組みは，伝統的な食や工芸，歌やダンスの表現の機会となり，「二民族国家」「多民族国家」の中での固有の文化の継承に重要な役割を果たすとともに，彼らに就業機会や所得を提供し，自立的な経済基盤を作り出す機会ともなる可能性をもつものである．ナイ・タフ族の観光産業への主体的な取り組みは，外部の観光資本の商業主義的な介入に抗しつつ，部族の文化の真正性を維持しながら観光事業として成立し，部族の人々に就業機会や所得を提供するという優れた成果を挙げつつあるとみることができる．

　先住民族固有の文化が，多数民族の意思によって左右される政策的な「保護」の対象であることは決して理想的なことではない．独自の経済的・政治的な土台の上に固有の文化が継承されることが求められる．そして固有の文化の継承や発展は，民族自身の意志によって決定されるべきものである．

　先住民族の多くは，多数民族の支配の下で，あるいは過去の植民地支配の下で，彼らが暮らしていた領域の中の土地や資源をしばしば不公正な方法で奪われた歴史を共有している．第二次世界大戦後，先住民族の諸権利の回復

に対する関心の高まりとともに，世界各地の先住民族によって失われた土地や資源に対する権利の回復が叫ばれるようになった．それらの回復には多くの克服すべき困難があるが，その実現は，先住民族の固有の文化が多数民族によって「保護」されるのではなく，経済的・政治的な土台にもとづいた自らの意志として継承，発展されることを保障するものである．

　ナイ・タフ族は，過去に失った土地や資源に対する権利，あるいは失われつつあった固有の文化の復権や回復のために，長年にわたって努力を積み重ねてきた．その成果は，ともすると部族としてのアイデンティティが希薄化する今日のニュージーランド社会の中で，イウィやハプの集団の結びつきを再構築する確かな道程を示していると考えられる．

索　引

事項索引

【あ行】

アヒ・カ　170, 184
アルヘ　5, 159
イウィ　4, 21, 29, 31, 32
ウェカ　51, 161
内金補償　89
ウツ　102, 116
ウフィ　29, 155
ウポコ　225
ウルパ　194
英国国教会　10, 12
エコ・ツーリズム　127, 128, 141
王立委員会　79
オタゴ協会　56, 70

【か行】

カインガ　13, 158, 214
カイチャキ　50, 166, 225
カイチャキタンガ　126, 145, 165, 216
カウマツア　82, 86, 167
カウリ　138, 172
カティ・フイラパ　116, 236
カワナタンガ　13, 14, 219
環境省　212
環境保護局　200, 212
観光省　122, 126, 135
カンタベリー協会　64, 70
漁獲割り当て管理制度　234
漁業省　200, 235
キンギタンガ　9
キング・ムーブメント　9, 43
　→キンギタンガの項も見よ
クイア　82
クマラ　6, 29, 155, 181
クラウン・ランド　35, 36
クラウン・リース・ホールド　22
控訴裁判所　218

コタヒタンガ　9

【さ行】

最高裁判所　219
サウス・アイランド土地なし先住民法　67, 72, 78
先買権　5, 15, 39
ジェネラル・マオリ
　→マオリの項を見よ
資源管理法
　→ニュージーランド資源管理法の項を見よ
受益所有権　201
植民省　12
スコットランド自由教会　56, 70
スミス／ネルン王立委員会　182, 222
青年マオリ党　10
先住民信託条例　11
先住民担当長官　57, 79
先住民土地裁判所　5, 14, 15, 22, 39-42, 78, 83
先住民土地法　5, 14, 38, 39
先住民保護局　67, 70

【た行】

タイアオ　166
タイアプリ　233, 235
第一先買権　94
タイヌイ族　76, 88, 103
タオンガ　13, 44, 174, 216, 224
タオンガ・カトア　162, 214
タキワ　230
タソック　55, 70, 157, 188
脱部族化　10, 40, 43
タプ　127, 186
タロ　29, 155
タンガタ・フェヌア　127, 166, 230
単純不動産権　201

ツィ・コウカ　51
ツナ　161, 195
ツホランギ族　138
テ・アウテ・カレッジ　10
テ・アナウ・ロック・アート・センター　139
テ・アラワ　138, 139
テ・アラワ・グループ・ホールディングス　139
ティティ　51, 65, 98, 161
ティノ・ラガツィラタンガ　13
テ・ケレメ　78
テ・ルナガ・オ・カイコウラ　232
テ・ルナガ・オ・ナイ・タフ　80, 84, 87, 136
テ・ファカタウ・カウパパ　228
テ・ワイホラ共同管理計画　202, 205
都市マオリ
　　→マオリの項を見よ
トタラ　138, 160, 172
土地戦争　4, 6, 22, 37, 38, 47
トフ　169
トフガ　169

【な行】

ナイ・タフ族　第2章, 第3章, 115-118, 135-144, 194-196, 201-205, 207
ナイ・タフ・ツーリズム　136-138, 143
ナイ・タフ・ホールディングス・グループ　136
ナーティ・クリ　231, 232
ナーティ・トゥーアーフリリ　195, 202
ナーティ・トア族　58, 64
ナーティ・ファカウエ族　138
ナーティ・フェケ　202
ナーティ・マモエ族　156
ナーティ・ルアヒキヒキ　195
ナプヒ族　10
ニュー・エジンバラ植民地　56
ニュージーランド資源管理法　146, 180, 200
ニュージーランド地理委員会　111-113
ニュージーランド会社　5, 56, 81

ニュージーランド・マオリ・ツーリズム協議会　122
ノア　169, 187
ノホアンガ　51, 93, 99

【は行】

パ　105, 158
ハイ・カントリー　96
パウア貝　159, 185, 206, 236
パケハ　2, 7, 22, 36
　　──地名　108
パティキ　161, 193, 195, 236
パパティプ・ルナガ　84, 87, 202, 225
ハプ　21, 29, 31, 32, 84, 182
ハラケケ　7, 34, 51, 133, 160, 195, 226
ハンギ　127
ピンガオ　160, 195
ファカパパ　86, 161, 167, 182, 229
ファナウ　8, 21, 31, 32, 84
フイ　83
フィスカル・エンベロップ政策　88
フェヌア　8, 13, 214
部族的自治　214
ブルー・ブック　86
ペッパー・コーン・レンタル　72
ポウティニ・ナイ・タフ　62
ポウナム　61, 95-97
ポウ・ラフイ　168
ホエール・ウオッチ・カイコウラ　128, 130, 139, 147

【ま行】

マーナキ　184, 190
マーナキタンガ　126, 141, 145, 170
マウリ　127, 168, 225, 226
マオリ
　　ジェネラル・マオリ　18, 24, 42
　　都市マオリ　18, 24, 42
マオリ漁業法　234
マオリ語委員会　112
マオリ省　79, 80
マオリ戦争　4
マオリタンガ　10

マオリ党　20
マオリ土地委員会　15
マオリ土地裁判所　17, 80
マオリ・ナショナリズム　43
マスケット銃　6
マスケット戦争　37, 47
マタウランガ・タイアオ　153
マタウランガ・マオリ　221, 224
マッセイ大学　133
マナ　8, 28, 127, 170
マナ・フェヌア　8, 29, 43, 165
マハヌイ部族管理計画　230
マヒンガ・カイ　50, 57, 69, 81, 99, 158, 162 -164, 183, 190, 222, 224
マヒンガ・カイ・カルチュラル・パーク　205, 224
マフェラ・インコーポレーション　97
マラエ　18, 32, 82, 126
マルフェヌア　214

【や行】

ヤム　8

【ら行】

ラガツィラ　167, 174
ラガツィラタンガ　13, 14, 174, 219
ラキウラ・ナイ・タフ　65
ラタナ教　16
ラタナ党　16
ラトウ・タオンガ・カトア　174, 175
ラフイ　168, 169, 186
ランド・バンク　94, 105
リソース・コンセント　137, 146
ルナガ　78, 83
ロトルア・マオリ芸術・工芸研究所　128
ロヘ　175

【わ行】

ワイカト大学　123
ワイタキ歴史保全区域　97
ワイタハ族　56
ワイタンギ条約　2, 4, 5, 10-12, 14, 34, 173, 190, 214, 218
ワイタンギ条約法　16
ワイタンギ審判所　3, 11, 16, 18, 69, 80, 190, 201, 218, 220
ワカ　21, 134, 140
ワヒ・タプ　216, 224

人名索引

【あ行】

ウィリアムズ，サムエル　10
ウィリアムズ，ヘンリー　12
エア，エドワード・ジョン　77
オレーガン，ティペネ　88, 102, 134, 142

【か行】

カーファル，ヒュー　18, 174
グラハム，ダグラス　88
グレイ，ジョージ・エドワード　67, 77, 162, 222
ケンプ，ヘンリー・タシー　57

【さ行】

スミス，パーシー　72

【た行】

ティラモーレフ，マティアハ　77
テ・ウア　9

【な行】

ナタ，アーピラナ　10

【は行】

バスビー，ジェームズ　12
バッテル，エメリッヒ・ド　66
ハミルトン，ウィリアム・ジョン　64
バンベリー，トーマス　52
ヒロア，テ・ランギ　10
ファース，レーモンド　45
フィッツロイ，ロバート　56
ブラウン，トーマス・ロバート・ゴア　62
ベスト，エルスダン　45
ポータタウ・テ・フェロフェロ　9
ホブソン，ウィリアム　10, 34
ポーマレ，マーウリ　10

【ま行】

マッカイ，アレクサンダー　72
マッカイ，ジェームズ　62, 64
マンテル，ウォルター　57, 60, 63

地名索引

【あ行】

アオラキ　90, 91
　——／マウント・クック　91, 101
アカロア　52
　——港　59, 61, 235
アベル・タスマン国立公園　137
アラフラ地域（アラフラ川）　61
ウェリントン　62, 83
オークランド　20
オーターコウ　52, 55
　→オタゴの項も見よ
オタゴ　52, 55
　——地域　116

【か行】

カイアポイ　61, 78, 198
カイコウラ　139
　——地域　51, 76, 130, 231
　——半島　128
カイトレテ砂州　193
カ・フェヌア・ロイマタ　96
カンタベリー
　——地域　56, 228, 230
　——平野　59, 135, 157, 188, 228
北カンタベリー地域　63
クイーンズタウン　137, 139
クライストチャーチ　59, 94, 139
グレイマウス　61
コウコウラータ　202

【さ行】

サウスランド　62
サザン・アルプス山脈　57, 157, 228
スチュアート島　51
　→ラキウラの項も見よ
セルウィン川　193

【た行】

タウムツ　193, 202
タスマン海　57, 61, 135, 157

ダニーデン　58, 63, 78
タラナキ　4, 37, 38
　——地域　4, 22, 37, 38, 43, 47
ティティ諸島　51, 65, 98
ティマル　139
テ・ワイホラ　第7章

【な行】

ナゲット岬　63
ネルソン　56

【は行】

ハカテレ川　230
ハルヌイ川　157, 230
バンクス半島　58, 60, 71, 228
ファラウ・ウェラウェラ　116
ファレ・アケアケ　116
フィヨルド・ランド　63
フェヌア・ホウ　97
フォーボー海峡　51
プケテラキ半島　235
ホキティカ　61, 62
ポート・クーパー　59
ポート・チャマーズ　58
ポート・ニコルソン　70
ポート・リーヴィ　60

【ま行】

マウント・クック　90, 91
　→アオラキ, アオラキ／マウント・クックの項も見よ
マトン・バード諸島　98
　→ティティ諸島の項も見よ
ミルフォード・サウンド　61, 135
ムリヒク地域　62, 63, 69, 135

【ら行】

ラカイア川　157, 193
ラキウラ　51, 65, 135
ラロトカ　97
ランギタタ川　157

ルアプケ島　52
ロトルア　129, 133, 138
　――地域　128

【わ行】

ワイカト　4, 9, 37, 38
　――地域　4, 22, 37, 38, 43, 47
ワイタキ川　157
ワイマカリリ川　157, 193
ワイラウ地域　56, 58
ワイレワ　202
ワカティプ湖　96, 137

著者紹介

原田敏治（はらだ　としはる）
1945 年生まれ．
1974 年明治大学大学院文学研究科地理学専攻博士課程単位取得退学．
修士（文学）．
東海大学文学部文明学科教授を経て，同大学名誉教授．
主な業績：
石井素介・長岡顕・原田敏治編著『国土の変容と地域社会』（大明堂，1996 年）
「カンタベリー平野における潅漑事業と農牧業の変化」『経済地理学年報』第 41 巻第 1 号（1995 年）
「ニュージーランド南島 Ngai Tahu 族の復権要求――Crown との交渉の経緯と回復された権利」『東海大学紀要（文学部）』第 91 輯（2009 年）ほか．

先住民族社会の形成と存続
――ニュージーランド南島ナイ・タフ族の伝統と社会

2016 年 1 月 15 日　第 1 刷発行　　　定価（本体 4500 円＋税）

著　者　原　田　敏　治
発行者　栗　原　哲　也
発行所　株式会社　日本経済評論社
〒101-0051　東京都千代田区神田神保町 3-2
電話 03-3230-1661　FAX 03-3265-2993
URL：http://www.nikkeihyo.co.jp/
印刷＊藤原印刷・製本＊高地製本所
装幀＊渡辺美知子

乱丁・落丁本はお取り替えいたします．　　Printed in Japan
©HARADA Toshiharu, 2016　　ISBN978-4-8188-2410-2

・本書の複製権・翻訳権・上映権・譲渡権・公衆送信権（送信可能化権を含む）は，㈳日本経済評論社が保有します．
・JCOPY〈㈳出版者著作権管理機構委託出版物〉
本書の無断複写は著作権法上での例外を除き禁じられています．複写される場合は，そのつど事前に，㈳出版者著作権管理機構（電話 03-3513-6969，FAX 03-3513-6979，e-mail: info@jcopy.or.jp）の許諾を得てください．

居留民の上海
― 共同租界行政をめぐる日英の協力と対立 ―

藤田拓之著

A5判　六五〇〇円

一九二〇～三〇年代、四〇を超える国籍の人々が居住した「モザイク都市」上海、そこは日英両帝国の最前線でもあった。その盛衰とともに変化する各勢力の対応を行政制度から検討する。

植民地台湾の経済基盤と産業

須永徳武編著

A5判　六〇〇〇円

物流の形成、制度の移植、産業化と市場の三点から植民地台湾の経済発展と市場の生成について論究するか。鉄道、糖業、農業、石炭産業、労働市場などから何が見えるか。

横浜と外国人社会
― 激動の二〇世紀を生きた人々 ―

横浜外国人社会研究会・横浜開港資料館編

A5判　四五〇〇円

居留地制度廃止後の欧米系外国人社会の姿を、取締法制の変遷と統計、第一次・第二次世界大戦下での状況、インターナショナルスクール、社交団体など様々な角度から解明する。

韓国経済発展への経路
― 解放・戦争・復興 ―

原朗・宣在源編著

A5判　四八〇〇円

植民地解放後、米軍占領統治から朝鮮戦争の破壊と再編を経て、いかに経済発展の基盤を築いたか。今後注目される本格的経済成長直前期を、韓国学界の最新成果を集成し紹介。

メキシコ先住民女性の夜明け

G・ロビラ著／柴田修子訳

四六判　二七〇〇円

死ぬのは恐くない。破傷風や治せる病気で子どもたちが死ぬのを見るほうがつらい。だから決意したの。世界性を帯びる先住民運動で言葉を、ユーモアを、銃を武器に立ち上がる女たちの声。

（価格は税抜）　日本経済評論社